失業なき
雇用流動化

成長への新たな労働市場改革

Yamada Hisashi
山田 久［著］

慶應義塾大学出版会

はしがき

企業経営や国民生活の先行きへの不透明感が再び高まっています。中国経済の減速傾向が続き、海外環境が悪化したことが基本的背景にありますが、国内環境にも変調がみられます。２０１５年度末の平均株価は5年ぶりに前年度末比で下落し、ここ数年景気や株価を支えてきた「アベノミクス」への期待が、急速に萎みつつあるようにみえるのです。

振り返れば、２０１２年末に発足した第2次安倍晋三政権のもとで、日本銀行がかつてないペースで大量の国債を買い進む異次元の金融緩和、さらには、政労使会議の場を通じた政府による賃上げ要請という、従来禁じ手とされてきた政策手段に踏み込んだ「アベノミクス」が推進されてきました。その効果は当初予想以上の効果を生みました。行き過ぎた円高が是正され、株価も水準を引き上げ、委縮していた家計・企業のマインドが好転し、個人消費や設備投資が戻ってきました。名目賃金にも下げ止まりから持ち直しの兆しが生まれ、長らく続いてきたデフレーションにも歯止めが掛かってきました。

しかし、図らずもその過程で明らかになってきたのは、わが国経済の成長力の低下でした。円安にもかかわらず輸出が伸び悩み、過去に比べて景気回復が鈍いのにもかかわらず人手不足が深刻化してきたのです。長らく続くデフレの時代に、海外生産シフトが進んで国内での設備能力は低下し、人材投資も減らされるもとで、生産性が大きく鈍化していたことが背景です。さらに、いまや世界2位の経済規模を誇るまで大きくなった中国経済が構造的な調整局面に入ったことで、グローバル経済の成長率は低下し、国際金融市場は不安定性を増しています。異次元の金融緩和の限界が徐々に明らかになり、最悪レベルの国家債務のもとで財政刺激策の余地も限られるなか、成長力強化に向けた生産性引き上げに、正面から取り組む以外に道はなくなったといえましょう。

政府もこの点に気づいていないわけではありません。構造問題への対応をより意識した形で「アベノミクス・第2ステージ入り」が宣言され、「生産性革命」というキーコンセプトが打ち出されています。もっとも、いうまでもなく、成長力強化に向けた生産性引き上げは政府のみの取り組みによって実現できるわけではありません。市場経済社会における経済活動の主役はあくまで民間にあり、とりわけ天然資源が乏しく、人口減少も本格化しはじめたわが国においては、衰退事業分野から成長の高い事業分野へと労働力の移動を進め、働き手一人一人が能力を高めていくことこそが、この国の元気を取り戻すための王道といえましょう。

しかしながら、この労働力の移動、いわゆる「雇用流動化」は、新たな環境への適応が求められるだけに、働き手からみれば大きな不安が伴います。慣れ親しんだ仕事や職場を離れることは、収入低下や失職のリスクが付随するからです。当然、労働組合は反対しますが、経営サイドにも雇用流動化が組織能力の低下につながらないかを懸念する声もあります。こうしたディレンマのもとで方向が定まらず、人的資源の開発や活用に向けた継続的な取り組みが行われてこなかったことに、日本経済が長らく停滞してきた根因を見出すことができるのではないでしょうか。

以上のような問題意識に立って、本書は、雇用流動化をめぐるディレンマの背後にある構図を解明し、そのソリューションを提示することを目的としています。筆者の考えでは、問題解決の鍵は、皆が当事者ゆえにミクロ的経験をマクロ的知見として取り違いやすい雇用・労働についての、データに基づく客観的事実、および、海外の経験も踏まえた今後の大きな方向性の共有にあります。本書はそうした意図から、政策立案者、企業経営者、労働組合幹部、ビジネスパーソンなど、さまざまな立場の人々からできるだけ共感が得られる議論を展開するよう努めました。その意味で、日本経済と国民生活の今後に関心のある方々に広く読んでいただき、雇用流動化と経済活性化の関係について、立場の異なる人々が共通認識を形成することに、ささやかでも貢献できることを願っています。

2016年4月

山田　久

目　次

目　次

序章

日本の雇用システムの何が問題か

1　雇用政策論議の混乱要因

「失われた20年」と呼ばれるように、1990年代以降の日本経済は低迷を続け、国民生活の基盤をなす雇用には質の劣化がみられるとともに、賃金の下落傾向が続いてきた。経済成長自体は国民生活向上のための手段に過ぎないといえるが、過去20年の経験は、経済の低迷が長期化すれば、結局は国民生活にさまざまな面で問題が生じることを実証したといえよう。では、なぜ経済活動の長期停滞がみられたのか。この点に答える前提として、そもそも経済成長率はどのように決まるのかを確認しておこう。

経済学の考え方に従えば、経済成長率（トレンド的な成長率）は生産要素である資本と労働力がどれだけ効率的に投入されるかによって決まることになるが、人口減少が進むわが国にとっては、希少性が高まる労働力をいかに有効活用できるかがとりわけ重要になってくる。より具体的には、労働力に制約があるもとで経済成長率を高めるには、一国の労働力配分を衰退（成熟）部門から成長部門にシフトすることで、経済全体の生産性をどこまで向上させることができるかがカギとなるのである。

このようにみれば、労働力の円滑な移動を保証する雇用の流動性の確保が経済成長の条件であり、日本経済の長期停滞の原因は、わが国労働市場の流動性の低さに求められるということになる。もっとも、この点については根強い異論や反対意見がある。むしろ、90年代半ばごろまでは、70年代から80年代のわが国経済の高いパフォーマンスを長期継続雇用に求める考え方が主流であった。そうした考え方からすれば、雇用の流動性を高めることは経済成長率をかえって低めることになる。つまり、雇用流動化と経済活力の関係について、現状のわが国ではコンセンサスが出来上がっているとはいえず、それが政策のあり方に混乱を与え、経済低迷を長引かせる一因になってきたのである。

さらに、雇用流動化の実態についての認識にもさまざまな混乱がある。「終身雇用の崩壊」という言葉がメディアで喧伝されるが、そもそも中小企業に広く終身雇用が普及していたかは疑わしいし、客観データに従えば、女性正社員や中小企業従業員の流動性はむしろ低下しているのである。つまり、わが国の雇用流動化の実態についての事実認識は、必ずしも正確に共有されているわけではなく、これも政策動向に混乱を与える一因になってきたといえよう。そうしたなか、２０１２年末に第2次安倍晋三政権が発足し、経済成長志向の強い経済政策方針を打ち出すもと、経済活性化に向けた雇用流動化の推進を重要課題として位置付け、再び論争が活発化している。だが、雇用流動化と経済活力の関係や雇用流動化の実態についての正しい認識がなければ、労働市場改革は的外れのものとなり、経済低迷からの脱却は達成できないであろう。

2　本書のテーマとアプローチ法

以上のような課題認識に立って、本書は、雇用流動化の実態把握とその経済活力との関係解明をテーマとする。本書の最大の特徴は、雇用流動化と経済活力の関係について、そもそも一意的な関係を設定することは妥当ではない、というところから出発している点にある。要は、経済活性化につながる「良い流動化」もあれば、そうでない「悪い流動化」もあるのである。そこで本書では、どのようなときに雇用の流動化が経済活性化につながるのか、その条件を解明する、という問題設定を行うことで分析や考察を進めている。より具体的には、この問いに答えるために、「デマンド・プル型」労働移動と「コスト・プッシュ型」労働移動という対立軸を設け、「『デマンド・プル型』労働移動に人材育成がセットされたときに経済活性化につながる」という命題を設定し、産業別比較および国際比較を通じて、多様な事例による多角的な検証を行うこととした。

そうした検証作業を通じて明らかになったのは、労働力活用の面からみたわが国経済の長期停滞の原因は、「デマンド・プル型」労働移動を妨げる雇用システムのあり方に求められるということである。ここでいう雇用システムのあり方とは、具体的には、経済変動が求める人件費の調整をいかに行うのかというパターンを決めるものである。本書では、縦軸に賃金調整の速さ、横軸に雇用調整の速さをとった「雇用・賃金調整マトリックス・モデル」により、そのモデル化を試みた。このモデルに従えば、わが国の雇用システムは「賃金調整が速く雇用調整が遅い」パターンを持っていることになるが、まさにそうしたパターンが賃金削減で不採算事業を温存させ、事業環境変化に適応した事業モデル構築を遅らせる結果、「デマンド・プル型」労働移動を生じにくくさせているのである。このことをストレートに受け止めれば、わが国が経済低迷から脱出するには、雇用システムを「雇用調整が速く賃金調整が遅い」パターンにどう転換するかが課題ということになる。

もっとも、ここで見落としてはならないのは、わが国の「賃金調整が速く雇用調整が遅い」パターンには多くのメリットもあり、むしろそれがわが国企業の強さの源泉になっていることである。さらに、雇用システムは社会の中に組み込まれ、歴史的経緯を経て形成されたものであり、これまでのあり方を全否定し、まったく新しいものを創り出すことは現実には不可能である。結局、今後目指すべきは、従来からの「賃金調整が速く雇用調整が遅い」パターンを根幹に残しつつも、そこに「雇用調整が速く賃金調整が遅い」パターンを付け加えていくという方向であろう。ここで「雇用調整が速く賃金調整が遅い」パターンとは欧州諸国に典型にみられるパターンであり、したがって目指すべきは差し当たり「日本型と欧州型のハイブリッド・システム」として表現できよう。ただし、新たに付け加えるシステムは日本型との相性が良いことが前提になるし、加えて欧州型の「雇用調整が速く賃金調整が遅い」システムが機能している背景には、働き手が安心して転職でき、企業が変わっても働き手が職業や職種を継続してキャリアを開発していくことのできる、「社会的な仕組み」が整備されていることがある点を見落としてはならない。

ここで指摘する必要があるのは、一言に欧州といっても国によってかなりの違いがあることである。したがって、右で差し当たり表現した「日本型と欧州型のハイブリッド・システム」は、同じ欧州諸国でもどの国をモデルにするかによってあり方が変わってくる。そうしたことからすれば、新たに付け加えるべきシステムのモデルとなるのは北欧諸国のそれである、というのが筆者の考えである。なぜならば、まずは北欧が総合的にみて経済・雇用面で高いパフォーマンスをあげてきたからであるが、加えて、欧州の中でも、日本でいう「働かざる者食うべからず」的な就労倫理を強く持っているのが北欧であり、安心して転職ができ、企業が変わってもキャリアが形成できる「社会的な仕組み」を、見えやすい形で意識的に作り上げてきたのも北欧だからである。このようにみれば、目指すべきは「日本型と北欧型のハイブリッド・システム」と表現することができよう。

3　各章の概要

以上のような基本認識に基づき、本書は6章に分けて分析と考察を行っていく。各章の概要を示しておけば以下のとおりである。

第1章では、雇用流動化と経済活性化との関係についての先行研究をサーベイする。なかでも、かねてより長期雇用の利点を一貫して強調し、雇用流動化に対して慎重姿勢を示してきた小池和男氏、および、1990年代以降の雇用流動化推進論において、オピニオンリーダー的な役割を果たしてきた八代尚宏氏の論考について比較検討する。加えて、解雇規制と経済パフォーマンスとの関係についての実証研究の結果を紹介する。

それらのサーベイから得られることは、雇用流動化と経済活性化の関係は、理論的にも実証的にも結論が得られたわけではない、ということであり、そもそも経済・雇用状況は業種や企業規模、地域などによって多様であり、一意的な関係を導くことは難しいというものである。こうした認識を踏まえ、本書では発想を変え、どのような場合に雇用流動化が経済活力にプラスになるか、という問題設定のもとで分析を進めるという、本書のアプローチの特徴を説明する。

第2章では、わが国の雇用流動化の実態をできるだけ包括的に把握することを目的に、厚生労働省「雇用動向調査」を用いて、性別・年齢別・企業規模別・主要産業別など、さまざまな角度から80年代以降の労働移動率の変化を叙述する。そこでは、90年代以降のわが国雇用に生じた変化は、年齢別、性別、企業規模別などの部門ごとにかなり動きが異なっていたことを示す。それが意味することは、そもそも日本全体として雇用の流動性が高まったのか否か、あるいは、長期雇用慣行が強まったのか否かを議論すること自体、あまり意味をなさないということである。

その実態把握を踏まえたうえで、まずは雇用流動化と経済活性化との関係についてのラフなスケッチとして、労働生産性と労働移動の関係から読み取れることを示す。そのインプリケーションは、労働移動には経済成長率に対してプラスに作用するものとマイナスに作用するものがあり、その違いは需要要因による「デマンド・プル型」の労働移動か、供給要因による「コスト・プッシュ型」の労働移動かの違いが大きい、ということである。加えて、「デマンド・プル型」の労働移動に人材育成がセットとなって、労働移動が経済成長にプラスに働くという仮説を提示する。

第3章では、第2章で提示した「デマンド・プル型」と「コスト・プッシュ型」という2類型を念頭に、主な産業において、労働移動と経済活力の関係がどうであるかを分析する。具体的には、まずは製造業分野について、90年代以降、対照的なパフォーマンスの違いがみられた自動車産業とエレクトロニクス産業を取り上げ、その背景を探る。そこでは、「デマンド・プル型」か「コスト・プッシュ型」かという労働移動のあり方を決めるファクターとして、前提になっているビジネスモデルや事業展開のあり方がきわめて重要であることを明らかにする。

次に、非製造業について、情報通信業と医療・福祉産業を取り上げ、「成長産業への労働力のシフト」が進むほど低賃金が増えるという、パラドクシカルな事態に着目する。そこでは「デマンド・プル型」の労働移動だけではなく、「人材育成」が労働移動を経済活性化につなげるために不可欠であることを示す。

第4章は、国際比較を行う。具体的には、日本・米国・ドイツの3カ国における労働移動のパターンが、産業の収益性や成長性といったパフォーマンスの違いを生む原因になっていることを明らかにする。新規事業分野と既存事業分野の2部門に分けるというアプローチにより、各国のパフォーマンスの違いを抽出したうえで、その背景には流動性のあり方を左右する雇用システムの特徴が強く影響しているという仮説の実証を試みる。そのうえで、新規事業分野での労働移動が「デマンド・プル型」、既存事業分野でのそれが「コスト・プッシュ型」に対応するものとして読み替えることで、国際比較の観点からも、経済活力を高めるには「デマンド・プル型」の労働移動が不可欠であることを示す。

本章の3カ国比較では、一見、米国のパフォーマンスが最も優れているようにみえるが、それには

2つの留保条件を付ける必要がある。一つは、あくまでマクロ経済や産業・企業面でのパフォーマンスは良好であるが、個人の生活という面からみれば、雇用の不安定化および所得格差の拡大という社会問題が拡大していることが見逃せないことである。もう一つは、実はその米国でも、近年では労働移動率の低下傾向が窺われ、パフォーマンス面でも傾向的な低下がみられることである。実はこの2つは密接に関連している。グローバル化や技術革新による環境変化のスピードや程度が大きくなるなか、個人としての対応が難しくなり、雇用の不安定化および所得格差の拡大が低賃金を許容して転職を踏みとどまらせる行動を招いている。その結果、米国でも産業転換の停滞と低賃金の伸び悩みがみられている。

第5章では、第4章での考察を踏まえ、英『エコノミスト』誌が2013年2月の記事で礼賛したように、近年、経済・雇用のパフォーマンスに優れる北欧、とりわけスウェーデンにおける労働市場・雇用政策のあり方について論じ、わが国への含意を引き出すことを試みる。本章は、筆者の二度にわたるストックホルム訪問時（2010年10月、2014年9月）におけるヒアリング結果を踏まえたもので、わが国では必ずしも十分に理解されていない北欧の実態を紹介することが目的の一つである。北欧の労使関係は、企業の経営上の理由による整理解雇はほぼ認められ、雇用の流動性が高いという点で欧州諸国よりも米国に似た性格を持つ。その一方で、所得格差に対する社会的な許容度は低い社会で、手厚いセーフティーネットが整備されている。そうした独自の雇用システムが、近年、経済・雇用パフォーマンスが良好である重要な要因になっていると考えられる。

もちろん、スウェーデンの雇用情勢は決して理想郷ではない。むしろ高い若年失業などの問題を抱え、各国が理想とする積極的労働市場政策の実態も試行錯誤が繰り返される未完成なものである。わが国にとって重要な示唆は、自国の独自性を尊重しながらも、政労使が問題意識を共有し、国民個々人が変化に対応していくことを支援する、社会的な仕組みをさまざまに創出してきたことである。

第6章では、前章までの分析結果を踏まえ、わが国における経済活性化につながる雇用慣行・雇用政策のあり方、――より端的には「人材育成とセットされたデマンド・プル型労働移動」を増やしていくシステムのあり方や仕組みを検討する。具体的には、まず、求められる雇用システムのあり方の見直しを、どのように進めていくかのプロセスについて考える。これまでも政府は雇用制度改革に取り組んできたが、思うような成果はあがっていない。その原因を、課題認識の妥当性、および、改革に誰が関与するのかという論点から考えたい。加えて、雇用制度改革にあたっての最大の争点となっている解雇ルールに焦点を当て、その実態を確認する。

これらを踏まえ、雇用・賃金システム全体を具体的にどう見直していくべきかを考える。そのための指針を得るための基礎作業として、本書で行ってきた分析を踏まえた形での、経済活性化につながる労働移動がなぜ少ないかを説明するための、わが国の雇用システムの特徴を浮き彫りにする分析フレームワークを構築する。そのうえで、そのフレームワークに基づいて、わが国で経済活性化につながる労働移動を増やすための具体的な仕掛けとして、「限定正社員」および「グループ内労働移動」に注目し、その条件となる社会的な環境整備のあり方も含めて、取り組むべき課題を提示したい。

第1章

雇用流動化は経済を活性化するか

1 はじめに

わが国における「雇用流動化」をめぐる議論は、1990年代に入って活発化し、今日まで継続的に行われている。その背景には、いわゆる平成バブルの崩壊の後、日本経済が長期にわたる停滞局面に入るなか、その原因を、ヒト（労働力）・カネ（資本）といった生産要素が成熟セクターから成長セクターにスムーズにシフトしないことに求める議論が少なからず行われてきたことがある。労働力の面に着目すれば、それは労働市場における流動性が低下していることに一つの原因があるという認識となり、それが「雇用流動化」の必要性の主張につながったわけである。さらに、わが国労働市場における流動性が低い原因をいわゆる「終身雇用」に求め、長期継続雇用を根幹とする日本的雇用慣行を見直すべきだという主張も行われてきた。

もっとも、雇用流動化必要論が一方的に優位に立ってきたわけではない。1990年以前、とりわけ80年代には、日本経済のパフォーマンスは好調であり、その要因を日本的雇用慣行に求め、長期継続雇用の利点を強調する見方が定着していた。その流れの延長線上に、雇用流動化論に対する批判的な見解も、根強く展開されている。

本章では、雇用流動化と経済活力の関係という本書のテーマに関連して、これまでに展開されてきた雇用流動化に対して肯定的な見方と否定的な見方の代表的なものをサーベイする。そのうえで、「解雇規制のあり方」という、雇用流動化を推進すべきか否かという観点からすれば、政策論上の根幹をなし、これまでにも一定の研究の蓄積があるテーマについての整理を行う。これらを踏まえ、雇用流動化と経済活力の関係というテーマについての、これまでの先行研究の意義と限界を指摘し、本書の問題意識と位置付けを明らかにしたい。

雇用流動化と経済活力との関係についての先行研究をみるまえに、雇用流動化あるいは労働市場の流動化の定義から確認しておこう。その最も包括的な定義は「労働移動の活発化」ということになる(1)。ただし、それは解釈の多様性のある定義であり、一般には企業間の労働移動を想定しているが、いわゆる正社員の転職が活発化することを意味しているほか、もともと流動性の高い非正規労働者の割合が高まることも含まれる。労働移動ということでは、同一企業における異なる事業所間の異動や同じ事業所の中にある部署間の異動も含まれるといえよう。もっとも、近年におけるわが国の議論では、企業間の労働移動を指しているのが通常であり、本書でも、とくに断らない限り、雇用流動化とは、異なる企業間の労働移動のことを意味するものとする。

太田(2002)は、労働市場の流動化(雇用流動化)のメリットとして、①労働者にとって、上司や会社との相性などのミスマッチの解消が行いやすくなる、②長時間労働などの会社中心主義が緩和される、③長期的雇用システムの外におかれた女性や高齢者を処遇しやすくなる、④企業にとって迅速な事業転換が容易になる、などを指摘し、他方、デメリットとして、①労働者の生活基盤が不安定になる可能性がある、②従業員間や労使間の協調的関係が成立しにくい、③労働者の離職による訓練費用や採用費用の増加、④長期的視座を持った研究のリスクが大きくなり、独創的な研究の妨げになる、などを挙げている。そのうえで、これらのうち流動化論が最も重視するのは、「日本の場合には、（とくに大企業で）あまりに企業における労働者の定着性が高すぎて、生産性の高い（もしくは高くなりつつある）企業や産業への人的資本の配分が阻害されている」ということであろうとし、他方、反流動化論として「企業内部における人材形成が、生産性の伸びに重要な役割をはたしている。過度の流動化は、その人材形成メカニズムを毀損するために一国にとって望ましくない」との反論がある、と端的な整理を行っている。

「高生産性セクターへの人的資本配分」の重要性に注目し、早い時期から雇用流動化論を体系的に展開してきたのは八代尚宏であろう。八代は第1次安倍内閣・福田内閣のもとでの経済財政諮問会議・民間議員を務め、政策の場でも雇用流動化を推進する活動を行ってきた。一方、「企業内部における人材形成」の重要性に着目し、長期雇用の重要性を丁寧な聞き取り調査に基づいて体系化して、日本独自の労働経済理論を確立したのは小池和男であった。小池は、米寿を過ぎた近年も著作を発表し、過度の流動化への警鐘を鳴らし続けてきている。そこで以下では、両者の研究・主張を中心に、経済活力に対する雇用流動化の影響について、これまでに得られた知見の整理を行う。

2　雇用流動化の是非をめぐる理論

まず、小池和男の理論からみていこう。小池は、第1次石油危機以降、世界的に評価が高まっていた日本的雇用慣行の合理性を、仕事能力の形成のあり方に注目しながら、他国にも通用する論理で明らかにしようとした。小池は1990年代初め時点の、なお「ジャパン・アズ・ナンバーワン」（エズラ・ヴォーゲル）の余韻の残る段階において、日本経済のすばらしい実績の源泉として、「知的熟練」と「長期の競争」を指摘している。(2)

「知的熟練」とは職場で変化と異常が起こることによって頻繁に発生する「ふだんとちがった作業」をこなす能力であり、日本では生産労働者を含め、この能力を持つものが多く、それが職場の効率の基盤にあるとする。(3)「長期の競争」とは「長期の働きぶりで長期の実績をきそい、それによって報酬や昇進がきまっていくしくみ」のことであり、「技能や技術の向上で競い、それゆえ競争に参加する大勢のひとの技能をたかめうる」とする。(4)そうした長期の激しい個人間の競争が、欧米と比較するとブルーカラーも巻き込んでいる点に日本の特徴を求め、ホワイトカラーについてもそうした長期の競争に巻き込んでいる割合はおそらく欧米よりも多いだろうとしている。(5)

前記のような「知的熟練」を、「長期の競争」によって、ブルーカラー・ホワイトカラーを問わず、欧米よりもより多くの従業員が身に付けているところに日本の職場の強みがある、とするのが小池の理論であり、90年代初めごろまでのわが国の労働経済学において主流をなす考え方であった。だが、平成バブルの崩壊以降、日本経済の停滞が続き、終身雇用・年功制を主軸とする日本的雇用慣行への批判の声が高まった。そうした時期に書かれた『日本の雇用システム——その普遍性と強み』では、以下のような雇用流動化論への反論が展開されている。[6]

それは、流動化か定着化かの議論にとって、最も枢要な論点は技能・技量の形成であるとしている。そのうえで、長期雇用（定着化）が優れている理由を2点指摘している。第1は、技量形成の条件にはその伸びをできるだけ公平に評価し、それに応じ公正な処遇を行うことがあるが、高度で専門的な技量ほど査定を何度も繰り返し行う必要があり、それは長期雇用のもとで企業内部での評価をもとにした内部昇進の仕組みにある、ということである。第2は、技能形成のためのOJTのコストは、やさしい仕事から次第により難しい仕事へと経験を重ねていくことで少なくなるが、そうした緊密なキャリアを形成するには、企業間を渡り歩くよりも企業内でのほうが形成されやすい、という指摘である。

以上が、わが国における終身雇用支持論（反流動化論）の代表的研究者といえる小池和男の理論であるが、海外でも同様のものがあるのだろうか。小池は、ホワイトカラーを中心に欧米でも長期雇用がみられることに対し、その理論的根拠を指摘した米国の代表的な理論として「人的資本理論」と「内部労働市場論」を指摘する。[7] 前者を体系化したのはG. S. Becker, *Human Capital: A Theoretical and Empirical Analysis, with Special Reference to Education* であり、[8] 後者の代表的著作はP. Doeringer and M. Piore, *Internal labor Markets and Manpower Analysis: With a New Introduction* である。[9]

もっとも、ベッカーの理論にせよ、ドーリンジャーとピオレの理論にせよ、必ずしも長期雇用が優れているという主張を展開しているわけではなく、企業がなぜ新古典派的な市場の論理から逸脱して、従業員を雇用し続けるかの根拠を解説したものといえる。

以上のように、小池和男は、現場で働く人々への丁寧な聞き取りという独自の手法より、終身雇用を擁護するオリジナルな理論を生み出した点にその功績があるが、荒井一博は「ゲーム理論」の枠組みを使って終身雇用擁護論を展開した。その理論は以下のとおりである[10]。

標準的な経済学のフレームワークである「一般均衡論」では、経営者が具体的な生産方法を知っており、それを労働者に指示する形で仕事が行われる。しかし、現実の労働者は、仕事の過程で仕事の能率を上げる方法を自分で発見し、それを自分の仕事に活かすことができる。つまり、労働者には自由裁量の余地があるわけである。ここで、各労働者に知識の偏在がある以上、労働者間で情報を提供し合って協力したほうが、協力しない場合よりも仕事の生産性が上がるはずである。しかし、労働者に自由裁量の余地がある以上、必ずしも協力が自動的に実現するとはいえない。ゲーム理論でみれば、1回だけのアクションの選択が行われてゲームが終了する場合、協調的な行動がとられない。しかし、終身雇用制が導入されることで、ゲームが無限回繰り返されると考えると、各プレーヤーが独立して自己の利益を追求しても、協力関係が成立するのである。

以上が荒井の基本的なロジックであるが、ゲーム理論的説明が、それまで通常行われてきた「人的資本理論」よりも優れていることも主張されている。「人的資本理論」は経済発展の段階と相関する可能性があるが、同一企業内の労働者間の協力という観点からの説明であれば、経済が成熟段階に達しても終身雇用制が有利となるうることを説明することができるとしている。

以上、小池和男を中心に反雇用流動化論の理論をみてきたが、90年代半ば以降は雇用流動化論が勢いを得ていく。その初期段階でオピニオンリーダーの役割を果たしたのは島田晴雄であろう。90年代半ばには長期化する日本経済の停滞を打破するには規制緩和が不可欠だとする、いわゆる「構造改革論」が時流を得るが、そうした流れの中で橋本政権下、重要6分野の規制緩和推進のために、経済審議会構造改革推進部会行動計画委員会のもとに雇用・労働ワーキング・グループが組織された。島田はその座長となり、そのときの取りまとめをもとに書かれたのが島田晴雄・太田清編『労働市場改革――管理の時代から選択の時代へ』である。

この中で島田は、経済社会の成熟化・サービス化、人口構造の変化（高齢化・少子化）、情報技術の進展といったメガトレンドの変化のもとで、企業が全員に雇用を保障することは難しくなり、労働市場はさまざまな側面で流動化が進む[11]と指摘している。その結果、ストック型の雇用に対してフロー型の雇用が増えていくとし、「個人の判断と選択によるキャリア形成が極めて重要になり、労働市場を通じ、適材適所が実現され、市場のなかで人々の能力の最適な発揮が実現されることが必要になる[12]」と主張している。

その後、経済活力との関係から雇用流動化論を最も体系的に展開してきたのは八代尚宏である。八代が雇用流動化の必要性を最初にまとまった形で世に問うたのは『日本的雇用慣行の経済学――労働市場の流動化と日本経済[13]』である。その序章では、「高齢化による家族の労働供給の減少と国際化による企業の労働需要の減少」が求める「長期間にわたる労働需給のマッチング」は、政府が計画的に主導して行うことはほとんど不可能であり、円滑な市場メカニズムを活用して行うことが不可欠である、との認識が示されている。より具体的には、「人口の高齢化にともなう長期的な経済成長の減速のもとでは、新たな子会社をつくることによって新しい産業に進出するような投資活動自体がいっそう困難となる」「企業ぐるみの産業構造の転換が難しくなれば、オーソドックスな個人ベースでの産業間移動が必要となる」[14]として、雇用流動化の必要性を主張している。

もっとも、この段階での八代の議論は、長期継続雇用を否定するものではなく、いわばマクロの流動化とミクロの定着化の整合性を図ったものであった。「労働者全体のなかで、日本的雇用慣行の対象となる雇用者の比率が相対的に低下する一方で、そうしたグループのなかでの平均勤続年数が伸びるような定着化がいっそう強まる傾向は、同じ盾の両面である。このように『少数精鋭』の正規社員のなかで日本的雇用慣行が『深化』していくことと、そうした人々の全労働者のなかでの比率が傾向的に低下していくという意味での『流動化』とは、決して矛盾するものではない」[15]。「固定的な雇用慣行の対象となる雇用者の全体に占める比率が低下していけば、それは産業全体では流動化が進むことを意味する」[16]。

このように、この段階での八代の議論は小池理論との整合性を図ったものであり、あくまで雇用ポートフォリオの変化の結果として、マクロ的に雇用の流動化が必要だというロジックであった。ただし、いわゆる正社員すべてにとって長期雇用が望ましいとの認識を示していたわけでない。「日本の固定的な雇用慣行は、企業内での技能を形成するブルーカラーにより適したシステムであり、それは海外で模倣され、いっそう国際的に広まっている。しかし、本来、企業ごとの生産活動面で大差のないホワイトカラーの技能形成については、これまであまりにも重視されてきた企業特殊的な訓練の見直しが迫られている(17)」と述べている。

日本経済の停滞がさらに長引き、労働市場の二重構造、正規・非正規間の格差が社会問題となるなか、八代は、正社員の長期雇用の有効性に疑問を呈するスタンスを強めていく。『日本的雇用慣行の経済学』の2年後に出版された『雇用改革の時代――働き方はどう変わるか』では、「市場の持続的な拡大の下で、企業グループの売上高の長期的な拡大が見込めた時代には、企業組織内での転籍・配置転換を通じた『失業なき労働移動』のメカニズムが効率的に機能してきた。しかし、そうした高成長期に初めて可能であった日本の『企業依存型雇用安定』に、いつまでもこだわっていれば、個々の企業が貴重な人材を十分に活用しないままで抱え込み、個人の能力発揮や新規事情の創設を妨げる結果に終わってしまう(18)」と述べている。さらに、「今後、日本の直面する経済環境の下では、企業内訓練を主体とした技能形成は、それが依然として有効なブルーカラーの範囲にとどめ、ホワイトカラーには、個人主体の市場を通じた教育・訓練を、より重視する仕組みへと変えていくことが必要とされる(19)」と主張し、正社員分野における雇用流動化論を強めている。

その後、八代はさらに正社員の流動化の必要性を強く論じていく。『健全な市場社会への戦略――カナダ型を目指して』では、「企業にとって、熟練労働者も一種の資産であるが、それを有効に活用できなければ雇用保障の負担だけが増える。こうした経済社会環境変化の下では、企業の新規分野への進出も消極的になることは疑えない。過去の日本的雇用慣行を前提とする、企業グループを通じた『失業なき産業間移動モデル』がもはや成り立たなくなっているなかで、他の先進国と同様に、労働市場を通じた労働者の産業間移転を円滑に進める方向への政策転換が必要とされている[20]」と述べている。加えて「一般に不況時の整理解雇が困難という認識を企業がもつほど、新規採用時に必要以上に正社員を減らし、非正社員を増やすことで対応せざるをえない。これは既存の正社員の既得権を強めるのみで、労働市場全体にとってはマイナスである[21]」として、正規・非正規格差の是正の観点からも正社員の雇用流動化の必要性を説いている。この論点は、『労働市場改革の経済学――正社員「保護主義」の終わり』において、より鮮明な表現で主張されている。「労働者派遣の対象職種の原則自由化等、派遣法の規制緩和自体は正しいとしても、それが正社員の雇用保障を保護する判例法の見直しをともなわなかったことで、経済の長期停滞の下では、企業の雇用需要が、過度に非正社員へとシフトしたという考え方がある。そうであるとすれば、非正社員への過度の需要を抑制し、低成長下でも正社員の雇用機会を増やすためには、正社員と非正社員との間の『働き方の壁』を低めることが前提となる。それには、正社員についての解雇規制の見直しが必要とされる[22]」としている。

以上、小池和男および八代尚宏の論考を中心に、わが国における雇用流動化と経済活力についての異なる2つの考え方の流れをみてきた。現時点では両者の見方には隔たりが存在し、雇用流動化をめぐる政策議論も混乱を来しているのが実情である。この背景には、両者の主張の根拠としているものが、それぞれ異なり、いずれも十分な実証に裏付けられたマクロ理論というまでには至っていないという事情が指摘できる。小池氏をはじめとした長期雇用擁護論は、主に大企業製造業におけるミクロの現場での聞き取り調査をベースにしたものであり、それ自体は丁寧で十分な実証に裏付けられたも

表1－1　長期雇用擁護論と雇用流動化論の比較

	長期雇用擁護論 （小池和男氏）	雇用流動化論 （八代尚宏氏）
着目点	企業内部における人材形成	成長分野への人的資本配分
重要コンセプト	「知的熟練」 「長期の競争」	労働市場を通じた人材の産業間移転 正規・非正規の「壁」の低減
理論形成の時代背景	石油危機後の日本的雇用慣行に対する世界的評価の高まり	平成バブル崩壊後の日本経済の停滞の長期化と日本雇用慣行への批判
特長	現場での聞き取り調査に基づく実証に裏付けられた理論	マクロ経済学の理論に基づくしっかりした思考的な枠組み
限界	主に大企業製造業を対象に展開された理論であり、マクロ的な一般理論にはやや飛躍の感	具体的な実証の積み重ねによって裏付けられたものとは必ずしも言い難い
主要著作	『仕事の経済学』（1991年） 『日本の雇用システム――その普遍性と強み』（1994年）	『日本的雇用慣行の経済学――労働市場の流動化と日本経済』（1997年） 『労働市場改革の経済学――正社員「保護主義」の終わり』（2009年）

出所：筆者作成

のではあるものの、産業特性が大きく異なる分野を含めたマクロ的な一般論として議論を展開するにはやや飛躍があるといわざるをえない。

一方、八代氏をはじめとする雇用流動化論は、それ自体はマクロ経済学の理論に則ったしっかりした思考的枠組みにそったものではあるものの、具体的な実証の積み重ねによって裏付けられたものとは必ずしも言い難い。この点に関連しての、貴重な実証分析が樋口（2001）[23]で行われている。「企業活動基本調査」を用いたその分析では、①企業組織の変更や分社化・分割化を実施した企業では、労働生産性を引き上げ、企業競争力を高めて、長期的には雇用を拡大する効果が期待される。しかし、改革実施の6～8年後の実際の動きでは、雇用拡大効果を確認できるケースは少なく、平均的には雇用を減らす効果のほうが大きい、②事業分野の見直しを行ったケースでは、その直後では生産量も雇用量もプラス効果が確認できるが、6～8年後になるとその効果は薄れ、見直しを行っていないケースとの差はみられなくなる、ということが確認されている。つまり、雇用流動化を伴う企業組織・事業分野の再編は企業競争力の強化につながる可能性は強いにしても、雇用を拡大する効果は、少なくとも同一企業については十分には確認されていない。

もっとも、これまで検討してきた内容からすれば、八代をはじめとする雇用流動化論と、小池を代表とする反雇用流動化論は一見正反対のようにみえるが、必ずしも両者が矛盾するわけではない。雇用流動化論も長期雇用の正社員の重要性を認識しているわけであり、ただ、制度的に経済合理性を超えて雇用が保障されている結果、産業構造転換が遅れ、非正規雇用への過度な需要が生まれているという主張につながっている。それは、経済合理性があるからこそ終身雇用が存在するのであり、それを大事にすべきということとは矛盾しない。つまり、長期雇用そのものが善か悪かという議論ではなく、現状の日本における制度や慣行が、経済合理性の範囲を著しく逸脱する形で長期雇用を「強要」していないか否かが問題の本質といえよう。

3　解雇規制と経済パフォーマンスの関係

以上の観点からすれば、長期雇用を強要している可能性があるもので象徴的なものは解雇規制である。実際、「解雇規制と経済パフォーマンス」の関係については、個別テーマとして近年関心を呼び、一定の実証的な研究が蓄積されている。そこで、次にこのテーマについての主な先行研究のサーベイを行っておこう。

まず、解雇法制と労働市場の関係について、欧米での理論や実証分析をサーベイしたものに中田（黒田）祥子（２００１）「解雇法制と労働市場のパフォーマンス」がある。そこでは、１９８０年代の欧州で解雇法制の厳しさに高失業の原因を求める論文が発表され、その後議論が発展をみせたとされ、その代表的なものとして、「インサイダー・アウトサイダー理論」および「仕事の創出・喪失の分析フレーム」が挙げられている。

「インサイダー・アウトサイダー理論」の代表的な文献として、中田（２００１）は Blanchard and Summers（1986）[24] などを挙げ、これら論文では、「厳しい解雇規制のもとでは、雇用が保障されたインサイダー（被雇用者）のバーゲニングパワーが強くなり、その結果、高賃金の労働者を多数雇用するため企業の人件費負担が増大し、アウトサイダー（失業者）の雇用機会が失われる」とされているという。さらに、「解雇費用が高いことが予見されるため、企業が採用を控えて労働需要が減退して、失業が増加する」と説明されているとする。

一方、「仕事の創出・喪失の分析フレーム」を用いて分析した Hopenhayn and Rogerson（1993）[25] によるものとして、中田（２００１）は、厳しい解雇規制は企業の雇用喪失意欲を減じ一時的に雇用率を高める、とする。その一方で、雇用創出意欲も減退させるため長期的には雇用率が低下する。つまり、円滑な雇用の創出と喪失が抑制されるため、効率的な労働力の配分が阻害され経済成長率も低下する、としている。

以上を踏まえ、中田（2001）ではさらに解雇規制が労働市場に及ぼす影響についての実証分析の先行事例が紹介されている。結論的には、解雇規制と失業率の間にはプラスに働くとするものとマイナスに働くとするものに分かれるなど、十分な蓄積が得られているとは言い難いと結論付けている。中田（2001）にも紹介されている、解雇規制と労働市場のパフォーマンスの関係についての、代表的な実証事例であるOECD（1999）を取り上げてみると、結論はマクロでは不明であり、ミクロでは一定の関係が認められるというものである。すなわち、OECD（1999）は、解雇手続きの煩雑さ、解雇の予告や手当、解雇の難しさの3つの面からEPL（Employment Protection Legislation）という指標を作成しており、27諸国のデータを用いて雇用パフォーマンスとの関係を統計的に分析した。その主な発見事実は、①解雇規制の厳しさと全体の失業率の間にはほとんど関係は認められない、②厳しい解雇規制は働き盛り（prime-age）の男性の雇用を増やすが、若者や女性の雇用は減らす、③解雇規制は自営を増やし、転職率を低下させる、といったものであった。

本書のテーマにより直接的に関連するものとして、解雇規制が生産性にどういう影響を及ぼすかについての先行研究には、奥平寛子・滝澤美帆・鶴光太郎（2008）「雇用保護は生産性を下げるのか――『企業活動基本調査』個票データを用いた分析」がある。奥平・滝澤・鶴（2008）では、解雇規制が生産性に及ぼす影響が整理されている。まず、プラス効果としては、解雇規制が労働者の勤続年数を長くし、コミットを高めることにより、労働者による企業特殊的な人材投資を促進させ、ひいては生産性向上につながるという経路を指摘する。一方、マイナス効果として、①解雇規制が強ければ無断欠勤などの怠慢があっても解雇されにくいため、労働者の努力、ひいては生産性が低下するという経路、②解雇規制が労働調整コストを引き下げることにより、技術革新、需要などのショックに対し必要となる労働資源の再配分を遅らせたり、不十分にするというマイナスの影響を与えるという経路、③解雇規制は企業のリスク・テイキングを抑制する、つまり、企業家精神や革新的なイノベーションを直接的に抑制するという経路、を指摘している。

　このように、解雇規制が生産性に及ぼす影響にはプラス面とマイナス面があり、総合的な効果は実証的に行われる必要がある。その代表例はOECD（2007）であるが、１９８２～２００３年における18か国のデータを用い、解雇規制の生産性への影響を計測している。その結果は、解雇規制が強いほど生産性を有意に低下させるというものであった。もっとも、その程度についてはさほど大きくはなく、他の要因で容易に相殺されてしまう程度ともいえる。[26] さらに、労働生産性は労働投入当たりの産出を意味し、その高まりは産出が増えたときのみならず、労働投入が減った場合でも生じる。後者の場合、経済パフォーマンスが改善したとはいえないであろう。

　わが国では、奥平・滝澤・鶴（２００８）が、解雇規制がミクロレベルの企業の生産性に与える効果を計測している。その分析結果は、整理解雇無効判決が相対的に多く蓄積されるときに、企業の全要素生産性の伸び率が有意に減少し、労働生産性も有意に減少する、というものであった。この分析は、解雇規制強化が生産性にマイナスに作用する可能性を示す有力な実証結果といえるが、推計の際に使われている「解雇無効判決変数」が解雇無効で「１」、解雇有効で「マイナス１」とするデータであり、そのパラメータから算定される生産性への影響の大きさをどのように解釈するかには曖昧な面があると思われる。さらに、OECD（2007）の分析結果と同様、生産性向上それ自体は必ずしも経済活性化を意味するわけではない。

4　本書の問題設定

以上のように、多くの研究者の関心を呼び、比較的多くの実証研究がされていると考えられる解雇規制というテーマでさえも、その経済パフォーマンスに及ぼす影響は十分に明らかにされたとは言い難いのが実情である。むしろ最近では、厳しいと考えられてきたわが国の解雇規制が、実は必ずしもそうではないことが明らかにされてきている(27)。

労働政策研究・研修機構は２００９年度から２０１１年度までの3年間のプロジェクトとして、労働局で扱った個別労働関係紛争処理事案を包括的に分析し、現状日本における労働現場の紛争の実態を明らかにしようとしてきた。その成果が『日本の雇用終了――労働局あっせん事例から』（２０１２b）という形で公表されている。そこでは、労働者からあっせん申請がされている多くの中小企業においては、判例法理からしても客観的合理性に欠ける可能性が高いと思われるような事案も含め、かなり容易に雇用終了が行われている実態が浮き彫りされている。また、現実社会における膨大な雇用終了事案においては、その圧倒的大部分において金銭解決がされており、結果的に多くの事案にみられるように、きわめて低額による解決となっているのが実情[28]である。

つまり、「日本の労働社会における解雇は厳しく制限されている」という「固定観念」が、実態を示すものではなく、むしろ中小企業では簡単に解雇が行われている実態が明らかにされているわけであるが、この背景には、議論がややもすると裁判所に持ち込まれ、解雇権濫用法理に基づいてその効力が判断された、限られた事案に偏って行われてきたとの事情があったといえよう[29]。

以上みてきたように、雇用流動化と経済活性化の関係は、社会的にも政策的にも大きな関心を集めてきたものの、その実証的な分析・研究はまだまだ十分であるとは言い難い。とりわけ、マクロ的にみた関係についての実証分析は意外にも少ないのが実情である。これは問題が複雑であり、得てして印象論に流れやすいテーマでもあり、あえて分析が避けられてきたからかもしれない。そもそも一国の経済状況、雇用状況ともに、業種や企業規模、地域などによって状況は多様であり、雇用流動化と経済活力の関係を一意的に特定するのは無理があるということなのかもしれない。しかし、労働力は経済活動の最も重要な要素であり、その活用のあり方をできるだけ実証的・客観的に分析していくことは、国民生活水準の維持・向上にとって欠くことのできない作業である。その実践的な重要性に鑑みれば、分析・研究の緊要性は論を俟たないであろう。

以上を踏まえ、本書では、これまでとは異なるアプローチで取り組むこととしたい。これまでの研究は、雇用流動化が経済活力にプラスかマイナスかという立論であった。しかし、これまでみてきたとおり、この問題設定に一般論として答えるのは困難といえよう。そこで本書では、立論を逆転させたい。つまり、どのような場合に雇用流動化が経済活力にプラスになり、どのような場合にマイナスになるか、という問題設定を行う。以下、そうした問題設定のもとで、本章でサーベイしてきた先行研究の成果も踏まえながら、雇用流動化と経済活力の関係についてさまざまな角度からアプローチを行っていきたい。

【注】

（1）太田（２００２）３～４頁。
（2）小池（１９９１）はしがき。
（3）同前書、65～69頁。
（4）小池（１９９４）28～29頁。
（5）同前書、32頁。
（6）同前書、１～16頁。
（7）小池（２００５）１４９～１５４頁。
（8）邦訳は、佐野陽子訳『人的資本――教育を中心とした理論的・経験的分析』東洋経済新報社、１９７６年。
（9）邦訳は、白木三秀監訳『内部労働市場とマンパワー分析』早稲田大学出版部、２００７年。
（10）荒井（１９９６）第４章
（11）島田・太田編（１９９７）３～23頁。
（12）同前書、30頁。
（13）八代（１９９７）。
（14）同前書、１６４～１６５頁。
（15）同前書、１０７頁。

(16) 同前書、１４０頁。
(17) 同前書、２５２頁。
(18) 八代（１９９９）iii頁。
(19) 同前書、iv頁。
(20) 八代（２００７）43頁。
(21) 同前書、80頁
(22) 八代（２００９）61頁。
(23) 樋口（２００１）79～86頁。
(24) Blanchard and Summers (1986)
(25) Hopenhayn, and Rogerson (1993)
(26) OECD (2007) p.70. ＥＰＬのＯＥＣＤ平均と最低水準（米国）との差の半分の程度の保護強化により、労働生産性を０・02％ポイント、全要素生産性（ＭＦＰ）を０・04％ポイント減らすとしている。この数字のＯＥＣＤの評価としては、小さいが政策的観点からすれば無視できない大きさとして、80年代半ば時点で雇用保護を米国並みに軽減していれば、労働生産性は１・５％ポイント高かったとしている。
(27) 江口（２０１４）６頁。
(28) 労働政策研究・研修機構（２０１２ｂ）３４９～３５４頁。
(29) 同前書、はじめに、２頁。

第2章

日本の労働移動の変化と生産性への影響

1　はじめに

わが国における雇用の流動性をめぐって、その経済活力との関係や実態把握に関して様々な見方が存在することは第1章でみたとおりである。だが、その前提として、そもそも労働移動の実態が近年どう変化したのかについて、企業内移動も含めたうえでの日本全体を鳥瞰した分析・研究は必ずしも多くない(1)。そこで本章では、まずはわが国における労働移動の全体像を把握することを試みたい。労働移動を企業間移動のみならず企業内移動（事業所間移動）にも広げ、わが国雇用システムについての評価が変化した平成バブル崩壊の前後で、具体的には1980年代と90年代以降を比較して、どのような変化が生じたのか、あるいは生じていないのかを、可能な限り包括的に捉えてみたい。取り扱うデータは、厚生労働省「雇用動向調査」を中心とする。さらに、労働移動に関する包括的な実態把握を行ったうえで、雇用の流動性と経済活力についての若干の分析を行う。そこでは経済活力の代理変数として労働生産性に着目し、両者の関係を考察する。

「雇用動向調査」について

「雇用動向調査」の目的は、主要産業の事業所における入職、離職と未充足求人の状況並びに入職者、離職者について個人別に属性、入職・離職に関する事情等を調査し、雇用労働力の産業、規模、職業および地域間の移動の実態を明らかにすることとされている。5人以上の「常用労働者」を雇用する事業所のうちから、産業、事業、事業所規模別に層化して無作為に抽出した事業所に対し、調査票を配布して行っている。

ここで、集計対象となる「常用労働者」とは、①期間を定めず雇われている者、②1か月を超える期間を定めて雇われている者、③1か月以内の期間を定めて雇われている者または日々雇われている者で、前2か月にそれぞれ18日以上雇われた者、のいずれかに該当する労働者であり、臨時雇い的な日雇いを除く大半の労働者が調査対象になっている。

本書で登場する重要用語について解説を加えると、「パートタイム労働者」(または「パート」)は、常用労働者のうち、1日の所定労働時間がその事業所の一般の労働者より短い者、またはその事業所の一般の労働者と1日の所定労働時間が同じでも1週の所定労働日数が少ない者をいう。このパートタイム労働者以外の労働者を「一般労働者」(または「一般」)と称している。

「入職者」とは、常用労働者のうち、調査対象期間中に事業所が新たに採用した者をいい、他企業からの出向者・出向復帰者を含み、同一企業内の他事業所からの転入者を除く。一方、「離職者」とは、常用労働者のうち、調査対象期間中に事業所を退職したり、解雇された者をいい、他企業への出向者・出向復帰者を含み、同一企業内の他事業所への転出者を除く。

2　企業間労働移動について

(1) 一般労働者の労働移動率は低下傾向

企業間労働移動について、入職率（入職者数／雇用者数）と離職率（離職者数／雇用者数）の合計を「労働移動率」としてみると、**常用労働者全体では景気変動によって振れており、**[2]**90年代末頃以降、水準がやや高まったようにみえるものの、必ずしも明確なトレンドは認められない**（図2−1）。しかし、雇用形態別にみると、**一般労働者の労働移動率には緩やかな低下傾向がみられる一方、パートタイマーのそれは変動が大きいが明確なトレンドは認められない**（図2−2）。この間、雇用者に占めるパートタイマー比率が傾向的に上昇していることからすれば、そもそも**労働移動率の高いパートタイマーの割合の高まりが一般労働者の労働移動率の低下傾向を相殺し、全体でみた企業間労働移動率は必ずしも明確なトレンドが生まれてこなかった**ことがわかる。

(2) 女性が労働移動率低下の主因

次に、一般労働者の労働移動率を入職率・離職率に分けてみると、**入職率の低下が労働移動率の傾向的低下の主因**であることがわかる（図2−3、図2−4）。離職率については2000年代初めまで明

図２－１　労働移動率の推移

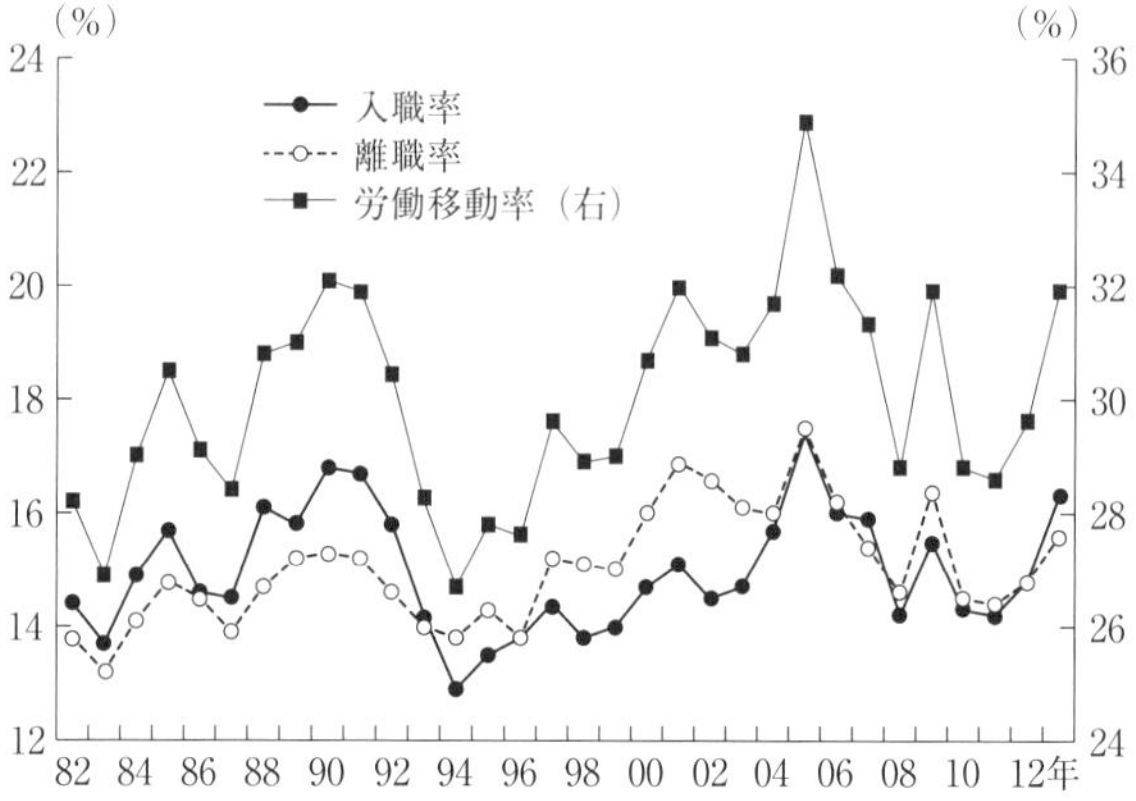

出所：厚生労働省「雇用動向調査」

図２－２　就業形態別労働移動率の推移

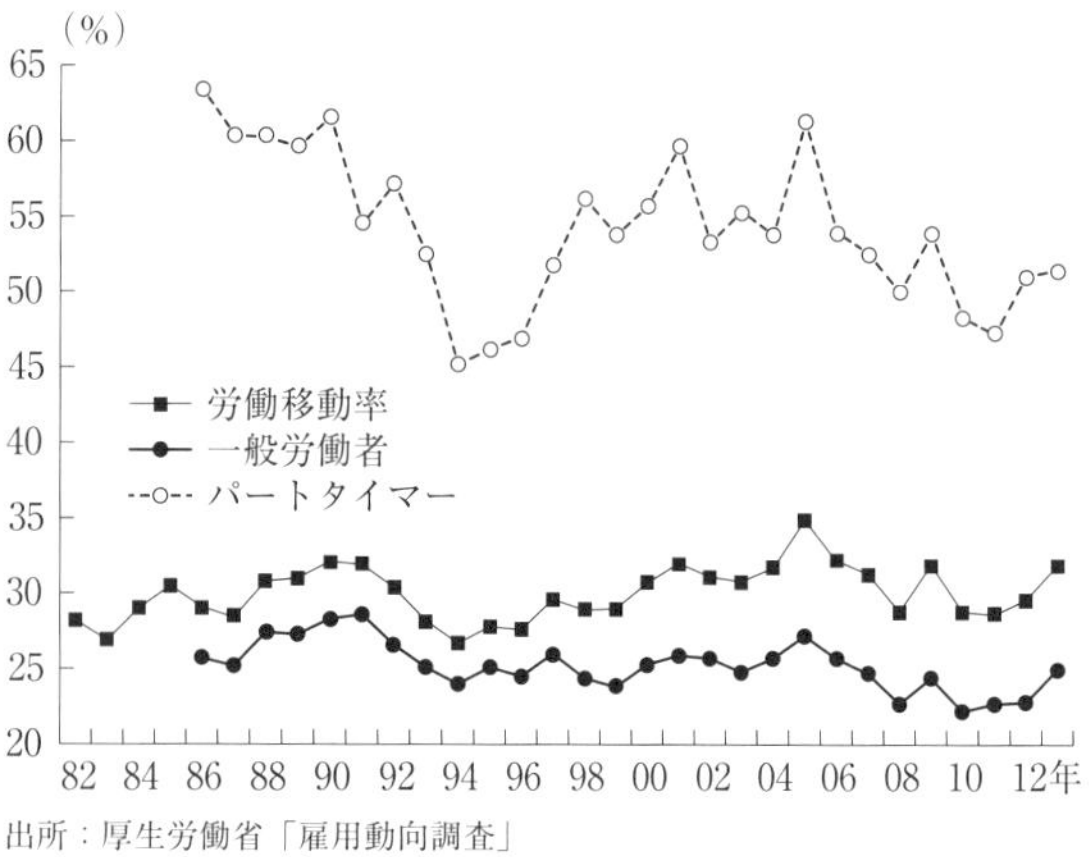

出所：厚生労働省「雇用動向調査」

図２－３　一般労働者の入職率の推移

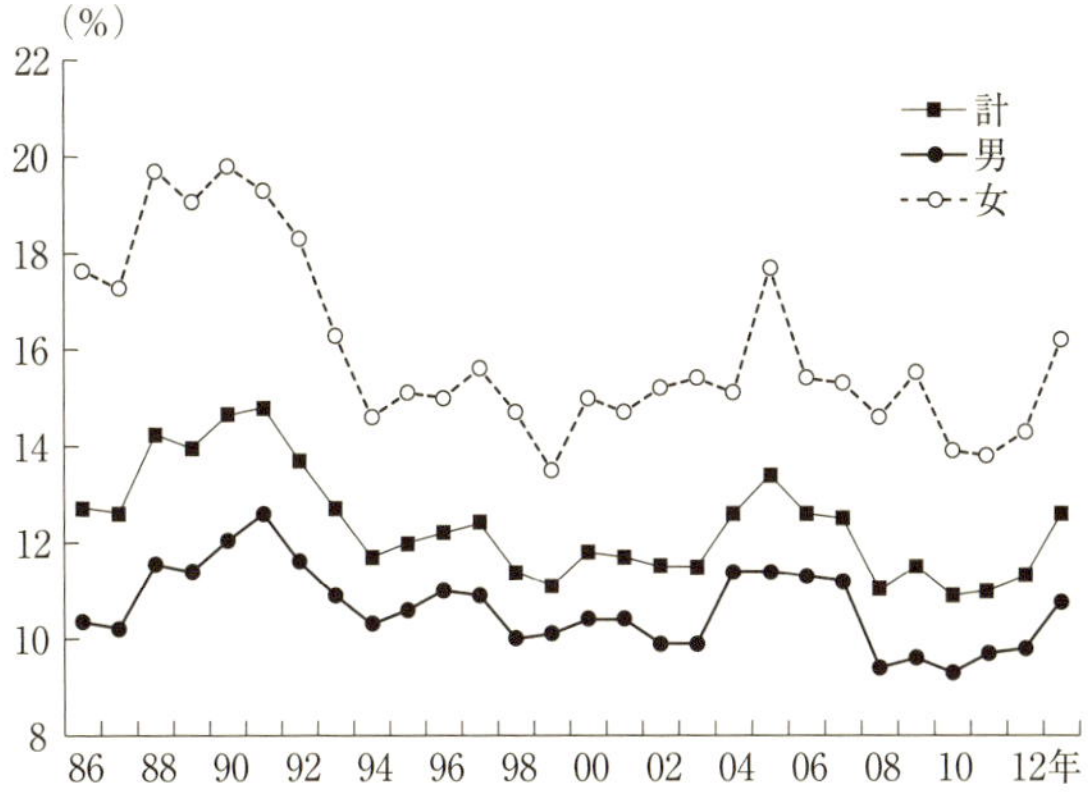

出所：厚生労働省「雇用動向調査」

図２－４　一般労働者の離職者の推移

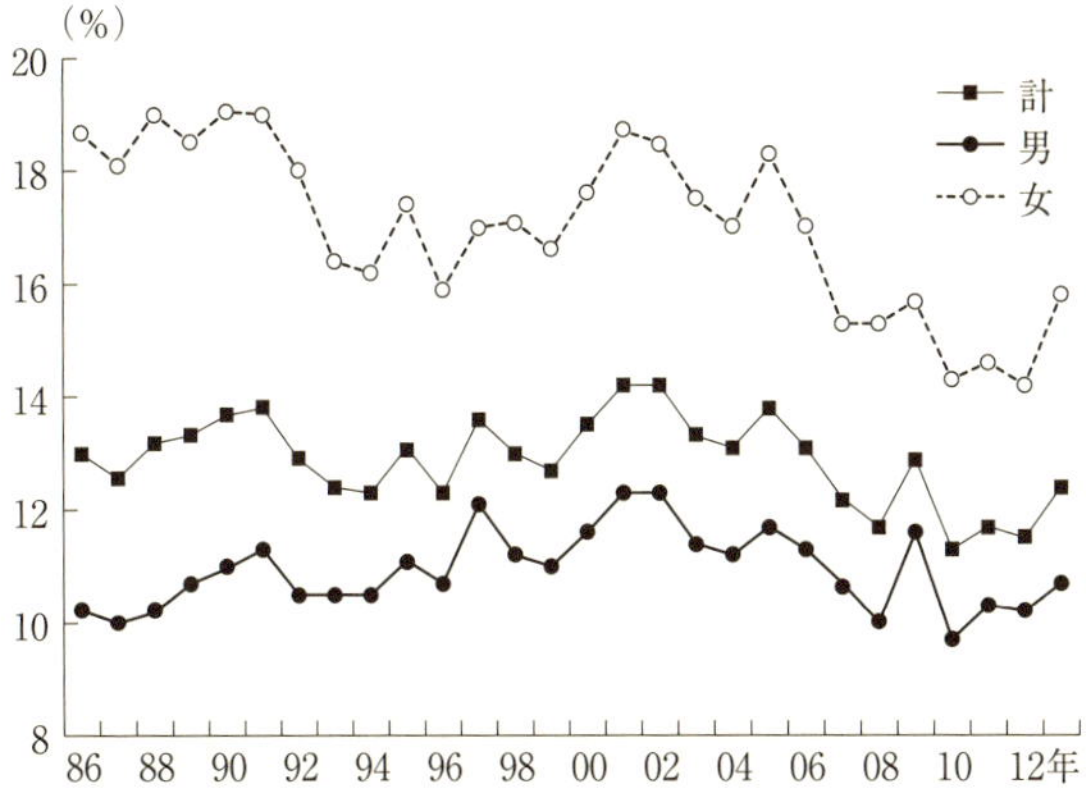

出所：厚生労働省「雇用動向調査」

確なトレンド変化は認められないが、それ以降は低下傾向が窺われる。

性別にみれば、**女性では入職率・離職率ともに低下傾向にあり、女性での動きが一般労働者における移動率低下の原因**であることがわかる。男性については入職率が緩やかに低下する一方、離職率は2000年代初めまで上昇し、その後は低下傾向を示している。離職率全体が2000年代初めまでは横ばいなのは、男性の上昇傾向と女性の低下傾向が相殺していたからで、それ以降は男性の上昇傾向がみられなくなったことで、全体が低下傾向に転じていることがわかる。

(3) 年齢別動向

年齢別動向をみれば、**1990年代後半から2000年代初めにかけて、19歳以下および20~24歳で離職率、入職率ともに上昇**がみられることが目立つ（図2-5、図2-6）。この背景としては、正社員での転職活動が増えた可能性があるが、若年層で非正規雇用比率が上昇した影響が大きかったと考えられる。逆に2000年代半ば以降は、非正規雇用比率の上昇テンポの鈍化に伴って、この年齢層での労働移動率の上昇にも歯止めがかかっている（ただし、19歳以下の入職率については、若年層の人手不足を背景に、2010年以降上昇傾向がみられる）。

45~49歳、50~54歳についても、若年層ほど明確ではないが、同様に90年代後半から2000年代初めにかけて労働移動率に上昇傾向がみられる。これはこの期間、業績悪化を背景に人員リストラの動きが広がったことを反映したものと考えられる。ただし、若年層における労働移動率の上昇と比較すればマイルドである。この時期、マス・メディアを中心に終身雇用崩壊が喧伝されたが、社会全体からみればそれほど大きな変化ではなかったといえよう。なお、50～54歳での労働移動率の上昇の背景には、定年年齢の55歳から60歳への延長に伴う人事施策として、50歳代前半における子会社・関連会社への転籍[3]が増えたことや、いわゆる役職定年制の導入といった事情も見逃せない。

55～59歳では、５歳刻みの年齢階層としてみれば、労働移動率（正確には離職率）がむしろ低下する傾向がみられる。この背景としては、上記の定年年齢の55歳から60歳への延長に伴う人事施策により、この年齢層での離職が50歳代前半期に前倒しされたことの影響が考えられる。

20歳代後半から40歳代前半については、90年代後半から２０００年代初めにかけて、労働移動率がやや高まる傾向がみられたものの総じてトレンドに大きな変化はなく、労働移動率の水準も相対的に低いままにとどまっている。ただし、性別にみると**女性の25～29歳で離職率が低下傾向にあることが注目される。**絶対数でみると、１９９２年の52・９万人から２０１２年には50・９万人と、この間雇用者数は35・１％も増えたにもかかわらず、離職者数は３・７％減少している。**これは、女性の晩婚化・非婚化や高学歴化、男女の雇用機会均等化などを背景に、かつてあった結婚適齢期前の退職という慣行が薄れてきたことを反映したものとみられる。**

（４）大企業では労働移動率が上昇

企業規模別にみると、**従業員規模１０００人以上の大手企業では入職率・離職率ともに上昇傾向にあり、とりわけ90年代末以降に労働移動率がはっきりと高まった**ことがわかる（図２-７）。離職者数を絶対値でみると、１９９２年の40・９万人から２０１２年には94・４万人に20年間で２・３倍に増

図2－5　年齢階層別離職率の推移

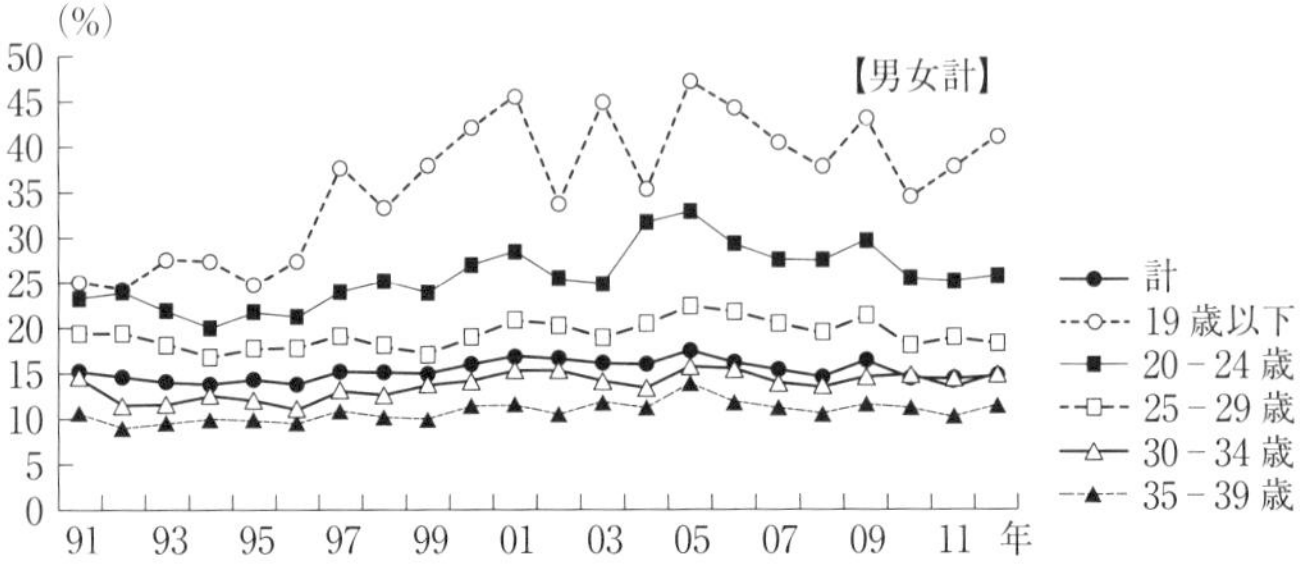

注：35－39 歳の 91－92 年は 35－44 歳の値。

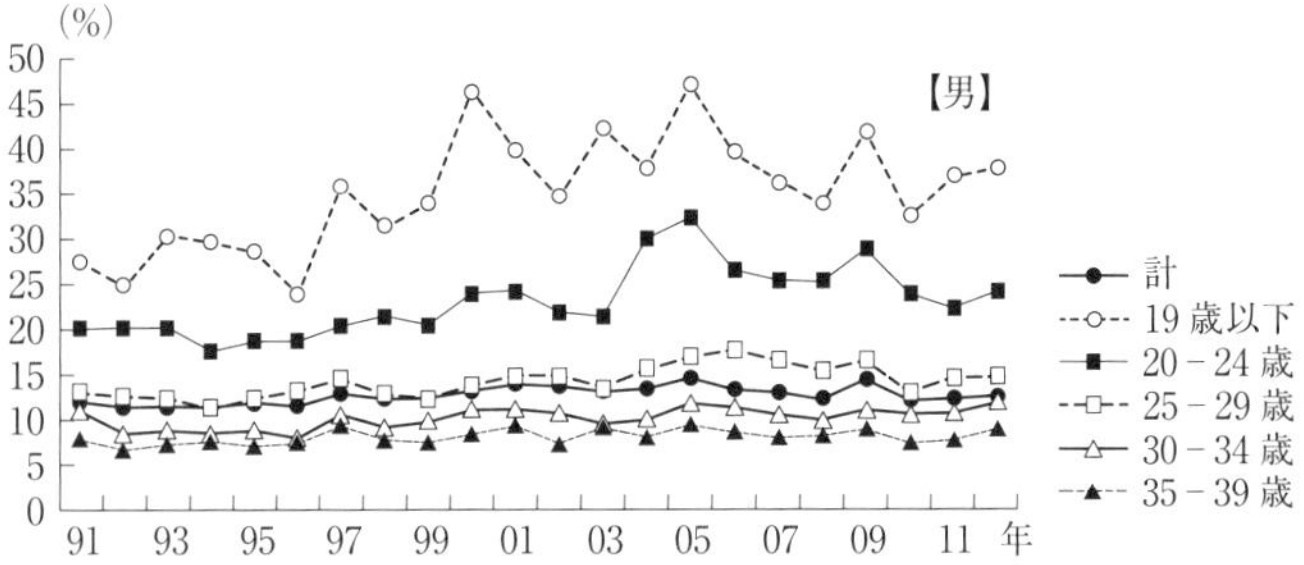

注：35－39 歳の 91－92 年は 35－44 歳の値。

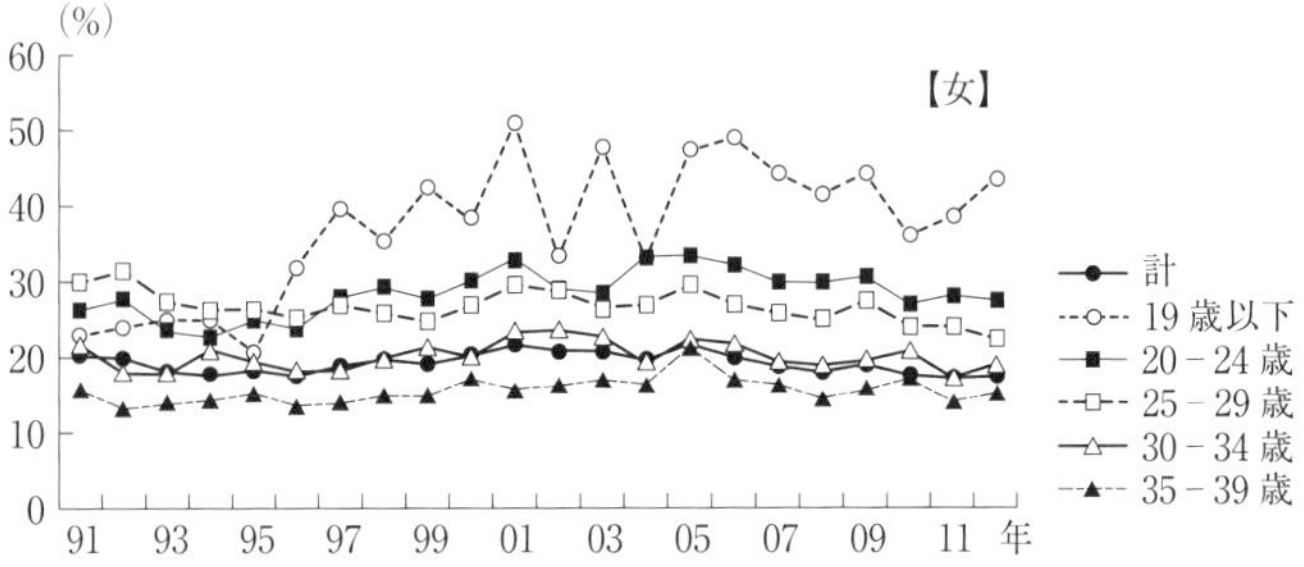

注：35－39 歳の 91－92 年は 35－44 歳の値。

図2－5　つづき

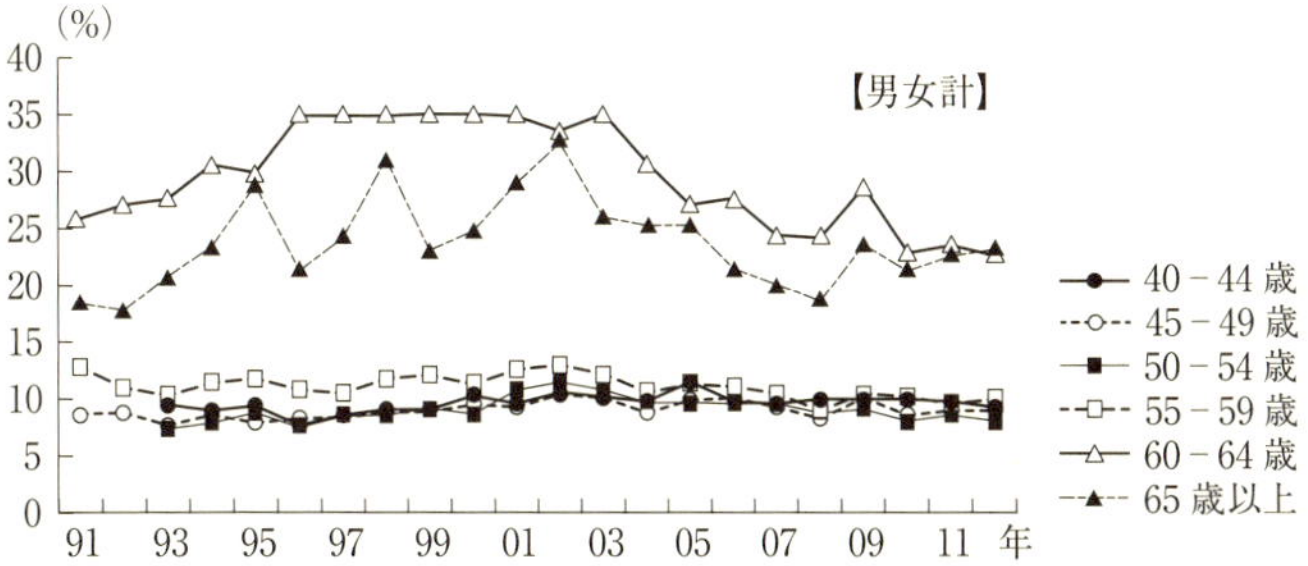

注：45－49歳の91－92年は45－54歳の値。

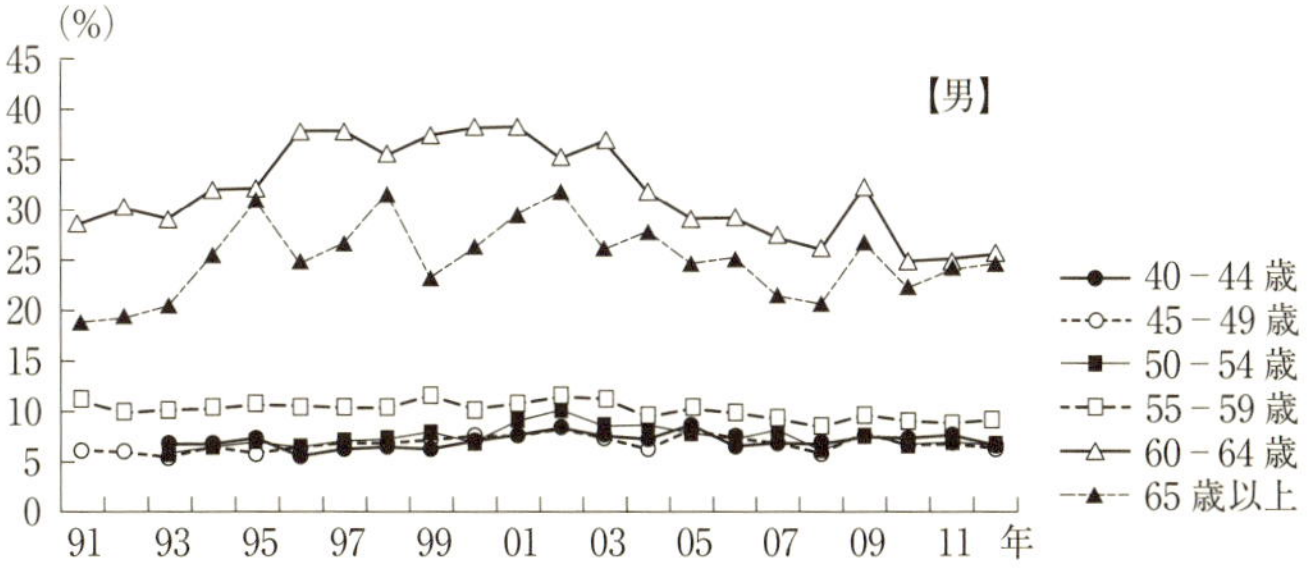

注：45－49歳の91－92年は45－54歳の値。

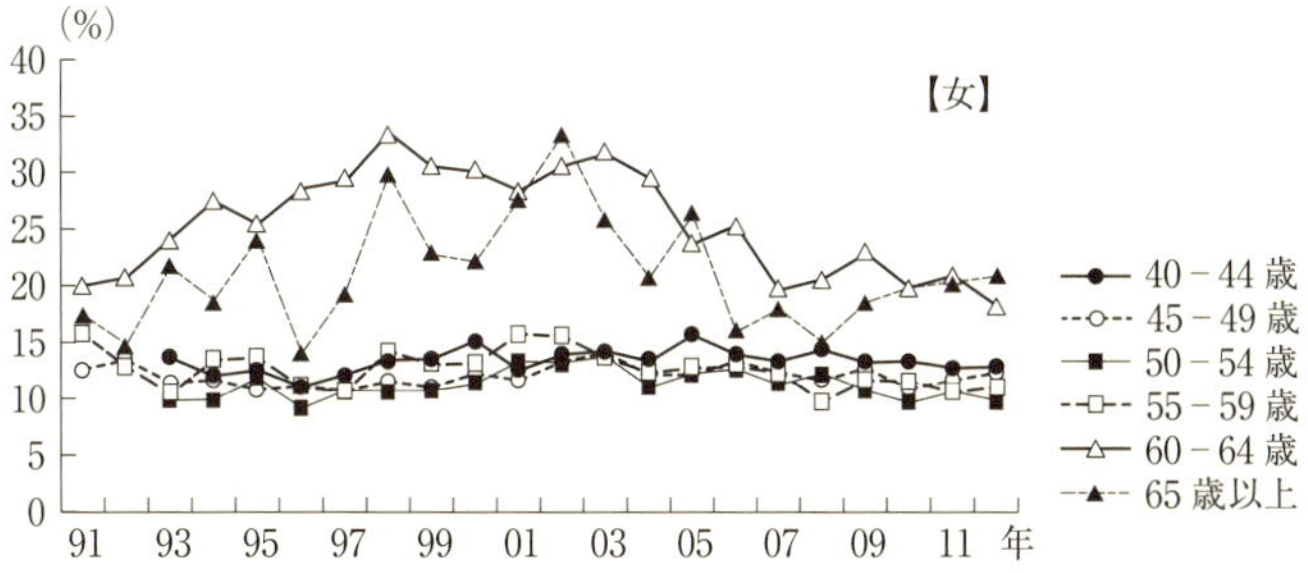

注：45－49歳の91－92年は45－54歳の値。
出所：厚生労働省「雇用動向調査」

図２－６　年齢階層別入職率の推移

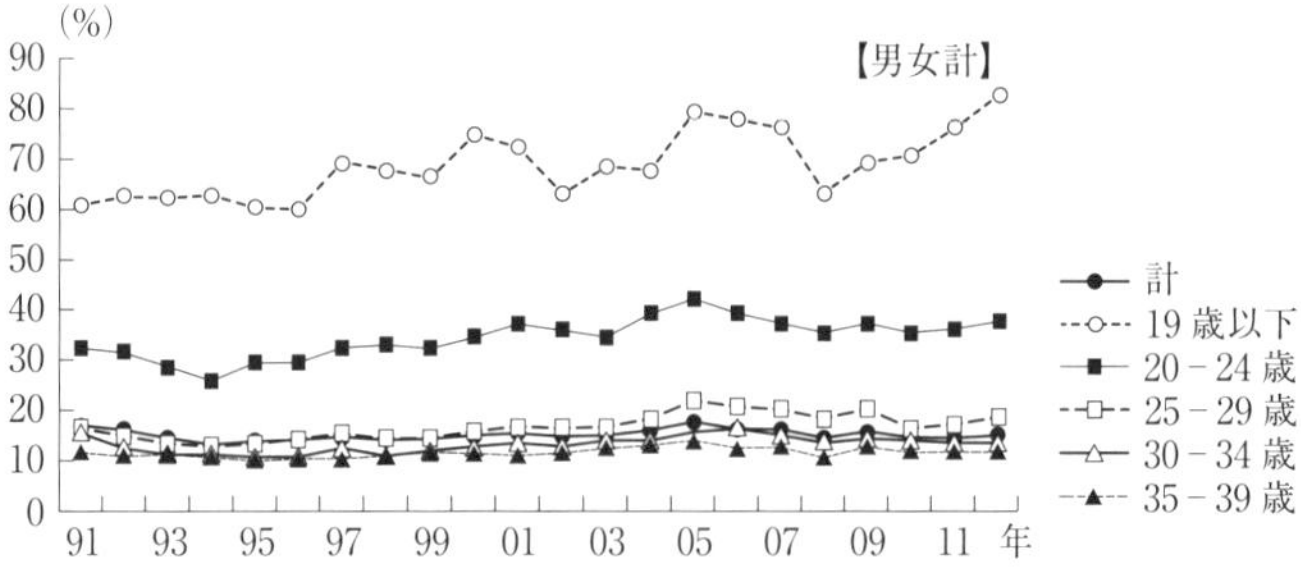

注：35－39 歳の 91－92 年は 35－44 歳の値。

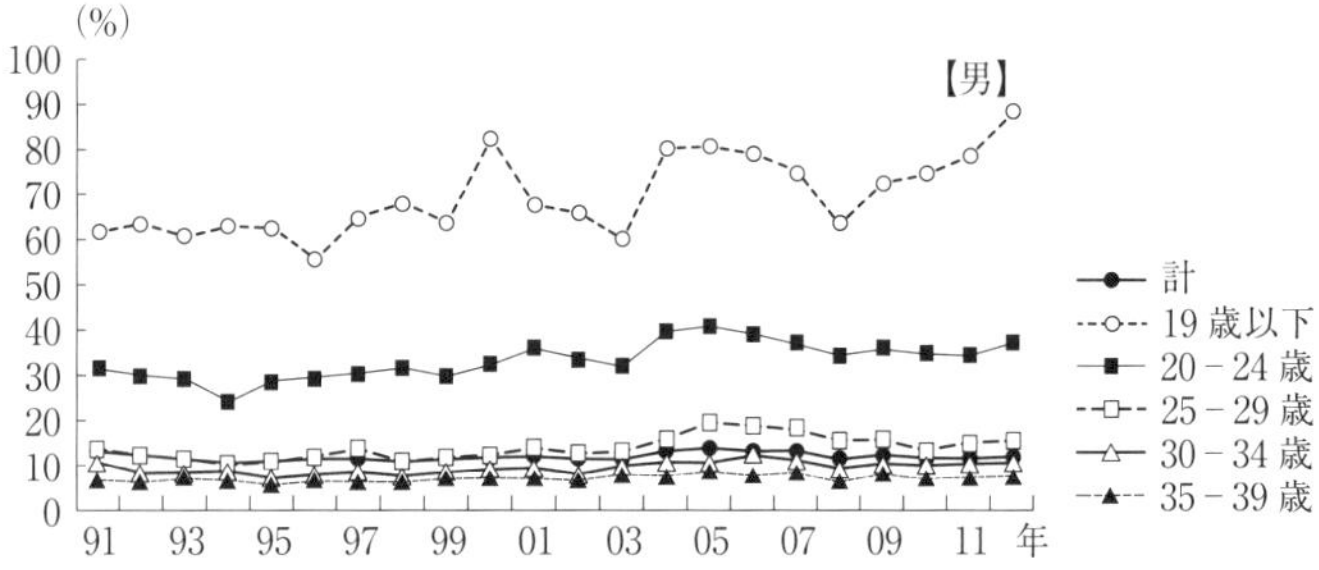

注：35－39 歳の 91－92 年は 35－44 歳の値。

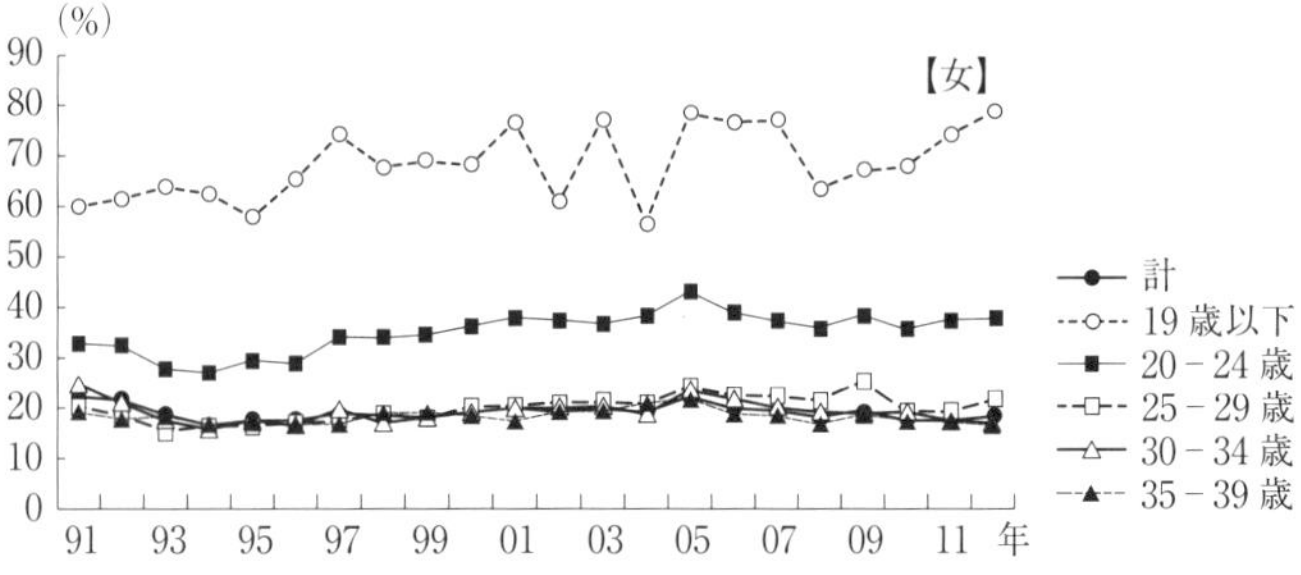

注：35－39 歳の 91－92 年は 35－44 歳の値。

図2－6　つづき

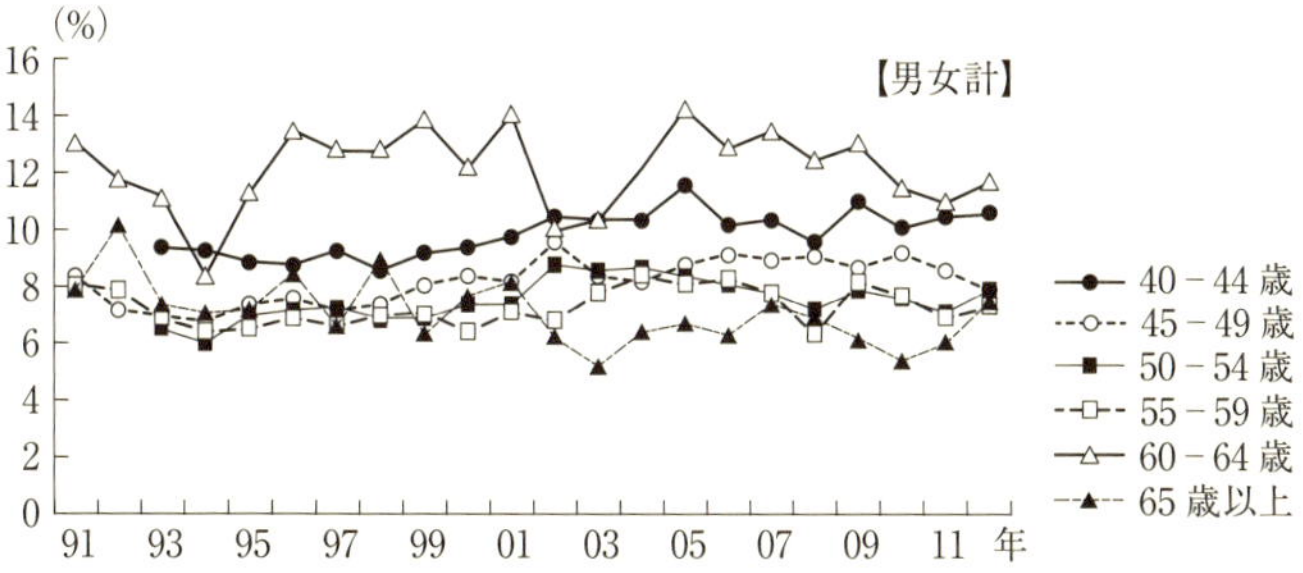

注：45－49歳の91－92年は45－54歳の値。

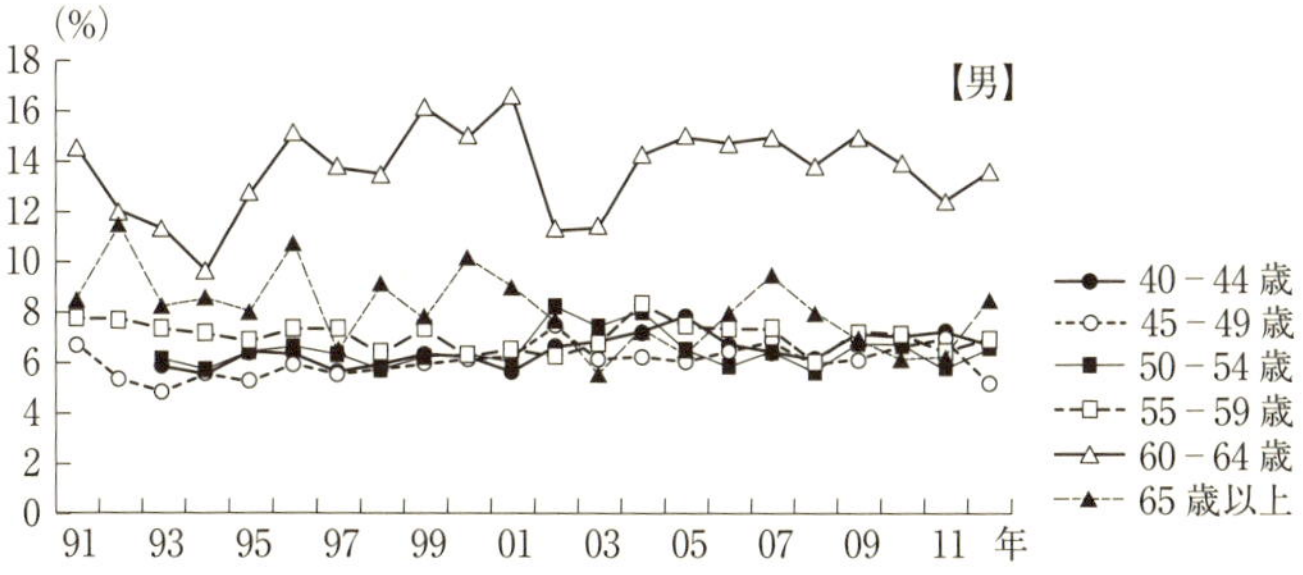

注：45－49歳の91－92年は45－54歳の値。

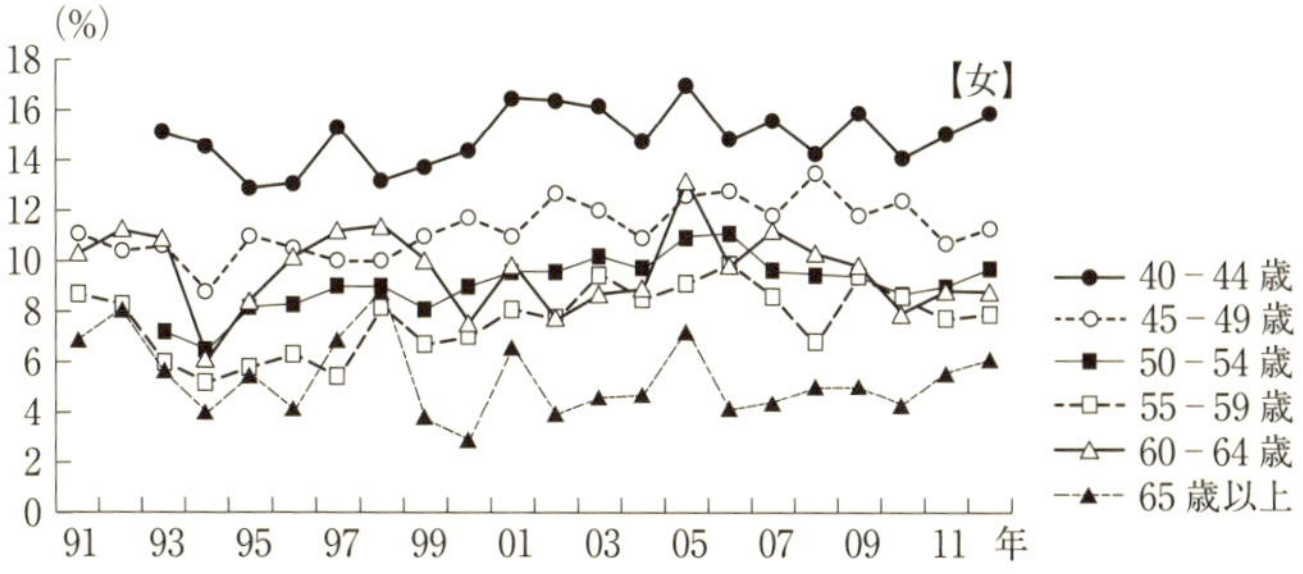

注：45－49歳の91－92年は45－54歳の値。

出所：厚生労働省「雇用動向調査」

図2－7　企業規模別の入職率・離職率の推移

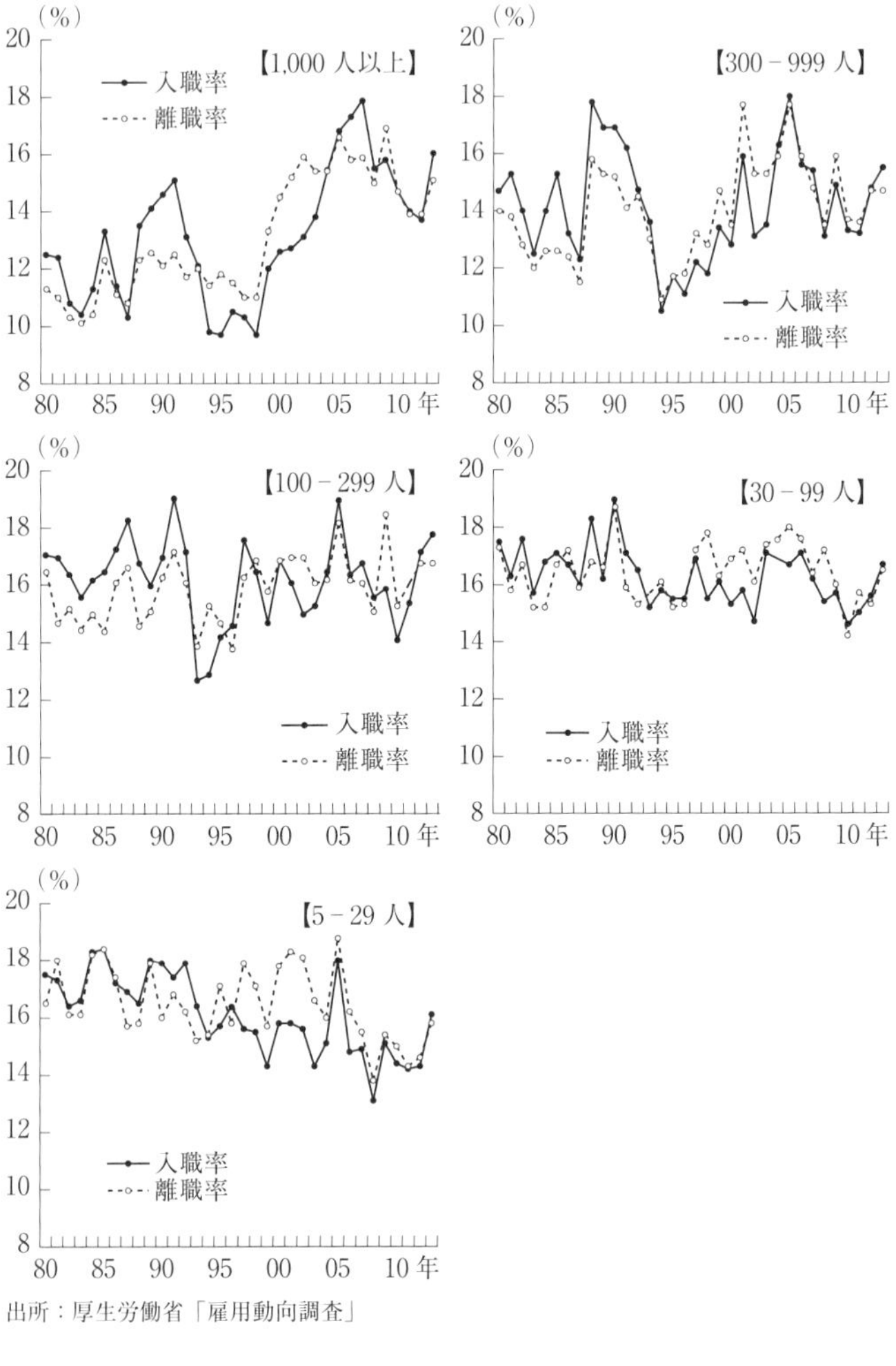

出所：厚生労働省「雇用動向調査」

えた。一方、999人以下の中堅・中小企業では大手ほど明確な変化は認められない。その結果として、かつては企業規模が大きいほど雇用の流動性が低い傾向があったが、今日では常用労働者ベースでみれば移動率の差があまりなくなってきていることが特筆される。なお、性別にみてみれば、**大手での労働移動率の上昇は男性が主因になっている**ことがわかる。

(5) 製造業・建設業で低下、卸小売業・サービス業で横ばい

産業別の労働移動率について、製造業および建設業、さらに第3次産業のうちから雇用者数の多い卸売・小売業およびサービス業について推移をみてみた。製造業では90年代以降入職率の水準が下方にシフトし、一方離職率は2000年代初めまでは横ばい圏内の動きであったが、その後は低下傾向にある。建設業では1991年以降しかデータがとれないが、入職率・離職率ともに低下傾向にある(図2-8)。

卸売・小売業では2000年代半ばまでは入職率・離職率ともにトレンドがみられないが、2000年代後半期以降は低下傾向にある。この産業で特徴的なのは90年代前半期に入職率・離職率ともに低下する局面がみられることであるが、この動きが、全産業ベースでもみられるこの時期の動きを生み出す主因になっている。サービス業については、入職率はほぼ横ばいに推移してきた。その一方で、離職率は90年代半ばまでは緩やかな上昇トレンドで推移した後、その後は横ばいの動きとなっている。

このように、第2次産業(製造業・建設業)では低下傾向にあり、第3次産業(卸小売業・サービス

図２－８　産業別の入職率・離職率の推移

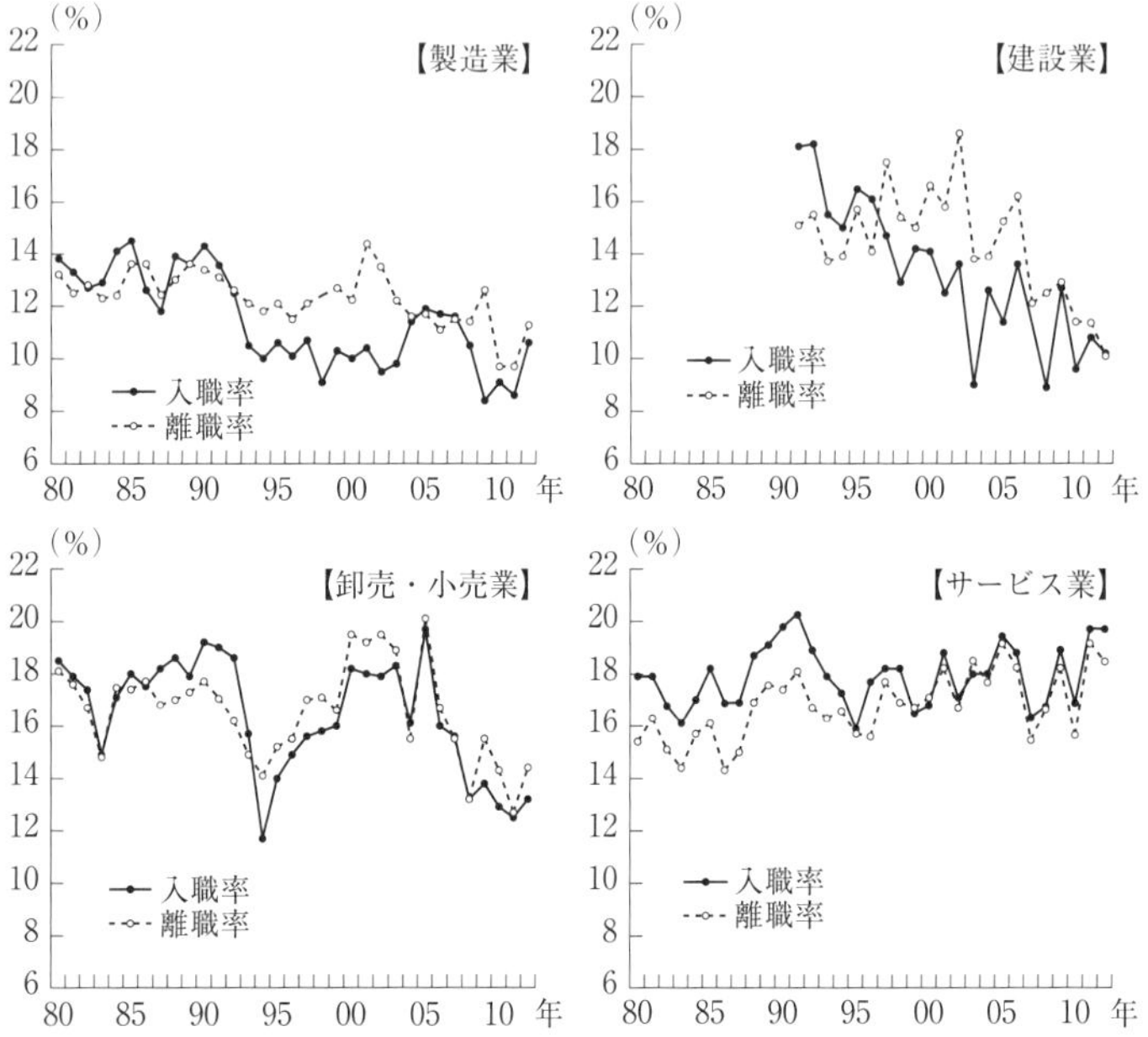

出所：厚生労働省「雇用動向調査」

業）では横ばい、あるいは２０００年代後半以降は卸売・小売業で低下傾向にあるにもかかわらず、すでにみたように全体では労働移動率が横ばい傾向で推移してきている。これはわが国の雇用構造において、労働移動率が想定的に低い第２次産業のシェアが低下する一方、移動率が高い第３次産業にシフトしたためと考えられる。

(6)「終身雇用崩壊」の現実

以上をまとめれば、80年代以降のわが国の企業間労働移動は、90年代末頃以降、水準がやや高まったようにみえるものの、必ずしも明確なトレンドは認められなかった。もっとも、雇用形態別には様相がやや異なる。大半が正社員である一般労働者については緩やかに低下しており、この動きは女性の労働率低下が主因であった。その動きをそもそも労働移動が活発な非正規雇用比率の上昇が相殺しており、その傾向は若年層で顕著にみられた。

つまり、90年代以降のわが国雇用動向を鳥瞰した場合、少なくとも労働移動の量に関する限り、最も大きな変化は若年層における非正規雇用比率の上昇であり、この層における流動性の高まりであるといえる。また、正社員を中心とした一般労働者に関する労働移動に関しては、女性の移動率の低下が量的には大きな影響を及ぼしていることがわかった。

若年層における非正規雇用比率や流動性の高まりについてはすでに多くの指摘があるので、ここでは取り上げない。一方、女性一般労働者の労働移動率の低下については必ずしも指摘が多くはない。しかし、一般に考えられている以上に90年代以降のわが国雇用システムの変化に大きな影響を及ぼしてきた可能性があり、ここではその点を指摘しておきたい。

それは、非正規雇用比率を引き上げる要因になってきた可能性である。従来、企業は高卒ないし短大卒の若手女性を女子事務職員などの呼称のもとで正社員として採用し、20歳台後半期までに退職することが慣例とされるもとで、企業にとっては適度な流動性を持つ使い勝手のよい労働力として活用されてきた。一定期間後の離職が見込まれるため、人件費調整の手段としては有力なツールであった。しかし、離職率が低下することで、そうした人件費調整手段として位置付けることが難しくなった。そこで、派遣社員や契約社員の形での雇用にシフトしたが、任せる仕事はかつての現場女性正社員のそれであり、非正規労働者といいながらも数年継続して雇用されるケースが一般的であった。

一方、男性の一般労働者についてはとくに労働移動率に大きなトレンド変化は認められず、90年代以降終身雇用の崩壊がメディアで喧伝されてきたが、マクロ統計からみる限りそうした動きは確認されない。一般労働者の大半を占める正社員についてはむしろ長期雇用の慣行が強められたようにもみえる。しかし、部門ごとに細かくみると様相が異なる。

従業員規模1000人以上の大手企業の男性労働者の企業間労働移動率は明確な上昇が認められる。離職率の高まりがみられる以前である1997年と2010年を比較すると、年齢別には40歳代まで離職数の顕著な増加が確認できる（図2-9）。もっとも、この離職数はパートタイマーも含むため、そもそも離職率の高い非正規雇用割合が高まったこととの影響もある。そこで、厚生労働省「賃金構造基本統計調査」により、従業員規模1000人以上企業での一般労働者（男性）の平均勤続年数を1997年と2010年で比較すると、50歳代前半まで短縮しており、離職率の高まりが示唆される状況にある（図2-10）。なお、20～24歳の勤続年数の短縮については大学進学率上昇の影響も考えられ、必ずしも離職率の上昇によるものではないかもしれない。しかし、25歳以上については基本的にそうした影響はなく、離職率が高まったことが示唆される。

このようにみてくれば、終身雇用の崩壊や雇用流動化の進展とは、こうした大手企業の男性労働者での変化を指して、あたかも日本全体の変化のように喧伝したものといえる。

以上の考察からいえることは、**90年代以降のわが国雇用に生じた変化は、年齢別、性別、企業規模別などの部門ごとにかなり動きが異なっているということである。したがって、そもそも日本全体として雇用の流動性が高まったのか否か、あるいは、長期雇用慣行が強まったのか否かを議論すること**

図2－9　1,000人以上企業の男性の離職者数

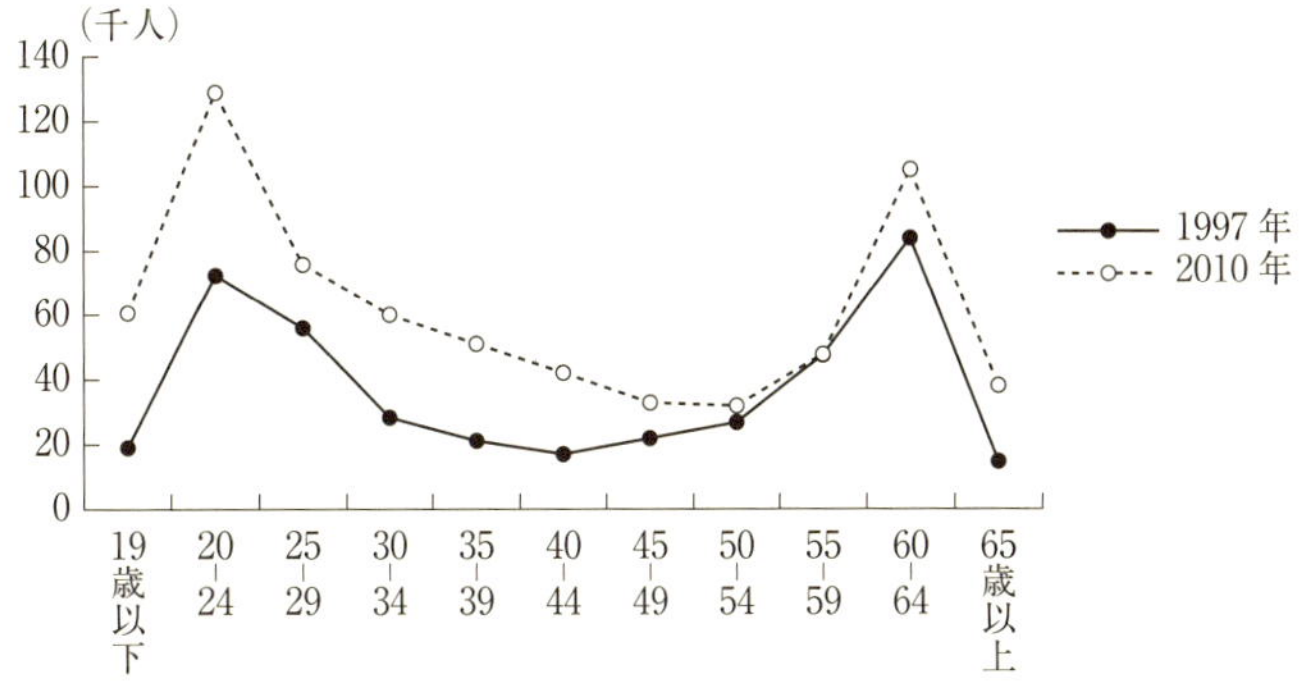

出所：厚生労働省「雇用動向調査」

図2－10　1,000人以上企業の男性の勤続年数

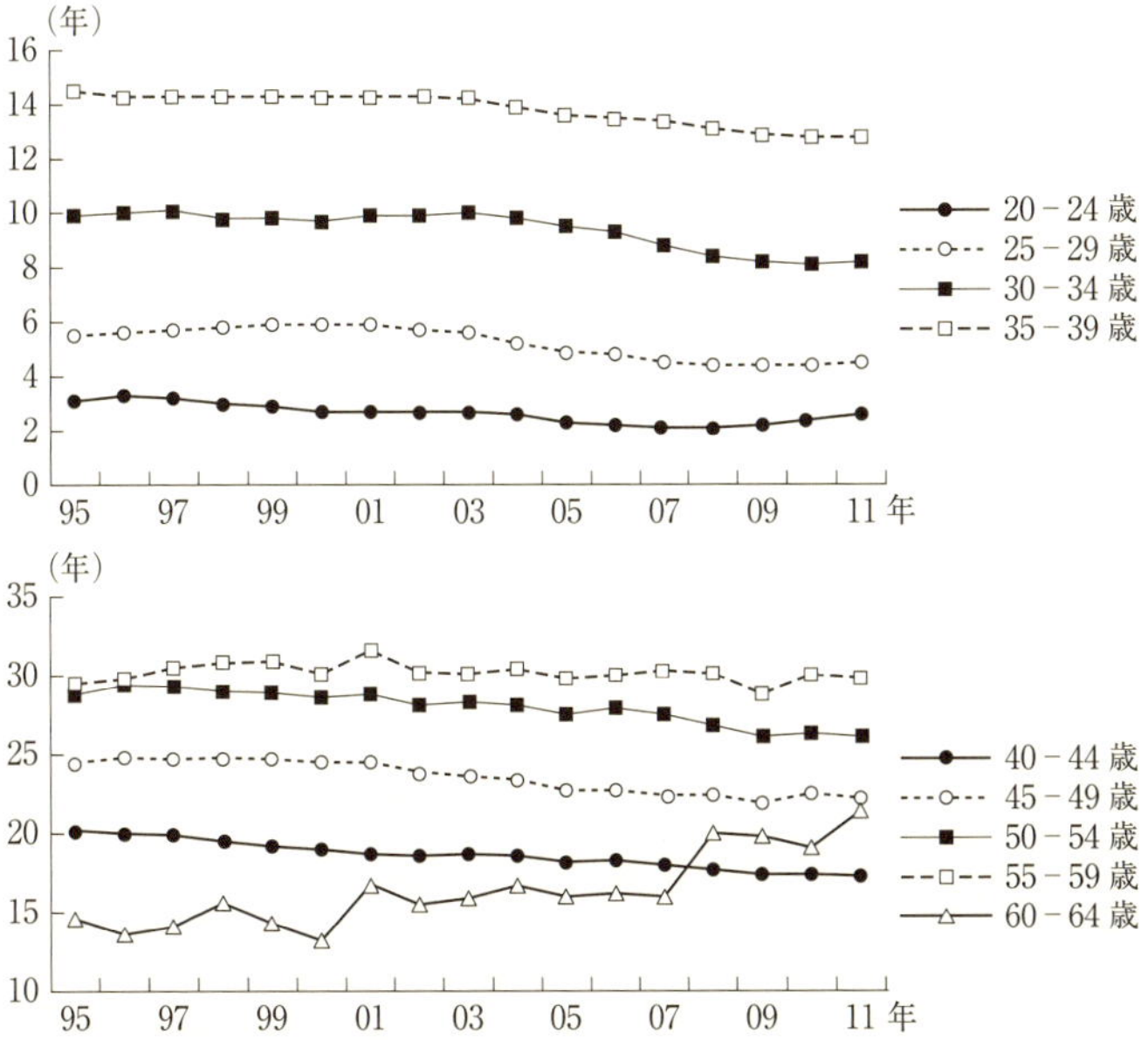

出所：厚生労働省「賃金構造基本統計調査」

自体、あまり意味をなさないといえよう。

3　企業内労働移動について

（1）企業内労働移動は全産業で90年代に減少

次に、企業内労働移動（事業所間移動）の状況について検討していこう。まず、その規模をみると企業間移動の5分の1から4分の1程度とかなり少ない。時系列的には、1980年代前半にやや上昇した後、90年代前半は低下し、90年代後半以降は再び増加傾向がみられた。リーマンショック後は大きく振れているが、2011～12年には上昇傾向を示している。男女別にみると、男性では80年代後半期に低下し、その後振れを伴いながらも横ばいの動きにあったが、2011～12年には上昇傾向が窺われる。一方、女性では緩やかな上昇傾向をたどっており、2000年代の上昇傾向は女性が主因である（図2-11）。

水準を男女で比較すると男性が多く、80年代前半期には、大手企業の男性の企業間移動をやや下回る程度の規模であった。企業内移動は大手ほど多い傾向があることを勘案すれば、大手企業の男性については、80年代には企業間移動に匹敵ないしそれを上回る異動が行われていたことが推察される。

図2－12　企業内労働移動（製造業）の推移

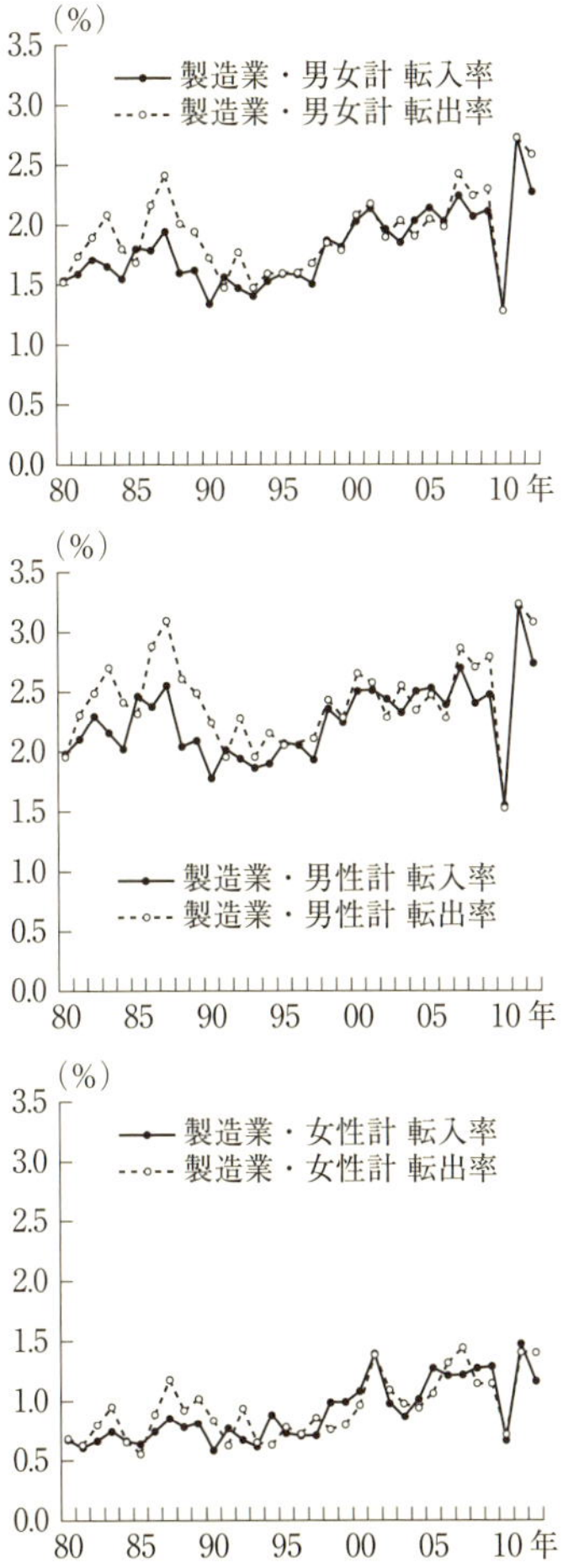

出所：厚生労働省「雇用動向調査」

図2－11　企業内労働移動の推移

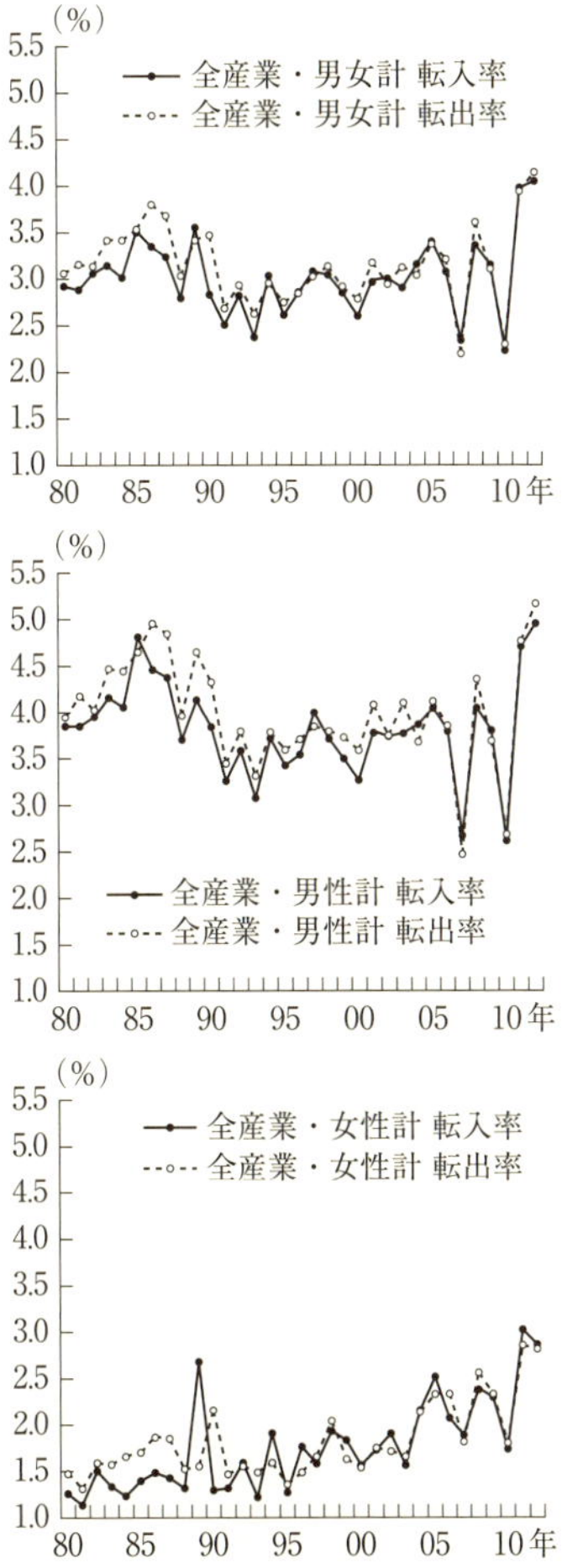

出所：厚生労働省「雇用動向調査」

（2）製造業では90年代後半以降活発化

以上は全産業の動きであるが、業種別にはどうか。まず、製造業の企業内労働移動の変化を確認すると、異なる動きが確認される。80年代半ばをピークにいったん減少した後、90年代後半からリーマンショック発生まで、再び増加傾向をたどっていたのである（図2-12）。女性が傾向的に増加しているのは全産業の動きと同じであるが、男性でも90年代後半に企業内労働移動率の高まりがみられる。一方、リーマンショック後いったん移動率が大幅に低下したものの、２０１１～12年には再び上昇している。

（3）卸売・小売業、サービス業での企業内移動

非製造業に関して、卸売・小売業、サービス業での企業内労働移動の変化をみると、卸売・小売業では大きく振れつつも概ね横ばいで推移してきている。一方、サービス業については緩やかな上昇傾向が窺われる（図2-13）。

男女別にみると、卸売・小売業、サービス業ともに、比率の高い男性の動きが全体の動きを生み出していることがわかる。女性の動きについては、卸売・小売業でほぼ横ばいであるが、サービス業でここ数年企業内移動が活発化している。

（4）企業内移動と企業間移動

ここで、前節でみた企業間労働移動と企業内労働移動を総合してみてみよう。すでにみたように、

図2-13　企業内労働移動（非製造業）の推移

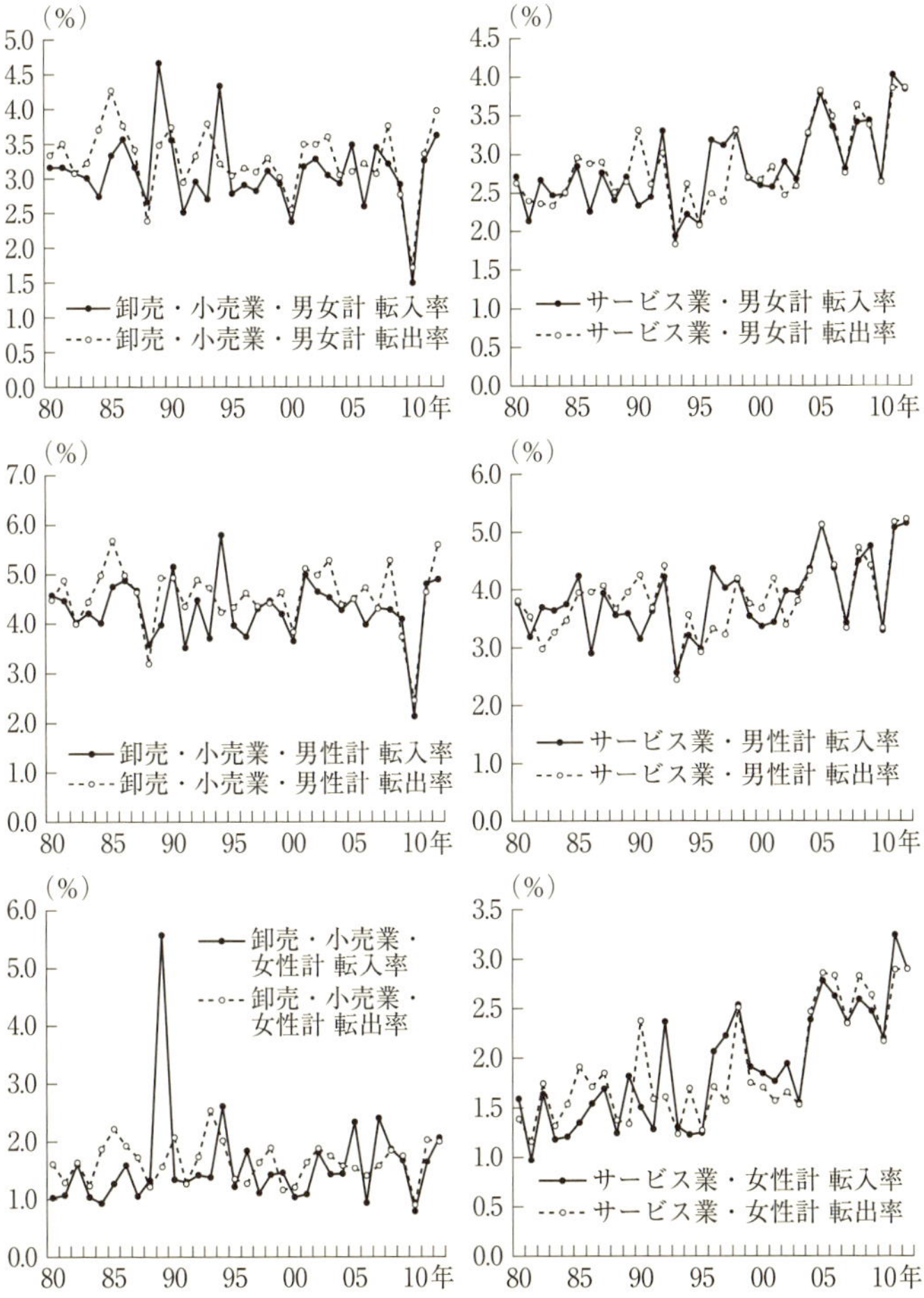

出所：厚生労働省「雇用動向調査」

製造業における企業間労働移動については、90年代に入って入職率が大きく水準を下げると同時に、離職率についても振れはあるものの総じて水準が低下していた。**90年代後半期から2000年代半ばにかけて、製造業では、事業構造転換が要請する労働力移動について、企業間移動の停滞に対して企業内移動を活発化させることで対応しようとした**ことが窺われよう。

一方、非製造業分野についてみれば、卸売・小売業やサービス業のケースでみて、もともと企業間、企業内ともに労働移動の水準は製造業に比べて活発であるが、両産業で動きは異なる。卸売・小売業では、企業間、企業内ともに80年代ほぼ横ばいで推移してきたが、企業間労働移動は90年代以降変動が大きくなっている。90年代前半期に低下し、90年代後半期から2000年代半ばにかけて上昇した後、2000年代後期に再び大きく低下している。

サービス業については、企業間労働移動率がほぼ横ばいで推移する一方、企業内移動は緩やかな上昇トレンドで推移してきた。

4　生産性との関係

(1) 業種別の関係

以上のような労働移動の状況変化を踏まえ、その生産性との関係について考察を加えたい。

まず、全産業ベースの労働生産性の動向について1970年以降の長期推移をみると、1970年

図２－14　労働移動率と労働生産性

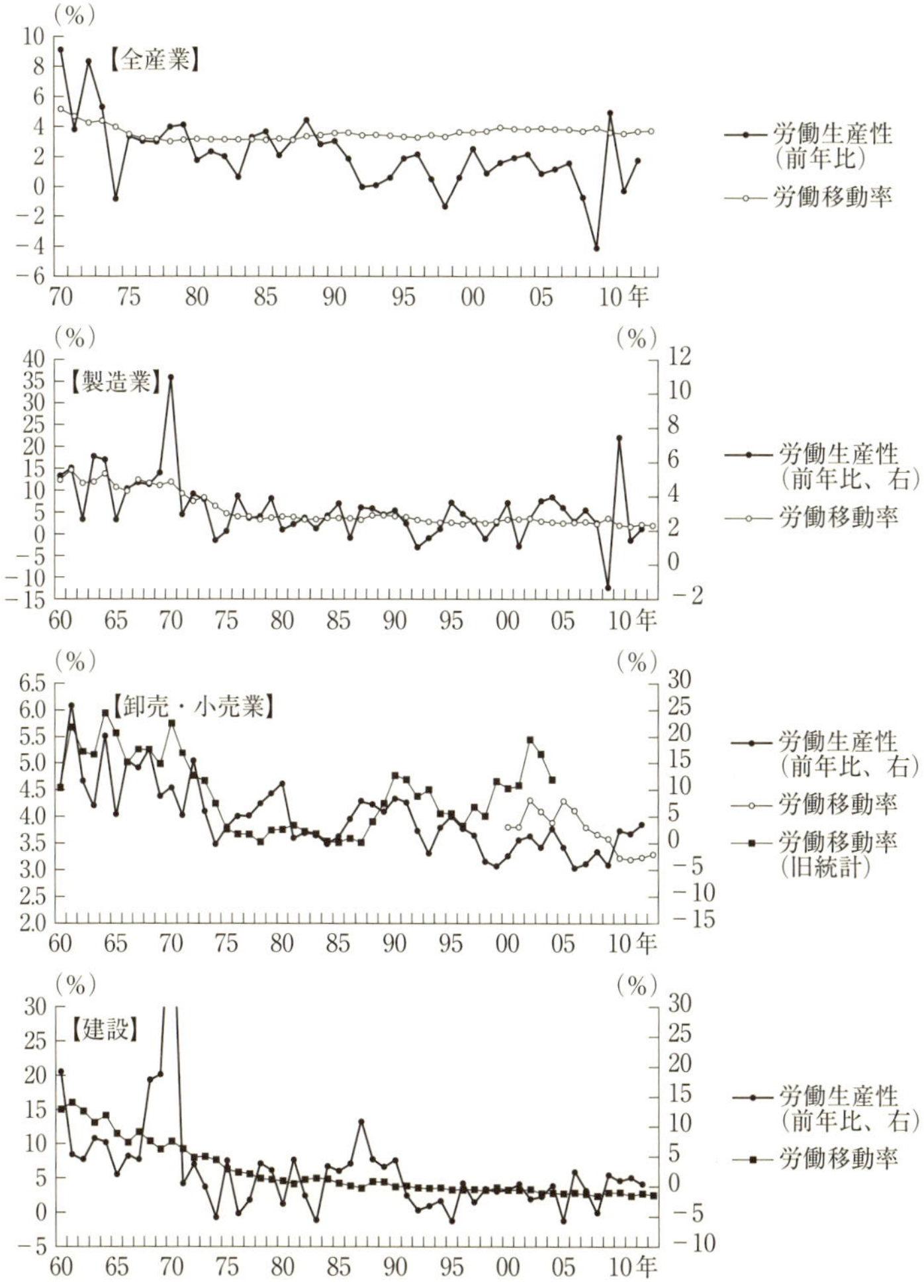

注：労働生産性は、就業者１人当たりの実質国内総生産額。
出所：厚生労働省「毎月勤労統計調査」

代前半期に低下した後、80年代後半期にいったん上昇する局面を経て、90年代以降は低下傾向をたどってきたことが窺われる。一方、企業内労働移動も含めた労働移動率（「毎月勤労統計調査」ベース）[4]の動きをみると、70年代前半に大きく低下した後、狭いレンジで上下に振れ、90年代後半以降は緩やかに上昇する傾向にある。このように、マクロ全体でみた場合、労働生産性と労働移動率の間には一意的な関係は窺われない（図2-14）。

では、業種別にみるとどうか。製造業の労働生産性の長期推移をみると、60年代から70年代前半までのトレンドと80年代以降のトレンドが変化していることが窺われる。一方、労働移動率（企業内労働移動を含む）についても、60年代から70年代前半のレベルと、80年代以降のレベルが異なってきている。そして両者の関係には、中長期的には順相関があるようにみえる。建設業についても、年によっては大きく変動している年もあるが、傾向的には労働移動率の低下に伴って生産性上昇率も低下してきている。このように、製造業、建設業といった第2次産業については、労働移動と労働生産性の間には正の相関があるようにみえる。

では、第3次産業についてはどうか。その代表例として卸売・小売業についてみてみよう。労働生産性についてはは振れを伴いつつも全体としてみれば低下傾向にある。この間の労働移動率をみると、80年代までは低下傾向にあり、労働生産性の動きに連動していた。しかし、その後90年代に入って2000年代半ばまでは労働移動率は上昇しており、労働生産性とは逆の動きになっている。さらに、2000年代後半以降は再び労働移動率は低下傾向を示しており、労働生産性の低下傾向と連動している。

図2－15　パートタイム労働者比率

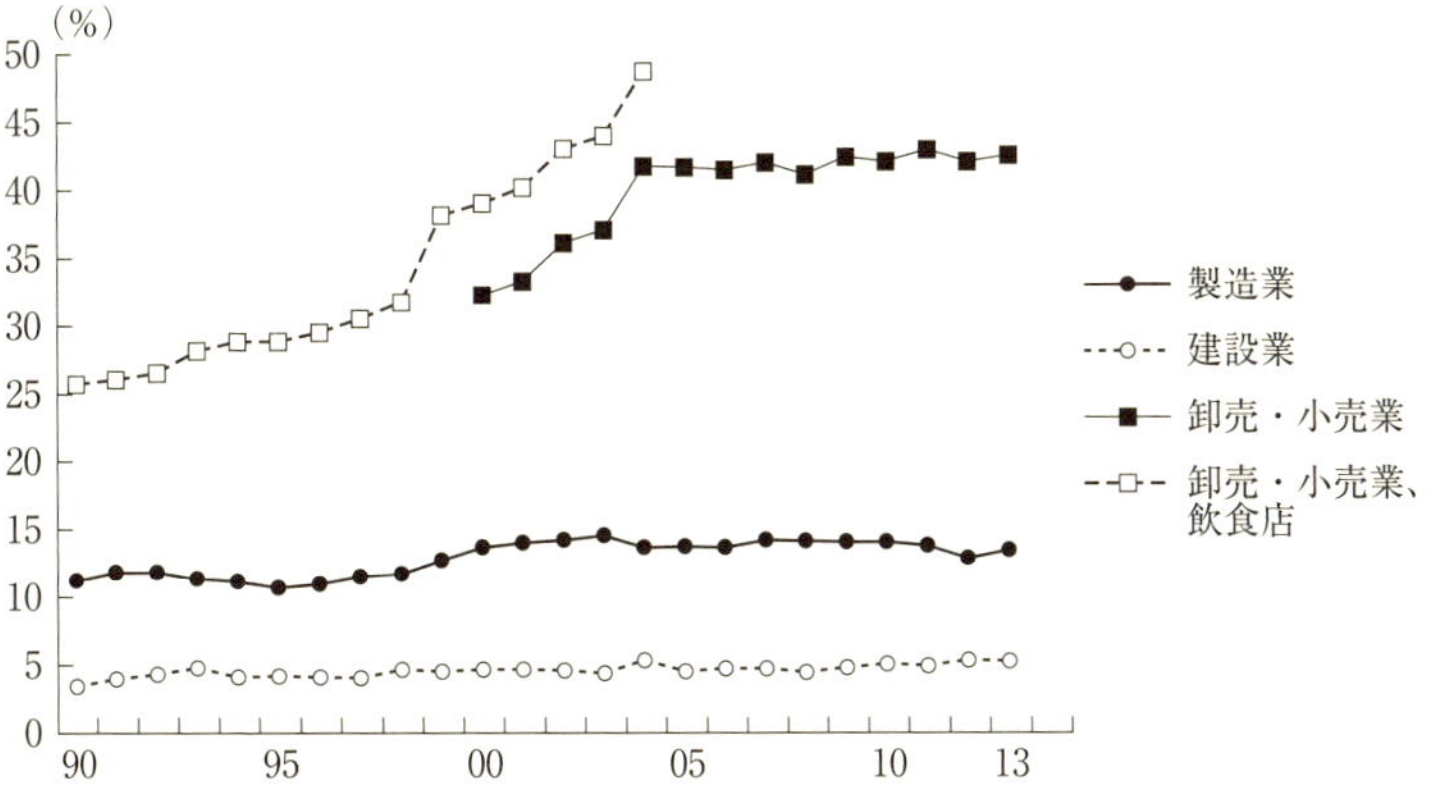

出所：厚生労働省「毎月勤労統計調査」

以上の産業別にみた労働生産性と労働移動の関係をどう解釈すればよいか。ここで注目したいのはパートタイム比率の動きである（図2－15）。建設業ではほぼ横ばい推移であり、パートタイム比率が全体の労働移動率に影響を及ぼしていない。製造業では90年代に入って以降緩やかな上昇傾向が窺われたが、2000年代半ば以降は横ばいの動きとなっている。もっとも、製造業のパートタイム労働者比率の水準は相対的に低く、建設業と同様、全体の労働移動率の動きには大きな影響を及ぼしていない。

一方、卸売・小売業では90年代から2000年代前半にかけてパートタイム比率が大きく上昇し、その後はパートタイム比率の上昇テンポは大幅に鈍化している。卸売・小売業では90年代から2000年代前半にかけて労働移動率が上昇し、その後低下傾向を示している。この動きは、パートタイム比率の動きが無視できない影響を及ぼしていた形である。つまり、90年代以降2000年代半ばまでの労働移動率の上昇はパート比率の上昇が主

図2－16　企業規模別の従業員1人当たり付加価値額

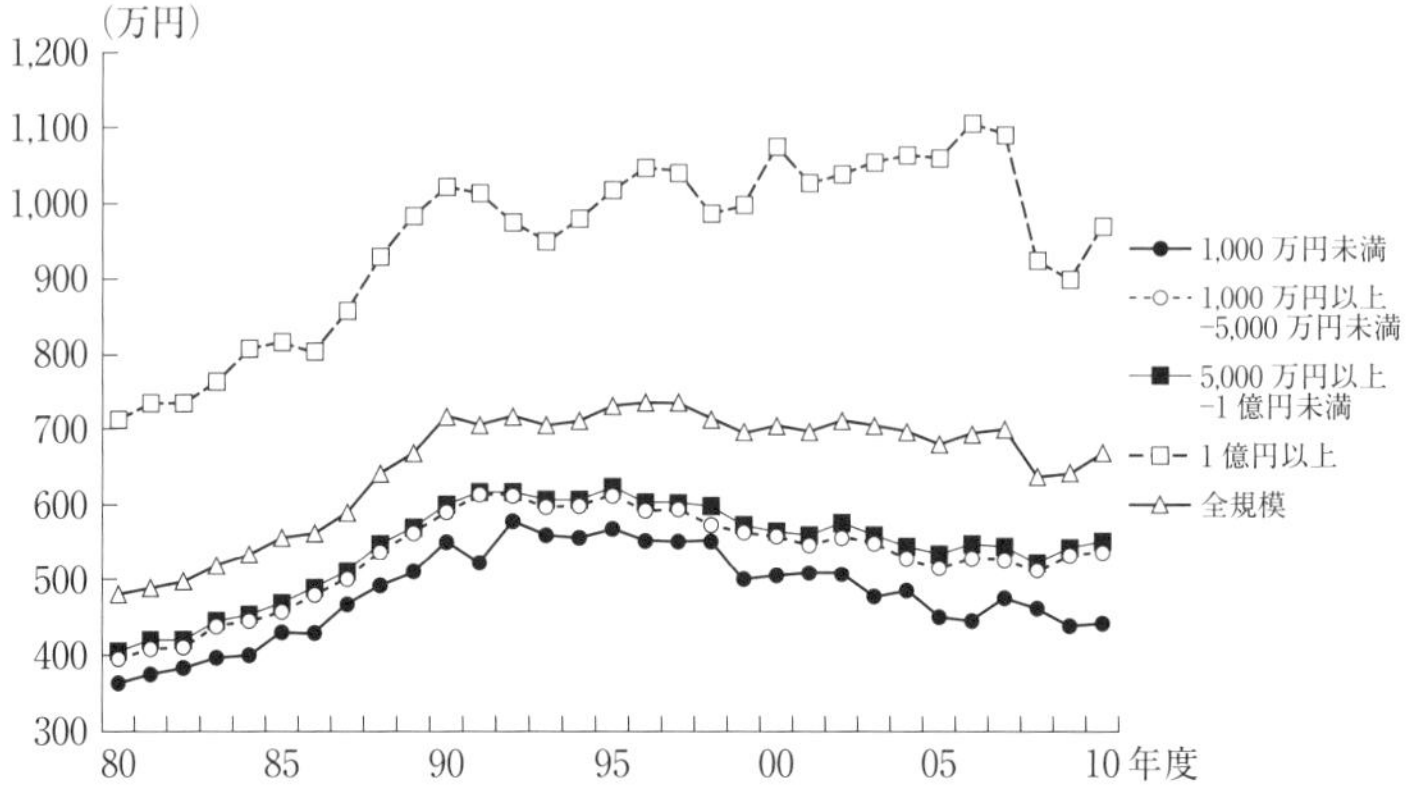

出所：財務省「法人企業統計」

因であり、そのことと労働生産性の低迷が関連していたと考えられる。

こうした業種別の動向からすれば、正社員を中心とした一般労働者の労働移動と労働生産性の間には一定の正の相関が存在するようであるが、雇用の非正規化の結果としての労働移動は労働生産性との間に負の相関関係にあるという仮説が導かれるであろう。

(2) 企業規模別の関係

次に、分析の角度を変え、企業規模別に労働移動と労働生産性の関係をみてみよう。企業規模別にみた場合、労働生産性を従業員1人当たりの付加価値額でみると、80年代以降最近時点まで企業規模が大きいほど生産性の水準が高い。生産性の上昇ペースについては、90年代以降、デフレの影響もあって名目ベースである従業員1人当たりの付加価値額は横ばいないし弱含みの動きになっているが、大手ほど堅調な推移が窺われる（図2−16）。すでにみたように、労働移動についても、近年は大手ほど高まる傾向があった。つまり、企業規模別にみると、変化の方向性でみる限り、差し当たり労働移動と労働生産性の間には正の相関があるといえそうである。

ここで、企業規模別のパートタイマー比率についても比較しておきたい。絶対水準としては規模が小さい企業ほど高く、方向性としては全体として高まる傾向にあるが、規模の小さい企業ほどパート比率の高まるテンポも速い（図２-17）。産業別に労働移動と労働生産性の関係を検討した際、雇用の非正規化の結果としての労働移動は労働生産性との間に負の相関関係にあるという仮説を提示したが、企業規模別にもこの仮説が当てはまる。

なお、こうした議論は変化率についての相関であり、絶対水準の関係ではないことに留意が必要である。具体的には、１人当たり付加価値額でみた場合、大企業の生産性レベルは中小企業よりも高いが、労働移動率の水準は中小企業のほうが高い。また、製造業のほうが小売業よりも生産性が高いが、小売業のほうが労働移動は高い。この背景にある要因としては、労働装備率（１人当たりの設備ストック量）の違いが大きいと考えられる。規模別には大企業ほど労働装備率が高く、業種別には製造業が小売業よりも労働装備率が高い。したがって、労働移動と労働生産性の関係をみる場合、水準よりも変化でみることが適当である。

（３）正・負双方の相関

以上のように部門ごとにみてくれば、変化率における労働移動と労働生産性の間には一定の関係があるといえそうである。具体的には、正社員を中心とした一般労働者の労働移動と労働生産性の間に

図2－17　企業規模別の労働者の推移

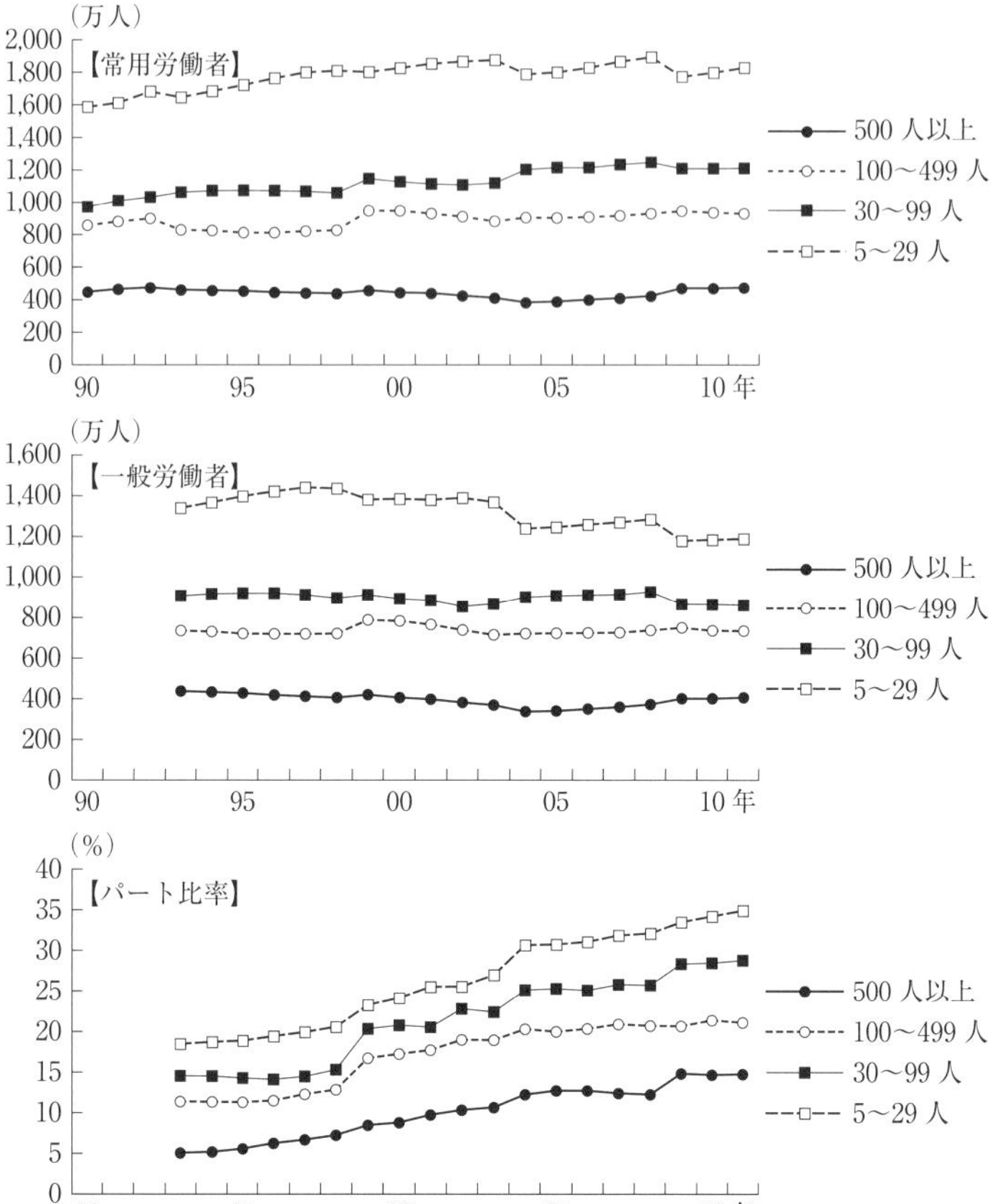

出所：厚生労働省「毎月勤労統計調査」

は一定の正の相関が存在する一方、雇用の非正規化の結果としての労働移動は労働生産性との間に負の相関関係にある、というものである。では、そういった関係を実態に即して解釈すればどういうことなのか。雇用者数の増減状況も念頭に、企業規模別にみてみると以下のようになろう（図2-17）。

大手企業では、平成バブル崩壊以降の経済低迷に対応して事業構造の見直しに取り組み、それに伴って、正社員まで人員削減の対象になった。このため、2000年代前半にかけて大半が正社員である一般労働者数は減少傾向をたどった。2000年代後半期に入ると、景気の拡大局面が続き、それまでの人員削減を含む財務体質改善の効果もあって企業の雇用需要が回復し、入職率が増えて労働移動率が高まると同時に雇用者数が回復した。こうした構図のもとで、2000年代後半期（リーマンショックまで）には労働移動の活発化と労働生産性の向上がみられた。もっとも、労働移動の増加は非正規雇用比率の上昇によるところもあり、コスト削減により事業構造転換を先送りしたケースも少なからずみられたことで、デフレによる単価の下落の影響も含め、この時期の従業員1人当たり付加価値でみた生産性の向上は緩やかにとどまった。

一方、中小では長期化する不況のもとで事業の縮小・倒産を余儀なくされ、一般労働者数は減少傾向をたどった。この間、必要な労働力はパートタイマーをはじめ、人件費コストの安い非正規労働者の雇用で対応した。事業構造の見直しに取り組む余裕もなく、売上減少に伴う収益低下圧力を非正規雇用比率の引き上げによるコスト削減で対応した形である。この間、パート比率の上昇は労働移動率の引き上げ要因となったが、業容縮小による入職率の停滞が相殺し、全体の労働移動率は上昇しなかった。

(4) 労働移動のしやすさは生産性向上の必要条件であっても十分条件ではない

以上のように考えれば、労働移動には2通りがあることがわかる。つまり、「生産性向上につながる労働移動」と「生産性を低下させる労働移動」がある。大手では比較的「生産性向上につながる労働移動」が多く、中小では「生産性を低下させる労働移動」が多かったというわけである。では、「生産性向上につながる労働移動」と「生産性を低下させる労働移動」とは、それぞれ具体的にどういったものなのか。

これまでみてきたことからすれば、差し当たり、正社員を含む一般労働者の労働移動が前者で、非正規労働者の割合が高まる結果としての労働移動が後者ということになる。しかし、雇用形態別に労働移動が労働生産性と一意的に対応していると考えるのは単純すぎるであろう。

詳しい分析は次章で行うが、ここでは労働移動と経済活性化の関係について想定されるフレームワークのみ提示しておこう。それは、①成長部門の付加価値創造プロセスに付随して生じる「デマンド・プル型」労働移動と、②停滞部門のコスト削減プロセスに付随して生じる「コスト・プッシュ型」労働移動という2類型を考えたうえで、前者は経済活性化につながるが、後者は阻害要因になるというものである。こうした枠組みに従えば、大企業でそれなりに労働生産性の上昇が生じていたのは、経済環境の変化に対応した事業構造の転換が曲がりなりにも行われていたため、「デマンド・プル型」労働移動が起こり、生産性も向上したという事情を指摘できる。一方、中小企業では、事業転換を行う余裕もなく、非正規を増やすのみならず、事業縮小に伴う正社員の削減も行われており、こうした「コスト・プッシュ型」労働移動が多かったため、生産性は低迷した、と説明することができよう。

（5）生産性向上のカギは人材育成

以上、労働生産性と労働移動の関係を考察してきたが、本章の最後に、この問題を考えるにあたって見過ごすことのできない観点である、人材育成の重要性を指摘しておきたい。そもそも生産性向上は、最終的には企業がイノベーションを引き起こすことができるかにかかっており、このイノベーションを引き起こす主体は人材である。その意味で、人材育成こそ積極的に生産性を引き上げる最も重要な要素といえる。この点について、日本企業の労働者１人当たりの教育訓練費の推移をみると、２００７年度の２・９万円から２０１１年度には２・１万円に減少しており、人材育成の弱体化が生産性低迷の大きな要因となっている可能性が指摘できる（厚生労働省「能力開発基本調査」）。

生産性向上にとって人材育成が重要なのは、小売業の状況からもいえることである。小売業については流動性が高いが、それは非正規雇用比率が高いためである。一般に企業は非正規労働者に対する教育投資には積極的でない（表2−1）。このため、非正規雇用比率の上昇の結果として労働移動率が高まっている場合、①事業構造が柔軟に転換されることの生産性引き上げ効果（例えば、不採算店の閉鎖と新規店の出店）よりも、②スキルが蓄積されないことの生産性へのマイナス効果のほうが大きくなっていると解釈できる。

前述した「デマンド・プル型」労働移動と「コスト・プッシュ型」労働移動が経済活力とどう関係

表２－１　OFF－JT費用の増減の企業割合（過去３年間）

正社員　　（%）

	上昇傾向	増減なし	下降傾向	実績なし
産業分類				
建設業	21.1	45.7	12.3	19.5
製造業	19.5	38.2	11.9	29.4
卸売業、小売業	16.6	32.8	10.8	38.7
卸売業	20.0	36.3	11.9	29.5
小売業	13.6	29.6	9.7	46.9
学術研究、専門・技術サービス業	25.9	43.5	12.8	17.9
宿泊業、飲食サービス業	13.9	26.6	9.8	47.0
生活関連サービス業、娯楽業	18.9	28.5	8.6	41.2
教育、学習支援業	16.7	41.4	7.0	34.9
医療、福祉	42.4	35.6	2.4	18.5
サービス業（他に分類されないもの）	18.7	37.8	15.3	26.1
企業規模				
30－49人	12.5	34.9	10.1	40.9
50－99人	24.2	34.2	11.7	29.1
100－299人	22.7	40.0	12.0	23.8
300－999人	25.6	44.6	15.8	13.3
1,000人以上	31.8	41.5	19.2	6.2

正社員以外

	上昇傾向	増減なし	下降傾向	実績なし
産業分類				
建設業	9.3	30.7	11.3	45.2
製造業	4.8	26.0	6.5	61.4
卸売業、小売業	7.0	25.9	5.1	60.1
卸売業	6.1	25.4	3.1	62.2
小売業	7.7	26.3	6.6	58.5
学術研究、専門・技術サービス業	7.2	36.7	6.6	46.7
宿泊業、飲食サービス業	8.8	24.3	6.5	57.4
生活関連サービス業、娯楽業	9.9	27.7	7.4	52.2
教育、学習支援業	10.0	30.3	5.2	54.5
医療、福祉	28.1	41.4	2.2	27.1
サービス業（他に分類されないもの）	8.3	33.2	10.4	46.7
企業規模				
30－49人	4.8	21.5	6.4	65.2
50－99人	9.4	27.4	6.6	54.8
100－299人	8.8	36.4	6.2	46.7
300－999人	7.9	44.1	10.0	36.4
1,000人以上	10.0	47.7	10.5	30.0

出所：厚生労働省「能力開発基本調査」（2011年度）

するかにも、人材育成と密接な関係がある。「コスト・プッシュ型」の労働移動では人件費削減が目的であるため、人材投資のインセンティブがない。逆にいえば、「デマンド・プル型」の労働移動の場合に初めて、人材育成のインセンティブが生まれるといえる。このように考えれば、生産性向上をはじめ経済活力につながる労働移動とは、「デマンド・プル型」の労働移動に人材育成がセットになるケースという仮説が提示されよう。次章以降、この仮説を念頭に、さらなる検討を加えていくことにしよう。

【注】

（１）本章の分析で主に用いた「雇用動向調査」に基づき、労働移動をマクロ的に把握しようとした先行研究としては、照山（２００３）がある。ただし、照山論文は労働移動と同時に雇用創出・喪失にも焦点を当て、90年代の雇用の低迷のメカニズムを探ろうとしたものであり、本章は労働移動と経済活力との関係が問題意識にある点が異なる。

（２）転職は景気と順相関にあり、好景気に労働移動率は高まり、逆に不景気に低下する傾向がある。

（３）菅野（２００２）51頁。

（４）「雇用動向調査」の入職率、離職率は企業内移動は含まれないが、「毎月勤労統計調査」では含まれる。

第3章

「デマンド・プル型」労働移動をどう増やすか

――主要産業比較からみた経済活性化につながる雇用流動化の条件

1　はじめに

1990年代以降のわが国経済の長期にわたる停滞の原因はさまざまに指摘されてきたが、しばしば行われてきた主張の一つは労働市場の硬直性とりわけ流動性の低さに原因を求める見方である。2012年末に発足した第2次安倍晋三内閣もそうした見方に立っており、雇用制度改革を重要な政策の柱に位置付けている。もっとも、第1章でみたとおり、雇用の流動性と経済の活性化の関係は必ずしも明らかにされてはおらず、見解が分かれているのが現状である。そこで本章では、まずはマクロ的な指標により両者の関係を検証する。結論を先取りすれば、両者の間には単純に一意的な関係は認められず、プラスの関係とマイナスの関係の双方があるというもので、本章ではプラスの関係をもたらす労働移動を「デマンド・プル型」、マイナスの関係をもたらすものは「コスト・プッシュ型」と名付けたい。そのうえで、それらを分けるファクターは何なのかという問題設定を行い、主要な産業を取り上げて産業間の比較を行いながら、労働移動と産業活力の関係を探っていくことにする。

2　雇用流動化と経済活性化の関係

異なる事業所間の労働移動率[1]（厚生労働省「毎月勤労統計調査」）と経済成長率の関係をみると、1980年代までは正の相関が認められる。しかし、90年代、とりわけその半ば以降には、労働移動率が高まるもとで経済成長率は低下傾向をたどっており、むしろ負の相関がみられている（図3−1）。第2章でみたとおり、90年代半ば以降に労働移動率が高まった主因は、そもそも流動性の高い非正規労働者の割合が高まったことに求められる。厚生労働省「雇用動向調査」により就業形態別に労働移動率をみると、大半が非正規労働者であるパートタイム労働者は正社員が大半を占める一般労働者の2倍程度となっており、非正規労働者比率（パートタイム労働者比率）が高まればそれだけ全体の労働移動率が上昇することになる。一般労働者の労働移動率はむしろ緩やかに低下しており、とりわけ、2006年以降にその傾向が顕著になっている（前掲図2−2）。同時にこの時期、産業間の労働移動も停滞していた。全体の就業者数の変化率に対するセクターごとの就業者数の変化率の乖離率を就業者ウェイトにより加重平均した「リリアン指数」を製造業部門で算出すると、2000年代前半には指数が上昇したものの、2000年代後半には低下傾向にある（図3−2）。つまり、**90年代以降の労働移動の特徴は、産業・事業構造の転換につながるようなものは少なく、企業が既存の事業構造を極**

図3－1 労働移動率と経済成長率

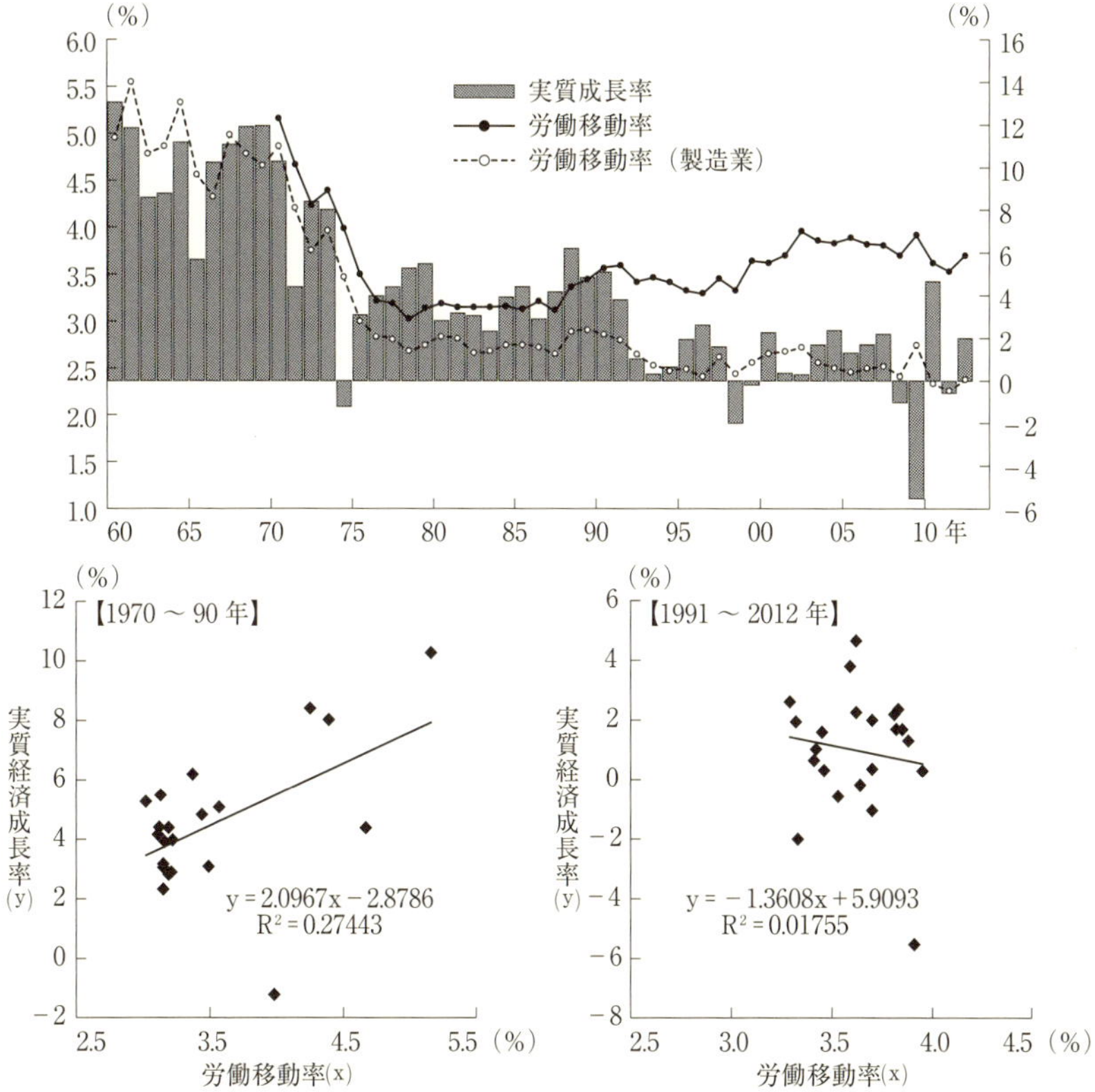

注：労働移動率＝入職率＋離職率
出所：厚生労働省「毎月勤労統計調査」、内閣府「国民経済計算」

図3-2　わが国製造業部門のリリアン指数の推移

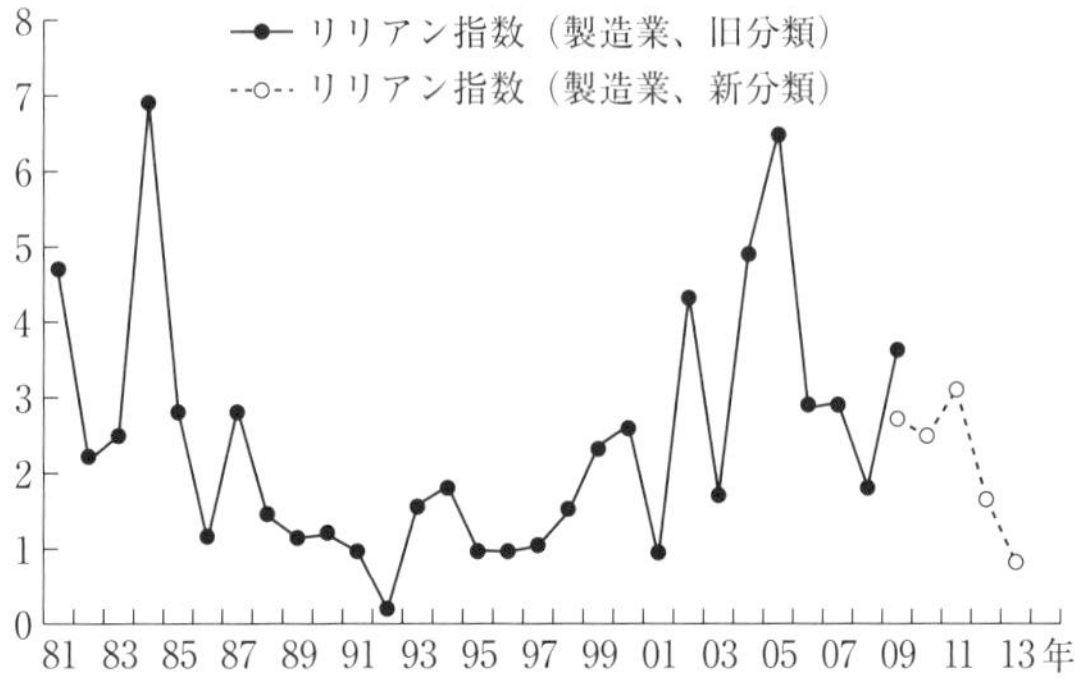

注：リリアン指数＝部門別変動率の製造業全体変動率からの乖離の2乗に、部門別シェア（ここでは2009年で固定）を乗じたものを合計した。
出所：日本銀行「短観」

力維持するために、コスト削減の有力な手段として非正規労働者を増やした結果として、労働移動率が高まった側面が強かったといえよう。

加えて90年代以降の労働移動の特徴について注目すべきは、景気後退期に労働移動率が高まる傾向があることである。80年代までは対称的に、好況期に労働移動率が高まっていた。この背景には、労働移動率の内訳をみたとき、従来は基本的には入職率が離職率を上回る傾向があるもとで、変動の大きい入職率の動きが全体の労働移動率の動向を決めていたのに対し、近年は逆の傾向がみられるようになったという事情がある（図3-3）。90年代以降は離職率が入職率を上回ることが多くなり、離職率が大きく振れて労働移動率全体の動きを決めるようになっている。

このようにみてくれば、90年代に入ってからの雇用流動化は、産業・事業構造の転換を伴わない、主にコスト削減のための雇用流動化（非正規化や人員リストラ）が多かったといえよう。逆に、産業構造転換や新規事業創造

図3－3 入職率・離職率の推移

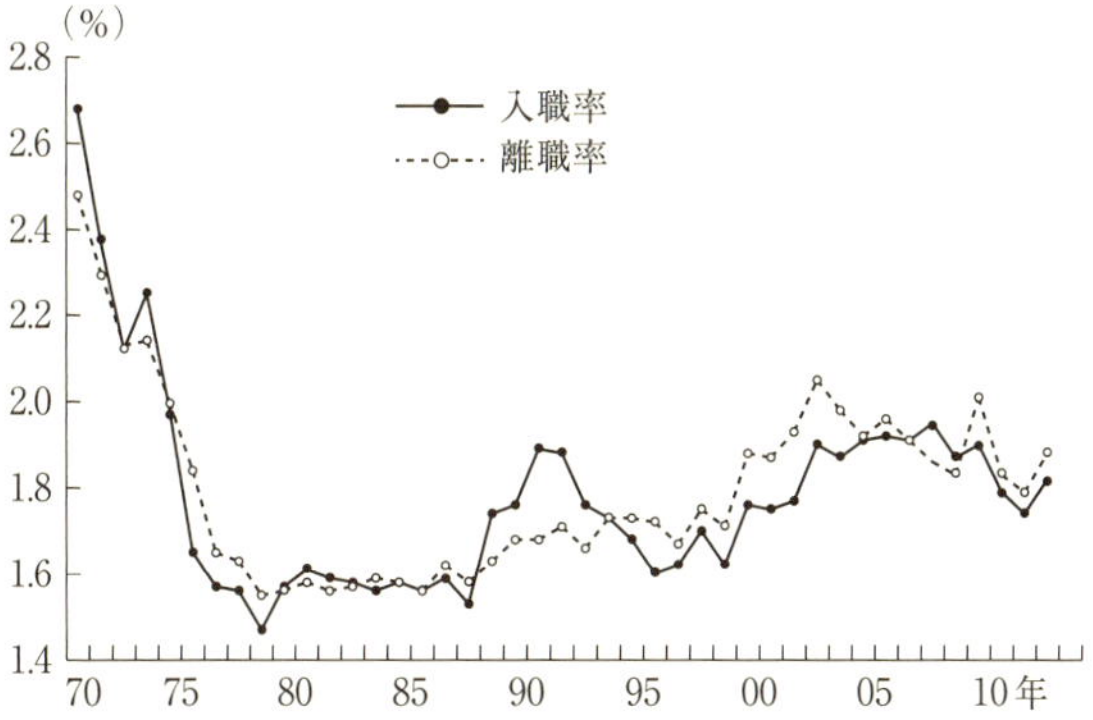

出所：厚生労働省「毎月勤労統計調査」

につながる前向きの労働移動は盛り上がらなかった。とりわけ、２０００年代半ばの時期には息の長い景気回復局面が実現し、そうした前向きの労働移動が増えやすい環境にあったといえるが、むしろ労働移動率は低下した。その背景には、90年代末から２０００年代初めの厳しい人員リストラの記憶が生々しく、労使ともに守りの姿勢を頑なに崩さず、産業・事業の構造転換よりも財務体質の強化を優先し、債務の返済や人件費削減に取り組んだという事情を指摘できよう。「法人企業統計」（財務省）により、この時期の日本企業（資本金10億円以上の大企業）の主要な財務指標の変化をみてみると、長期債務残高のキャッシュフロー（ＣＦ）倍率は１９９３年度の５・３倍から２００６年度には３・０倍まで低下している。また、労働分配率は１９９８年度の56・２％から２００６年度の45・０％に低下している。これらの指標の２００６年度の値は第１次石油危機以降では最も低い数値である。一方、固定資産収益率をみると、１９９８年度の７・３％から２００６年度には14・５％と相当程度上昇はしているものの、70年代後半

図３－４　主要財務指標の推移（大企業・全産業）

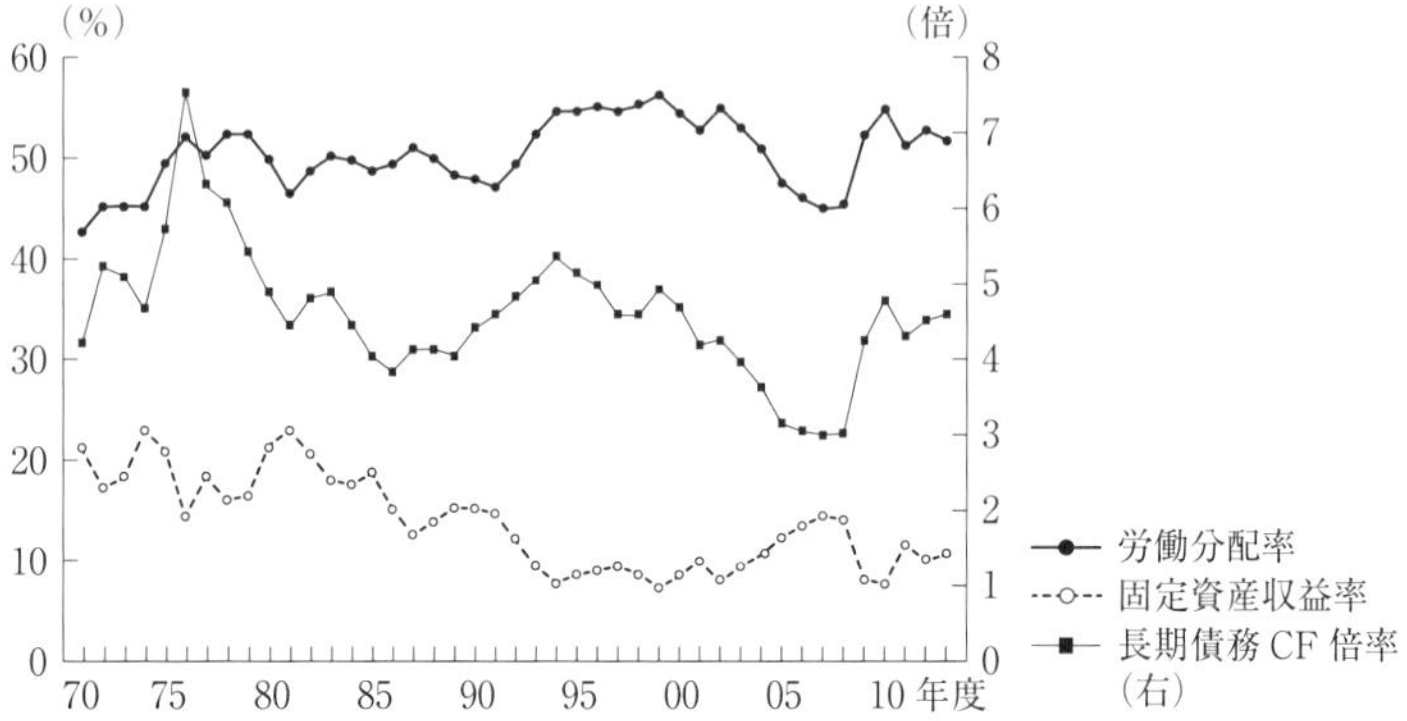

出所：財務省「法人企業統計」

から80年代前半のころに比べれば水準は低い（図3－4）。この時期の日本企業が、コスト削減を優先し、事業構造転換により収益性を回復させるという面では成果をあげていなかったことが示唆される。

ここで、**一口に雇用流動化といっても、それには性質の異なる2つのパターンがあると考えられる。①成長産業・事業分野の付加価値創造プロセスに付随して生じる「デマンド・プル型」と、②停滞産業・事業分野のコスト削減プロセスに付随して生じる「コスト・プッシュ型」とでもいうべき2パターンである。**前者は、成長産業部門が新卒採用や中途採用を増やすのがわかりやすい例であり、後者は、人件費削減のために非正規雇用比率を高めるケースや、不採算部門整理のために行う希望退職募集・再就職支援のケースが具体的ケースである。こうした分類を行えば、80年代までは「デマンド・プル型」が多かったため、労働移動率と経済成長率は正の相関にあったが、90年代以降は「コスト・プッシュ型」が増えた結果、むしろ負の相関がみられるようになったと解釈することができよう。

3 自動車産業とエレクトロニクス産業の対比

以上はあくまで経済全体のデータからみた平均的な動きであるが、部門別には異なった動きをしていた可能性がある。堅調部門と不振部門への二極化が1990年代以降の日本経済の特徴であることを考えれば、部門によって、「デマンド・プル型」が多い部門と「コスト・プッシュ型」が主流を占めた部門の2パターンに分かれていたことが想定される。この点を確認すべく、まずは製造業分野について、90年代以降のパフォーマンスに興味深いコントラストがみられる自動車産業とエレクトロニクス産業での状況を比較してみたい。

(1) 業界のパフォーマンス比較

自動車産業とエレクトロニクス産業は80年代、ともに日本経済を牽引するリーディング・インダストリーであった。しかし、90年代にともに停滞の時期を経て、2000年代に入って両者のパフォーマンスには違いが発生する。産業別GDP（粗付加価値）の推移をみると、エレクトロニクス産業では90年代後半期をピークに右肩下がりの傾向にある。一方、自動車産業では、リーマンショックまで上昇傾向を維持してきた後、危機後にいったん大きく水準を落としたが、その後は再び持ち直し傾向がみられる（図3−5）。

この背景には、さまざまな要因が指摘されるが、とりわけものづくりの設計の枠組み変化の状況が

図３－５　産業別粗付加価値（GDP）の推移

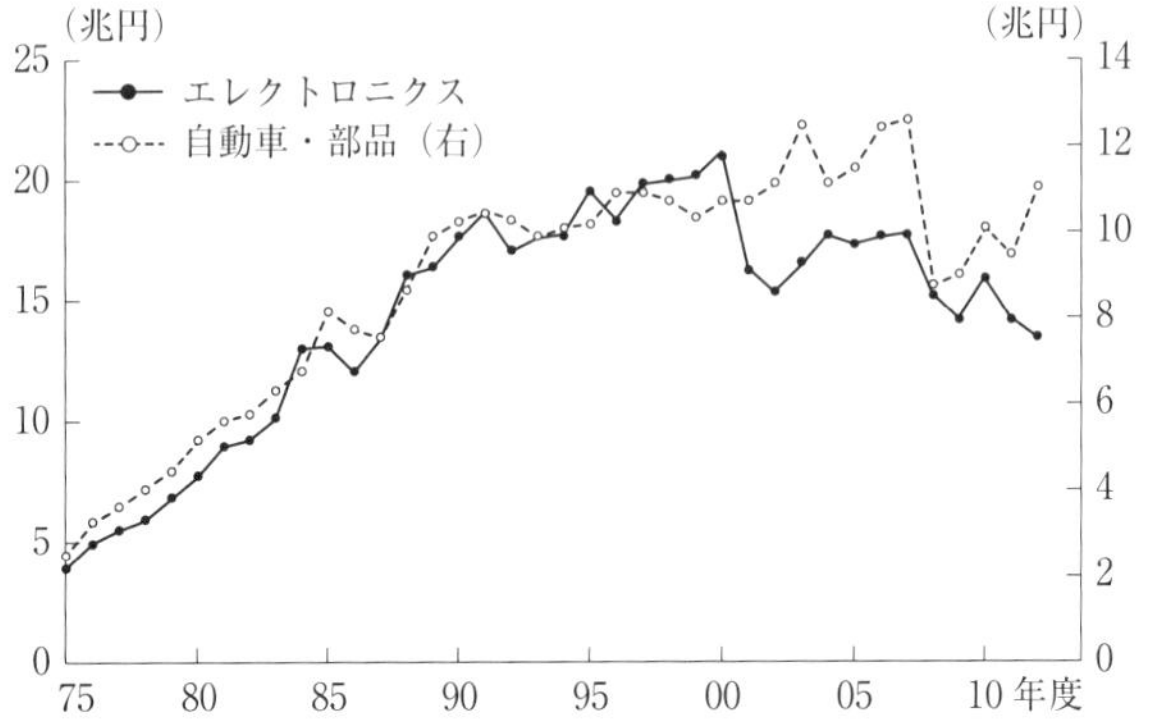

出所：財務省「法人企業統計」

両分野で異なっていた点が考えられる。ＩＣＴ革命と新興国の台頭により、世界的にあらゆる産業分野で「モジュール化」がみられたが、とわけエレクトロニクスでその傾向が強まった一方、自動車産業では比較的変化はマイルドであった[2]。

こうしたものづくりの設計の枠組み変化は2つの部門の事業環境に大きな違いを生み出した。エレクトロニクス産業では、世界規模での部品の共有化が進み、コスト面での圧倒的な競争優位性を持つアジア新興国企業の参入・成長により製品価格が大幅に低下し、価格体系の急激な下方シフトが生じた。これにより、日本のエレクトロニクス産業はコスト競争力を急速に失い、産業の収益性が大幅に低下した。

一方、自動車産業でも、モジュール化の流れが広がっていったものの、そのスピードはマイルドであり、インテグラル型ものづくりの優位性がなお維持できる環境にあった。アジア新興国企業の追い上げは限定的であり、製品価格への下落圧力は限定的であった。これにより、この分野の日

図3–6 主要業種別の労働移動率の推移

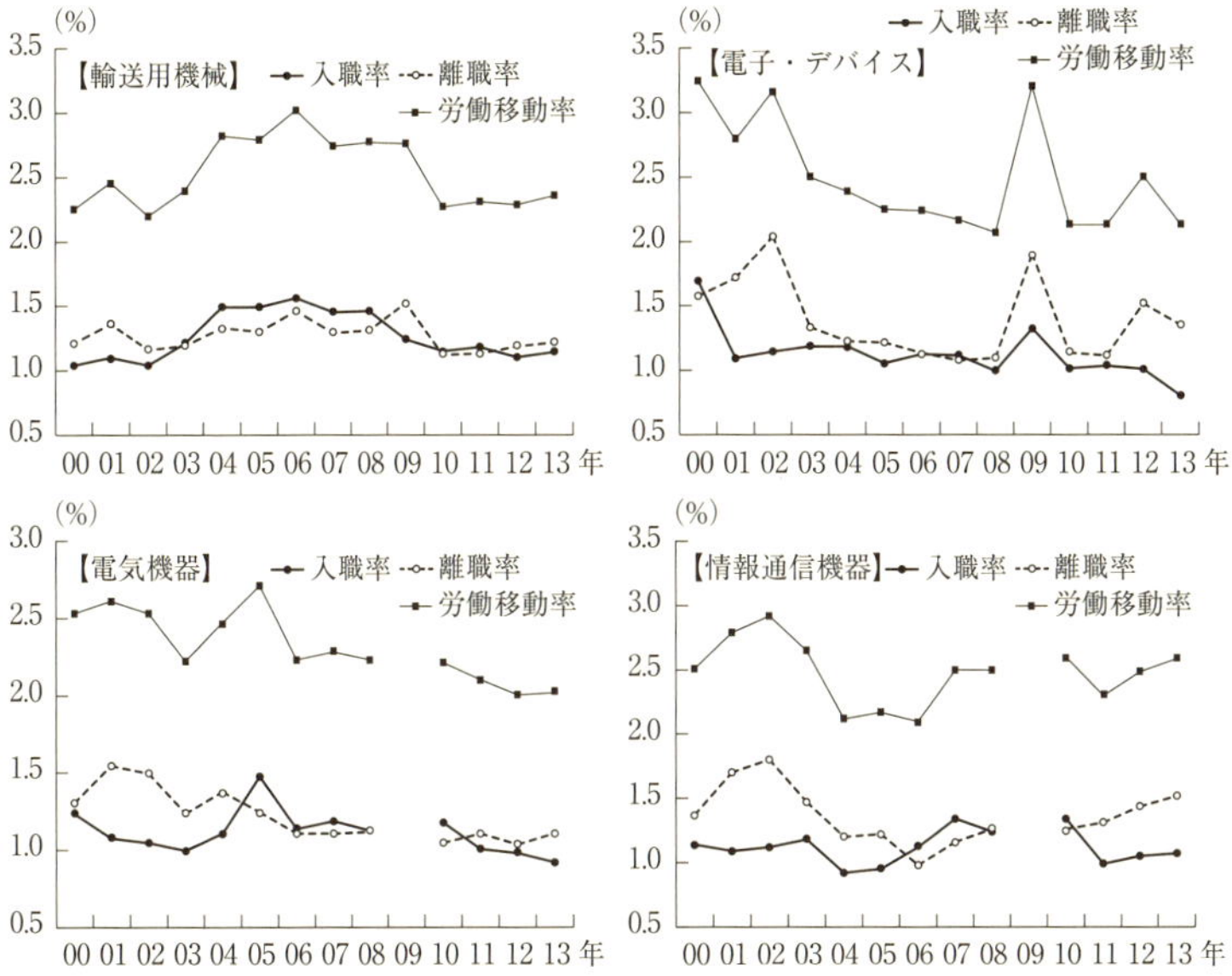

出所：厚生労働省「毎月勤労統計調査」

本企業は一定の収益性を確保することができた。

こうした事業環境変化の違いを念頭に、2つの産業における労働移動の状況をみてみよう。電子・デバイス、情報通信機器など、エレクトロニクス産業では景気後退期に労働移動率が高まる傾向がある一方、自動車産業が分類される輸送用機械産業では逆に景気回復期に労働移動率が高まる傾向があるという、コントラストがみられる（図3–6）。つまり、労働移動のパターンとしては、エレクトロニクスでは不況期に不採算事業の整理のために希望退職を募る「コスト・プッシュ」型の流動化がみられる一方、好況期には移動率が低下し、いわゆる攻めのリストラクチャリングに伴う「デマンド・プル型」の流動化は多くないことが示唆される。一方、自動車産業では、不況期には流動性が低下し、好況期に流動性が高まる傾向がみられ、80年代までのわが国経済全体でみられたパターンが保持されている。

こうしたパターンの違いの背景に、先にみた2つの産業間の事業環境の変化の違いがあると考えられる。エレクトロニクス産業は収益率（売上高営業利益率）が傾向的に低下しているが、モジュール化の進展で製品価格が下落傾向となった90年代以降、その傾向が一層強まっている。一方、自動車産業は製品価格の下落を最小限にとどめるなか、総じて収益率は一定レベルを維持している（図3－7、図3－8）。

（2）ビジネスモデル転換の違い

ここで皮肉なのは、実質労働生産性についてはエレクトロニクスのほうが自動車産業よりも、上昇ペースが速いことである（図3－9）。この背景には、エレクトロニクス産業は「過当競争の罠」というべき状況に陥っているのに対し、自動車産業はそれを何とか避けてきたことがある。ここで「過当競争の罠」とは、生産性向上が価格下落を招いてかえって収益性の低下を招くというパラドクシカルな状態を表現している。これは、需要が飽和した状態で生産性向上に取り組んだ場合に起こる[3]。

90年代後半から2000年代前半における国内設備投資の動向をみると、エレクトロニクスでは高水準の投資が行われたが、自動車産業では抑制スタンスが維持されていたことがわかる（図3－10）。一方、海外現地法人での設備投資動向をみると、自動車産業では積極的に行われていたが、エレクトロニクスでは抑制されていた（図3－11）。この結果、エレクトロニクス産業では海外生産比率の上昇

図3−7 売上高営業利益率の推移

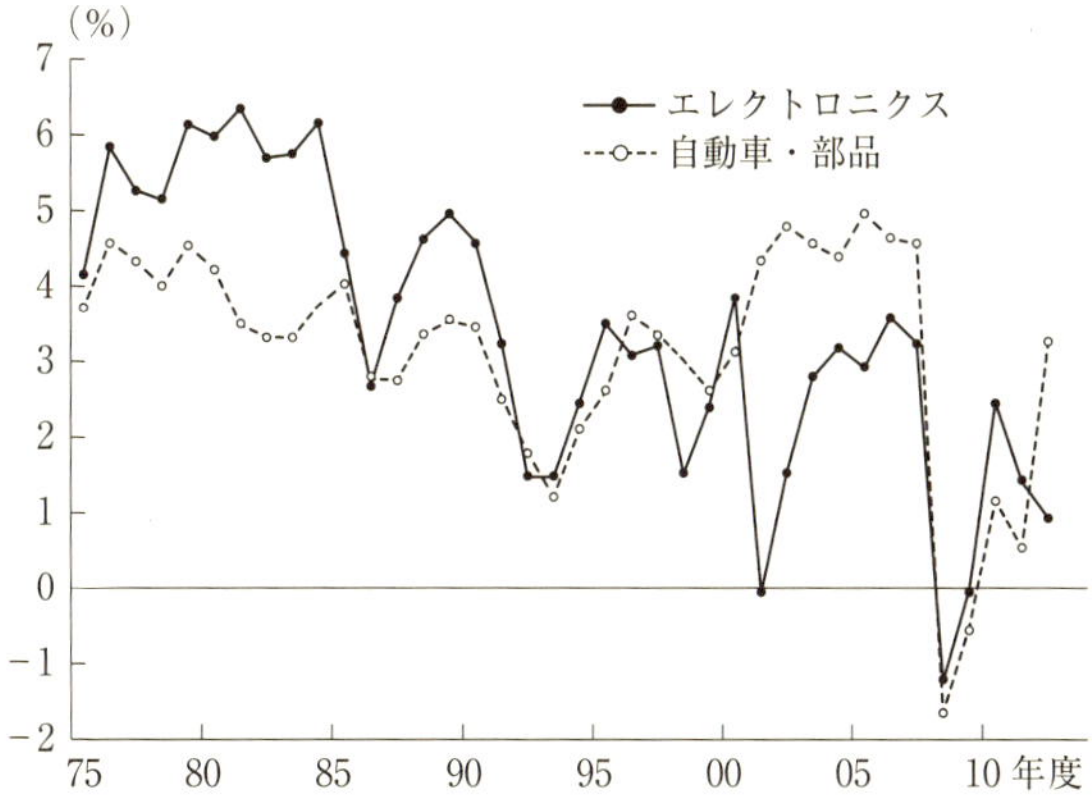

出所：財務省「法人企業統計」

図3−8 国内企業物価指数の推移（消費税を含むベース）

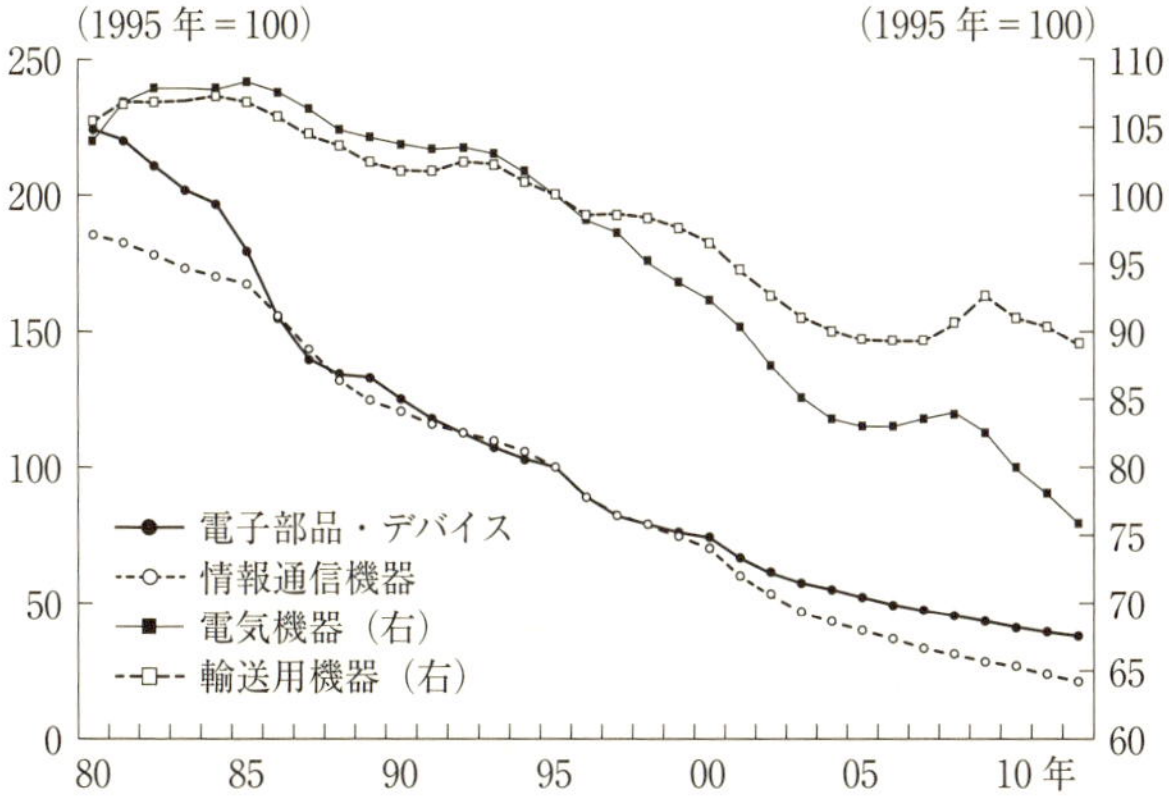

出所：日本銀行「企業物価指数」

図3－9　実質労働生産性の推移

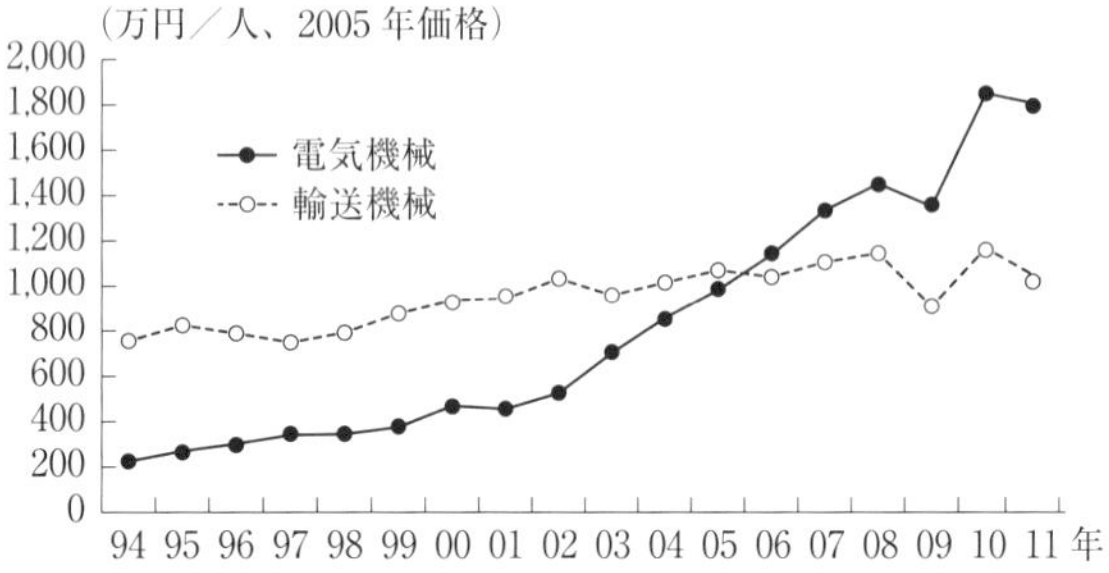

出所：内閣府「国民経済計算」

図3－10　ソフトウェアを除く設備投資の推移

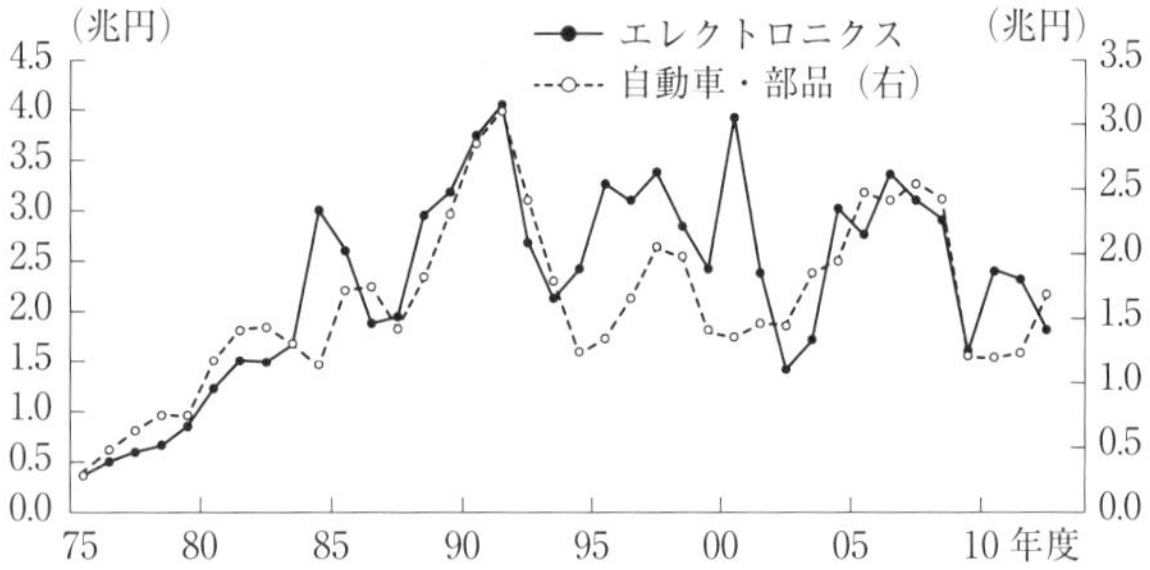

出所：財務省「法人企業統計」

図3－11　海外現地法人の設備投資総額

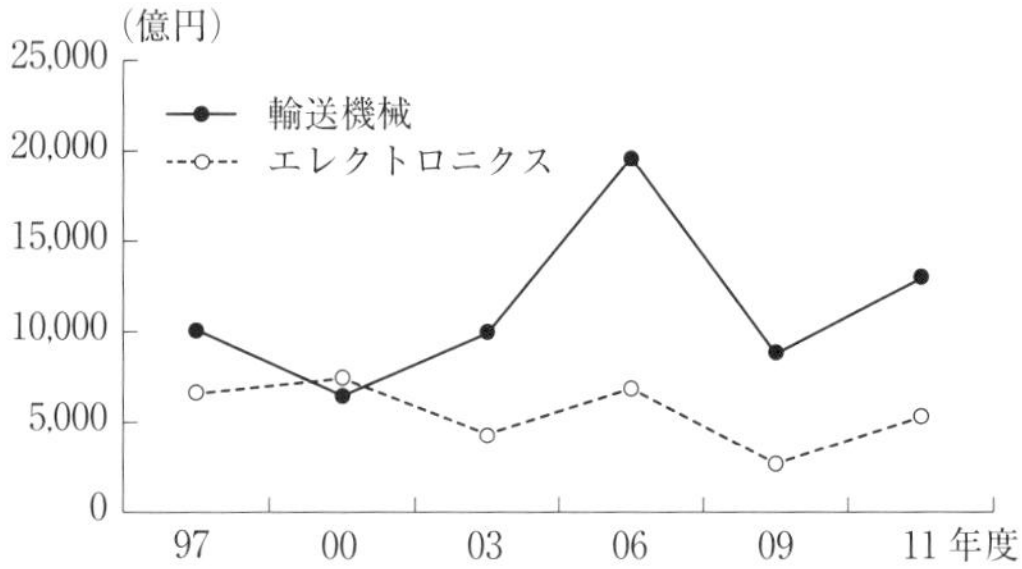

出所：経済産業省「海外事業活動基本調査」

図3－12　海外生産比率と雇用者数の推移

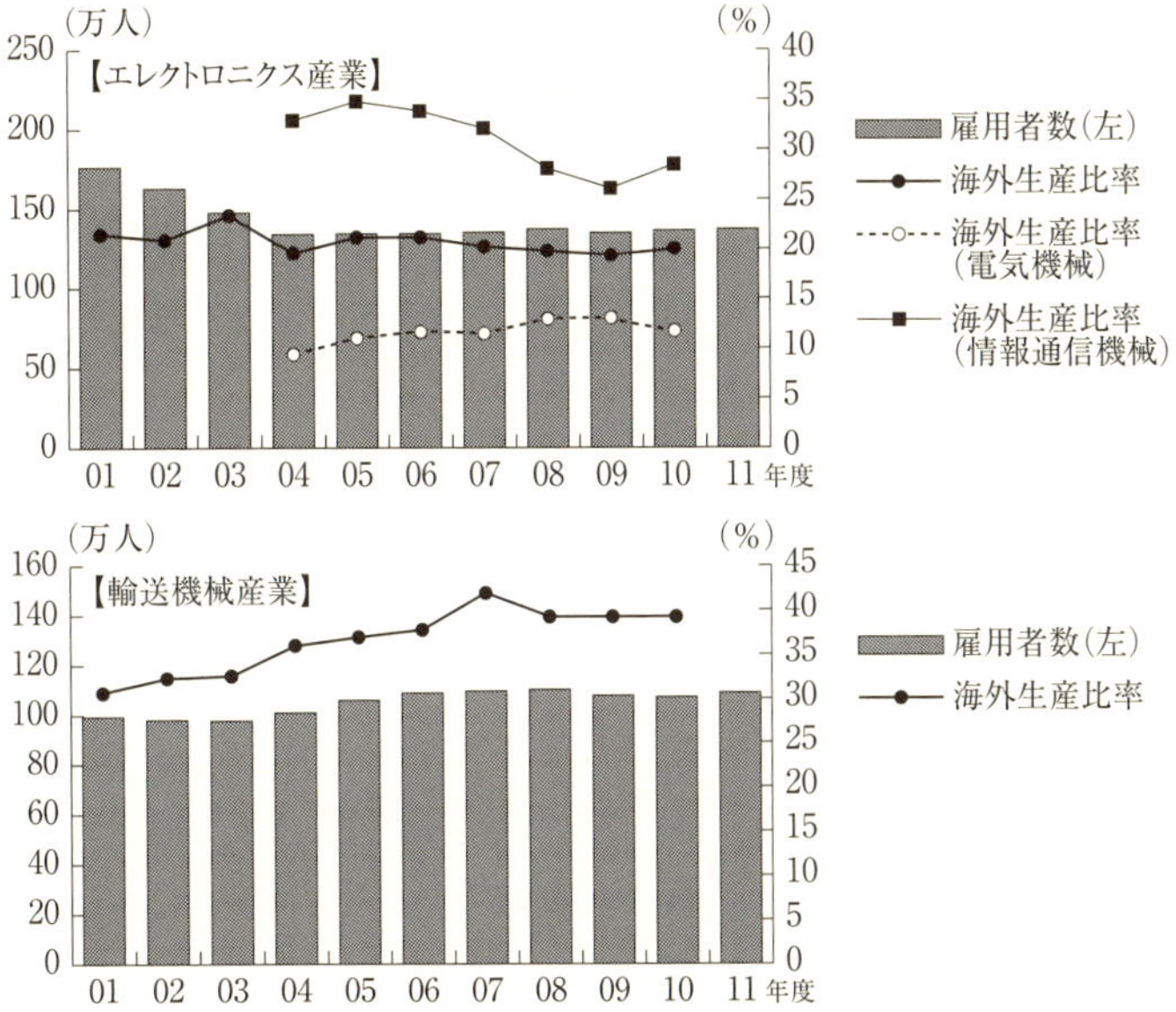

出所：経済産業省「海外事業活動基本調査」、日本銀行「短観」

が止まったのに対し、自動車産業は上昇傾向をたどった。

つまり、エレクトロニクス産業では、海外市場開拓が遅れるなか、国内市場の飽和に従って、「過当競争の罠」の状態に陥った。一方、自動車産業は国内供給能力を一定程度に抑えつつ、海外事業展開を積極化することで、「過当競争の罠」に陥ることを避けてきたことが読み取れる。

ここで海外事業展開に関して指摘すべき興味深いことは、自動車産業では海外生産を増やすことが必ずしも国内雇用の悪化をもたらしているわけではなく、エレクトロニクス産業ではむしろ海外生産比率の低迷が国内雇用の縮小につながっているという逆説である（図3－12）。ただし、海外生産の拡大

図３－13　輸送機械・エレクトロニクスの輸出額の推移

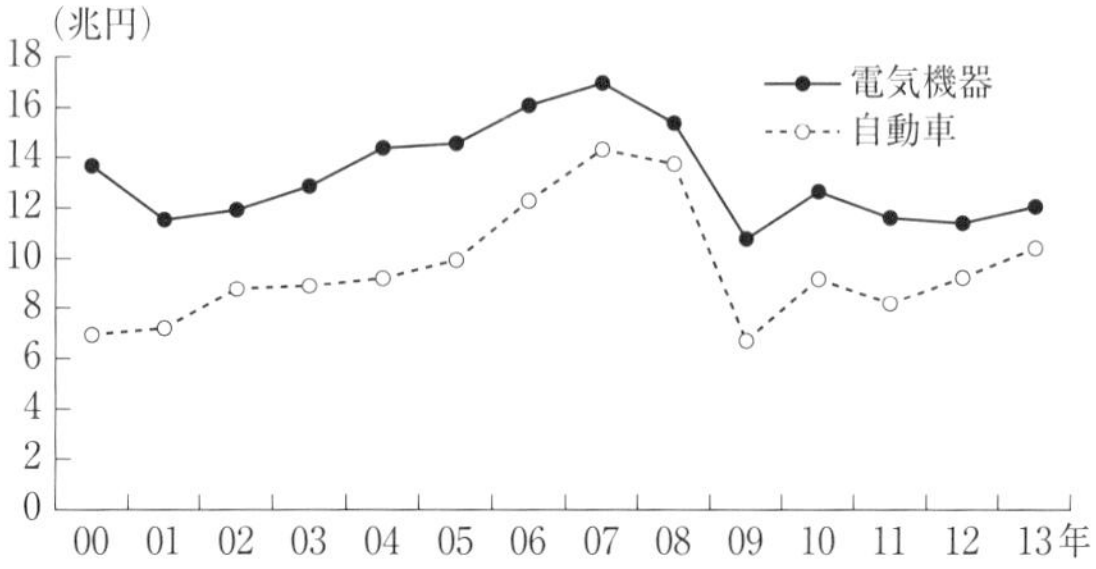

出所：財務省「貿易統計」

は国内雇用維持の必要条件であっても十分条件ではない。自動車産業の積極的な海外展開が国内雇用の悪化をもたらさなかった理由として、「国内生産・輸出拡大モデル」から「海外生産・収益還流モデル」へと、ビジネスモデルが転換されてきていることは見逃せない。日本の自動車輸出は２００７年にピークとなり、リーマンショックで大幅減となった後、持ち直し傾向にあるが水準は低下してしまっている（図3-13）。一方でこの間、特許権支払や直接投資収益は大きく増加し、海外売上で得られた利益を国内に還流するルートが太くなっている（図3-14）。さらに、研究開発投資が積極化しており、国内を中核的な研究開発拠点と位置付け、世界全体で得られた利益を元手に次世代技術の開発を強化している姿が窺われる（図3-15）。

そうしたビジネスモデルの変化は、職種別の就業構造の変化にも反映されている。自動車産業では専門技術職のシェアが高まり、ブルーカラーの割合は低下している。絶対数では専門技術職が増え、ブルーカラーもほぼ横ばいを維持できている（図3-16）。

これに対し、エレクトロニクス産業では「国内生産・輸出拡大モデル」が崩れる一方、「海外生産・収益還流モデル」への転換が遅

図3－14 海外からの受取利益

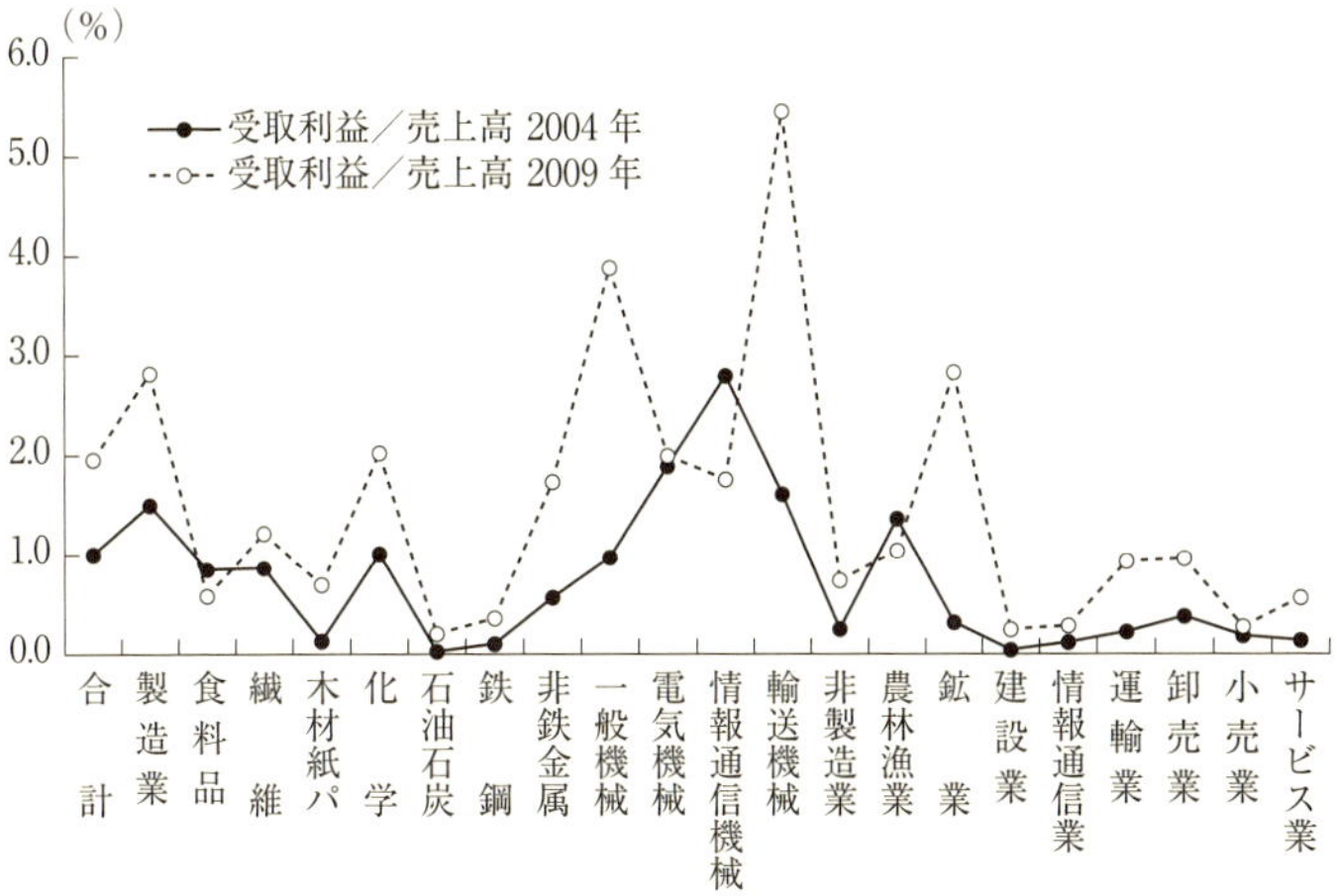

出所：経済産業省「海外事業活動基本調査」

図3－15 売上高・研究開発費比率の推移

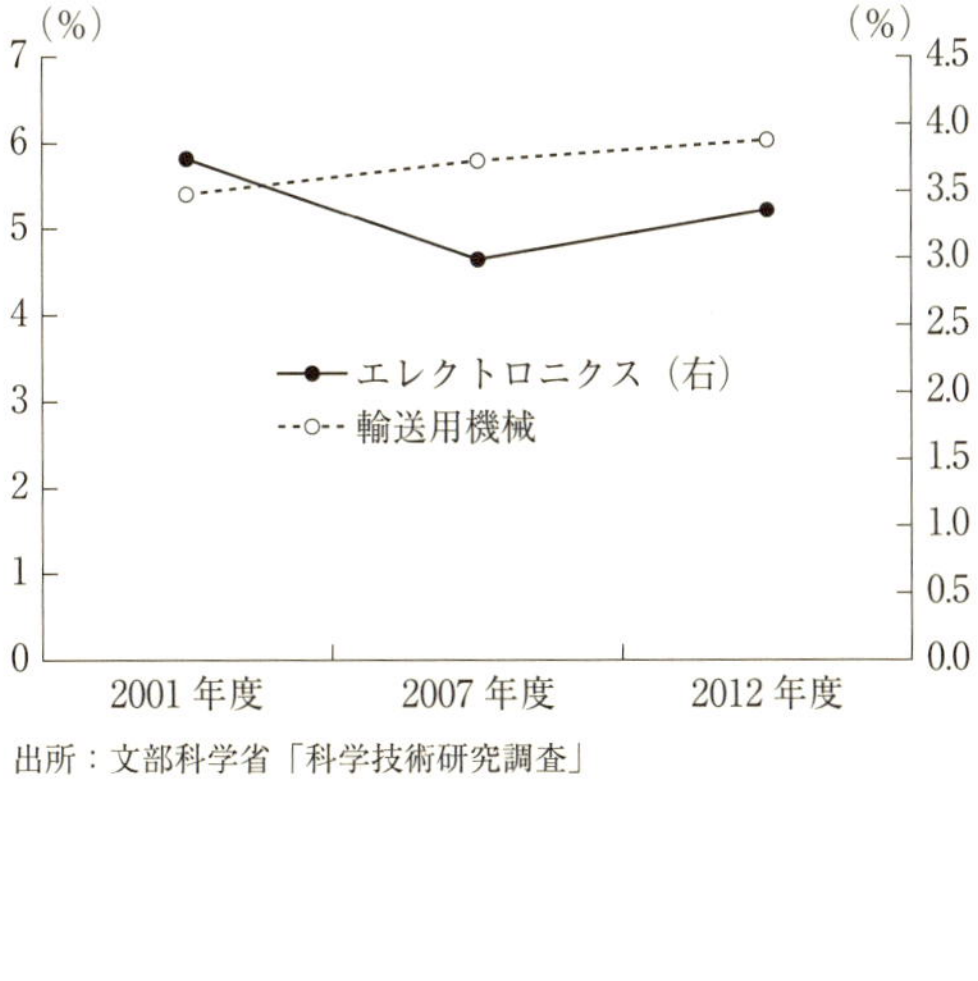

出所：文部科学省「科学技術研究調査」

図3－16　輸送用機械とエレクトロニクスの職種別就業者数の推移

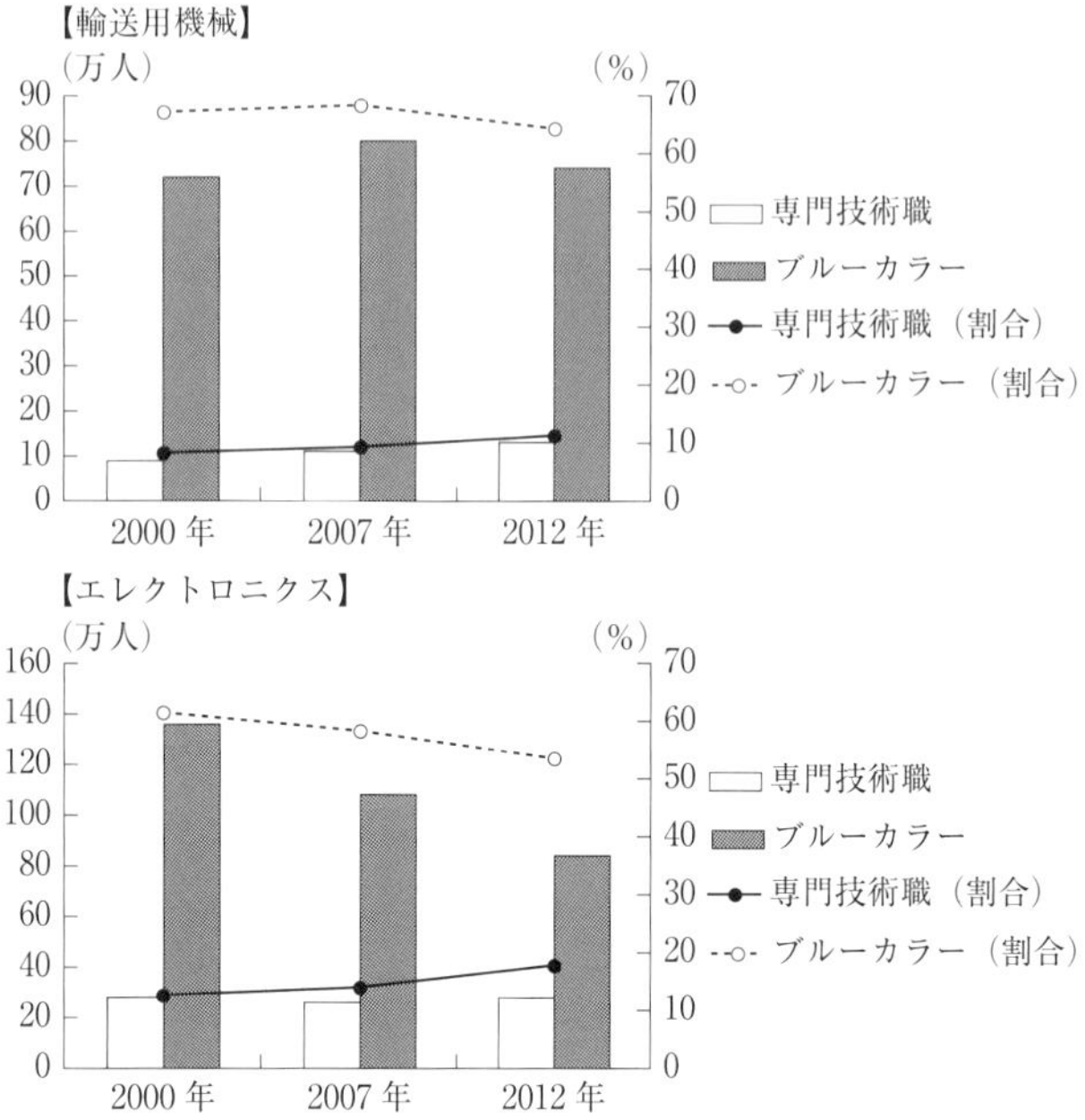

出所：総務省「労働力調査」

れてきたようにみえる。自動車同様にリーマンショック後の輸出の戻りが鈍いが、現地法人からの収益の受取も伸びていない。国内での研究開発投資も低迷が続いている。雇用面では自動車同様に専門技術職のシェアが高まり、ブルーカラーの割合は低下しているが、これは専門技術職の数は横ばいにとどまるなか、ブルーカラーの数が減少した結果である。

このようにみてくれば、2つの産業の間のパフォーマンスの違いの原因として、「モジュール化」浸透のスピードの違いが底流にあるにせよ、それに対する経営戦略の巧拙の違いも無視できない要素であったといえる。端的にいえば、

「国内生産・輸出拡大モデル」から「海外生産・収益還流モデル」へのビジネスモデル転換への取り組みの違いである。

(3) 雇用面での対応

加えて、その背後での人材戦略の違いも重要である。専門技術職について、自動車産業では、ビジネスモデル転換に伴うその必要性の高まりに応じ、中途も含めて積極採用してきた。これに対し、エレクトロニクス産業では、専門技術職の希望退職を実施してきており、その結果、2007年には2000年対比2万人減少した。その後再び増やしているが、2012年で2000年の水準を回復している程度である。

一方、現場の技術職についても、自動車産業ではその育成に積極的に取り組んできたが、エレクトロニクス産業では十分な対応が行われてこなかった。労働政策研究・研修機構の調査によれば、技能系正社員の教育訓練の環境として、自動車産業では調査時点（2009年秋）の3年前に比べて教育訓練の環境や教育訓練に費やす時間に改善がみられる（図3-17）。一方、エレクトロニクス産業では、自動車産業に比べて厳しい状況にあることが窺われる。こうした結果として、自動車産業では好況期に「デマンド・プル型」の労働移動が増えて労働移動率が高まるのに対し、エレクトロニクスでは不況期に「コスト・プッシュ型」の労働移動が増えて労働移動率が高まるという違いが生まれている。

以上のようにみてくると、エレクトロニクス産業での希望退職は事実上の整理解雇に近いとみられることも踏まえれば、**整理解雇をしやすくすれば経済活性化につながるという見方は成り立っていな**

図3－17　技能系正社員の教育訓練の環境

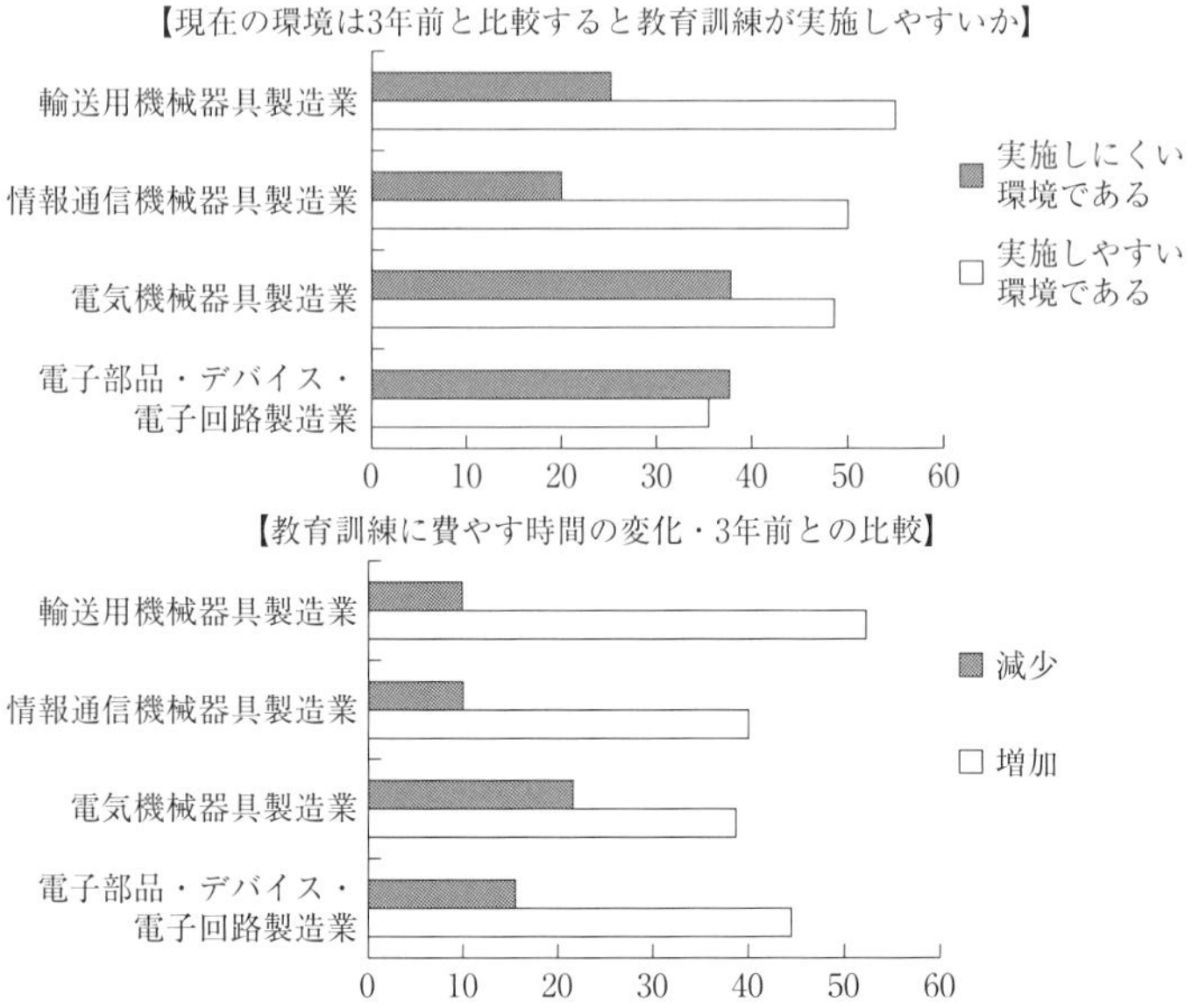

注：調査実施時期は 2009 年 10 月下旬～ 11 月下旬。5,000 事業所を対象に調査票を郵送し、818 事業所から回答。
出所：労働政策研究・研修機構「変化する経済・経営環境の下での技能者の育成・能力開発に関する調査」

い。あくまで事業環境の変化に適応したビジネスモデルの構築が大前提であり、それに整合的な「デマンド・プル型」の労働移動が行われ、同時にきちんとした人材育成が行われることで、結果として労働移動率が高まって経済活性化にもつながるということであろう。より踏み込んでいえば、エレクトロニクス産業は「過当競争の罠」を避けるための、積極的な海外事業の開拓を前提に内外事業構造を転換するビジネスモデルの構築ができなかったことが最大の問題であった。

もっとも、そうしたビジネスモデル構築が目指されていた場合でも、エレクトロニクス産業ではわが国の解雇ルールが足枷になっていた可能性がある。**わが国では、大手企業を中心に労使ともに雇用維持を優先して行動する傾向があり、労組も賃金カットを容易に受け入れ、好況時にも十分な賃上げを要求しないため、不採算事業は温存されがちになる。**このためビジネスモデル転換が中途半端なものにとどまり、個々の企業の収益性が低下傾向たどるばかりか、同一事業分野に多くの企業が参入したままとなり、大なり小なり「過当競争の罠」の状況をもたらした可能性を否定できない。

このようにみてくれれば、あくまで海外事業展開をはじめとする事業成長戦略が明確な企業のケースに限ってであるが、そうした企業が不採算事業の整理を思い切ってできるように、雇用面での障害をなくす対応は必要である。だがそれは、整理解雇一般をやりやすくするように解雇ルールを見直す、といったナイーブなものではない。十分なセーフティーネットのないわが国で、そうした対応は失業者を増やすばかりか雇用者の不安を高め、家計の消費活動の停滞を招いて経済活性化には逆効果になりかねない。**求められるのは、労働市場の未成熟さを前提として、事業構造転換と働き手の生活安定を両立させる丁寧な対応策の工夫**である。後述するように、具体的にいうとそれは、スウェーデンでみられるような、失職者の再就職と生活安定を確保するように、労使や政府が協力して措置を講じていくことであろう。

4　情報通信業と医療・福祉産業の比較

（1）成長産業での労働移動のパラドクス

雇用流動化と経済活性化の関係を論じる際、一般にイメージされるのは**「成熟産業から成長産業への労働力のシフト」により経済成長が促進される**、というものである。ここで暗黙の前提とされているのは、成長産業の生産性の高さや高賃金である。**もっとも、わが国の場合、そうしたイメージは必ずしも正しくない。**成長産業の代表格としては、ＩＴ革命や高齢化という長期トレンドを背景に「情報通信業」および「医療・福祉産業」がまずは挙げられるだろう。この賃金水準を「毎月勤労統計調査」の２０１１年値で比較すると、「情報通信業」では47・９万円と、全産業平均（31・７万円）を上回るが、「医療・福祉」は29・８万円と低い。さらに、雇用者数の変化をみると、低賃金の「医療・福祉」で増加し、高賃金の「情報通信業」はほぼ横ばいにとどまっている（図3−18）。しかも、「医療・福祉」の賃金は下落傾向をたどっており（図3−19）、**「成長産業への労働力のシフト」が進むほど低賃金雇用が増えるという、パラドクシカルな事態が生じている。**

労働移動率と業界成長率の時系列的な関係をみると、情報通信業では景気回復期に労働移動が活発化する傾向がみられるものの、労働移動率の高まりは離職率の高まりが先導する形になっている（図3−20）。これもパラドクシカルな現象であり、通常の成長産業に想定される、景気回復時に入職主導で移動率が高まるパターンにはなっていない。背景には、この分野はかつて代表的な規制分野であっ

図3－18 情報通信、医療・福祉の常用雇用者数の推移

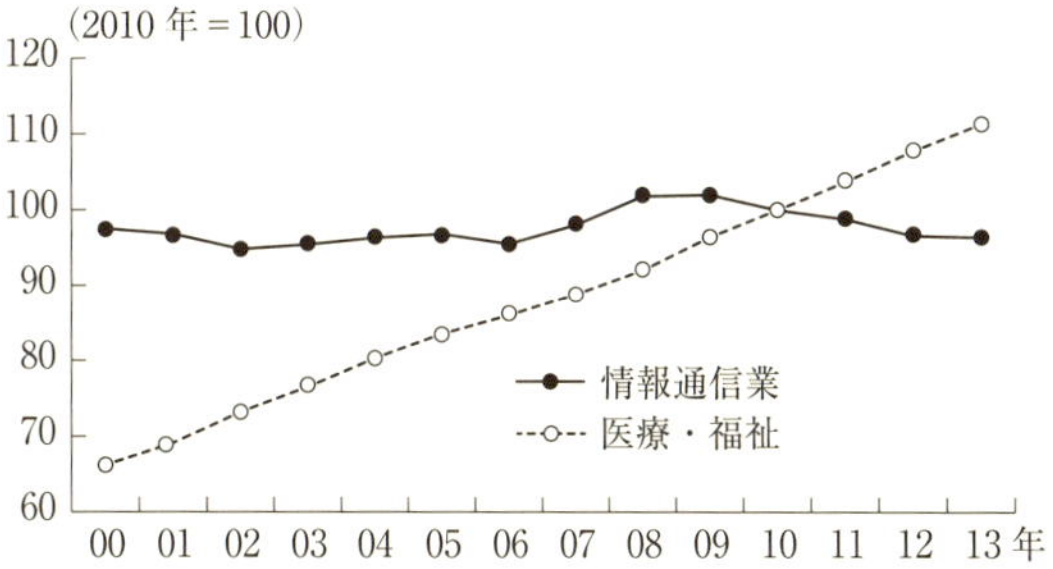

出所：厚生労働省「毎月勤労統計調査」

図3－19 情報通信、医療・福祉の現金給与総額の推移

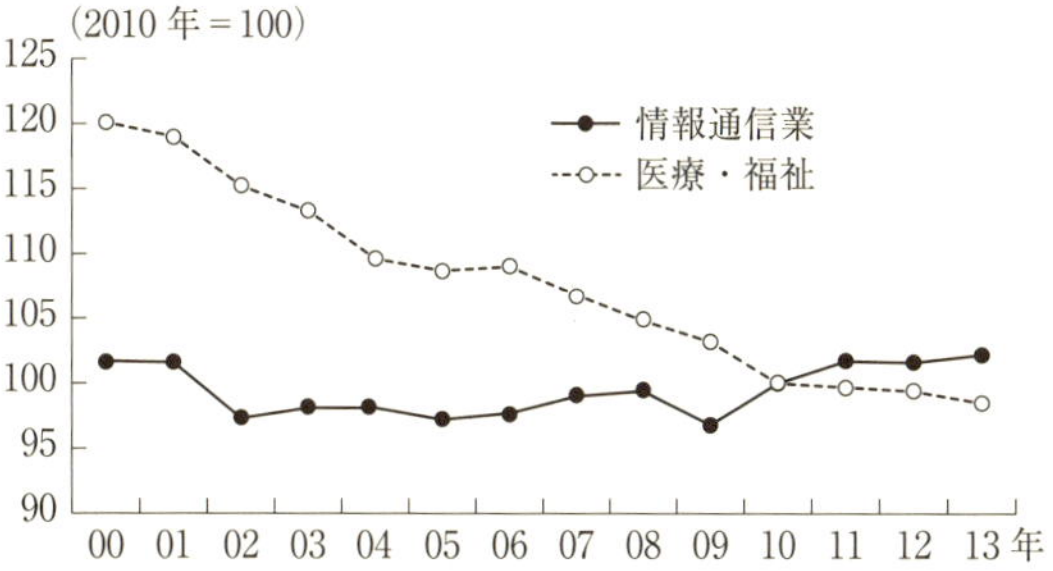

出所：厚生労働省「毎月勤労統計調査」

たものが、競争が激しく新規参入の多い分野に業界構造が大きく変わったという事情があると考えられる。その一つに、業界環境の激変で、かつての独占企業であったＮＴＴが体質強化のために人員削減を断続的に行ってきたことが影響しているとみられる。同社は１９９０年代以降、数回の希望退職者の募集を行いながら人員を削減し、１９９９年には東西２つの地域事業会社および長距離会社に分割され、その後も人員削減が続いた(4)。一方、情報通信分野では新興企業

図3－20　情報通信業の労働移動率の推移

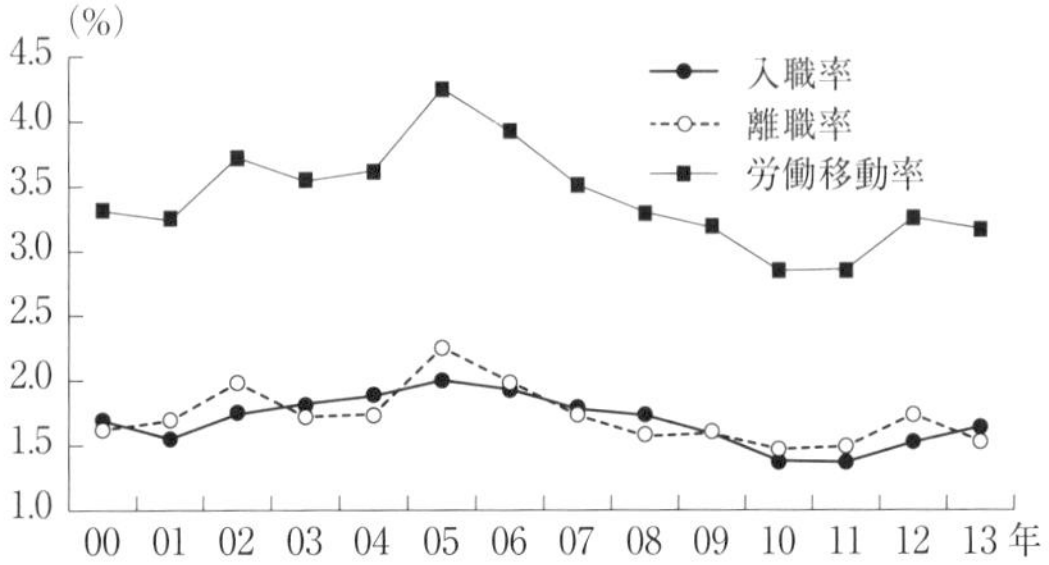

出所：厚生労働省「毎月勤労統計調査」

の台頭もみられたが、全体としては成長力が十分でなく、雇用吸収力も限られており、全体として離職数が入職数を上回る傾向がみられてきた。２０１０年以降、ＮＴＴは従業員を増やす傾向に転じているが、情報通信業自体の成長ペースが鈍化し、２０１０～12年にも離職数が入職数を上回った。

加えて、情報通信業では離職者が他産業に流出する割合が高いことの影響も考えられる。「雇用動向調査」によれば、製造業、卸売・小売業、サービス業など、多くはこの割合が5割程度であるが、情報通信業は7割に達している（図3－21）。この産業は長労働時間など労働条件の厳しさが伝えられており、とりわけ20歳代の若い世代での他産業への流出が高い。景気回復期には総じて転職口が増えるため、それだけ他産業への流出が増加し、入職者数を上回るという状況が生じていると考えられる。

こうしたわが国の状況は、情報通信業が代表的な「成長産業」である米国の状況と大きく異なるが、その違いは一義的には市場成長スピードの違いに求められよう。米国では、次々に新興ベンチャー企業がこの分野に参入し、新たなサービスを相次いで開発し、市場規模が急成長を遂げた。一方、わが国ではベンチャー企

図3－21　離職者の他産業への流出割合

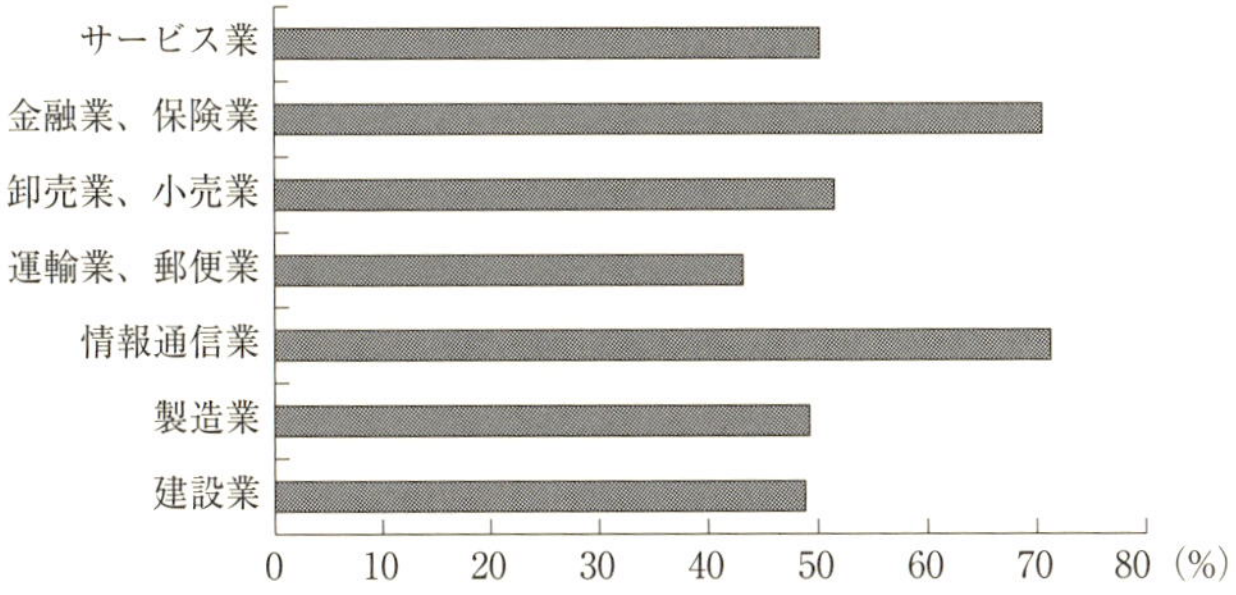

出所：厚生労働省「雇用動向調査」

業の参入は活発化したとはいえ、米国に及ぶべくもなく、市場規模の拡大も相対的に緩やかである。こうした彼我の違いの背景には、シリコンバレーにみられるような潤沢なリスクマネー、大学とビジネスの連携体制、世界中から優秀な人材を引き付ける環境など、他の追随を許さない米国に特殊な環境があり[5]、わが国の情報通信業に米国ほどのパフォーマンスを期待するのはそもそも現実的ではないといえよう。

　そうしたことを前提に彼我の差を生んでいる要因の一つとして労働移動に関する違いを指摘すれば、規模別の賃金格差の影響が考えられる。米国では企業規模別の賃金格差が小さく、ベンチャー企業をはじめとする中小企業に優秀な人材が集まりやすい状況にあるが、わが国では格差が大きく、新興企業・中小企業が人材を引き付けることが難しい状況がある[6]。とりわけ構造転換が激しい産業で、既存大企業と新興中小企業の間の賃金格差が大きいと、新たな環境に飛び込む前向きの転職に対してブレーキとなる面が無視できないといえよう。

　さらに、**そもそもわが国では情報通信業での技術者が絶対的に不足していることが、入職者数を抑える要因にもなっている。**厚生労働省「一般職業紹介状況」によれば、「情報処理・通信技術者」の有効求人倍率は２０１４年１月時点で１・89倍と、全職種平均よりも人手不足感のある専門的・技術的職業の平均（１・78倍）から、さらに高くなっている。「平成25年度　年次経済財政報告」では、この分野の人材不足の背景として、①労働時間を勘案した賃金が平均よりも劣っていること、②米国に比べた賃金水準が相対的に低いこと、③中高年層になると技術者が少なくなること、④ＩＣＴ関連の卒業者数が減少傾向にあること、等を指摘している。[7] ②③は、欧米のように職種・職務を特定して雇用するのではなく、雇用保障と引き換えに仕事内容は会社が決めることのできる就社型の雇用を行うという、日本特有の雇用のあり方が影響していると考えられる。就社型の雇用制度のもとでは特定職種のプロフェッショナルは相対的に評価されにくく、情報通信技術者が経営層になることも多くはないため、この分野の重要性の認識が米国などに比べて不足していると考えられる。そうした状況下、日本では米国に比べてシステム開発が外部委託される傾向が強いこともあり、情報通信技術者の地位が低くなりがちである。当然、賃金水準は抑えられ、キャリア途中で他職種・他業界に退出する人も多くなっていると推察される。その結果、経営のわかる、より上流の仕事のできる情報通信技術者も多く育たず、地位が低いままになるという悪循環が生じているようにみえる。このようにみれば、成長分野であるはずの情報通信業が十分な人材を集めて「デマンド・プル型」の労働移動を推進するという観点からは、プロフェッショナルを重視して職種・職務を特定して雇用する方向で、雇用契約・雇用管理のあり方を見直すことも必要といえよう。

図3－22 医療・福祉の労働移動率の推移

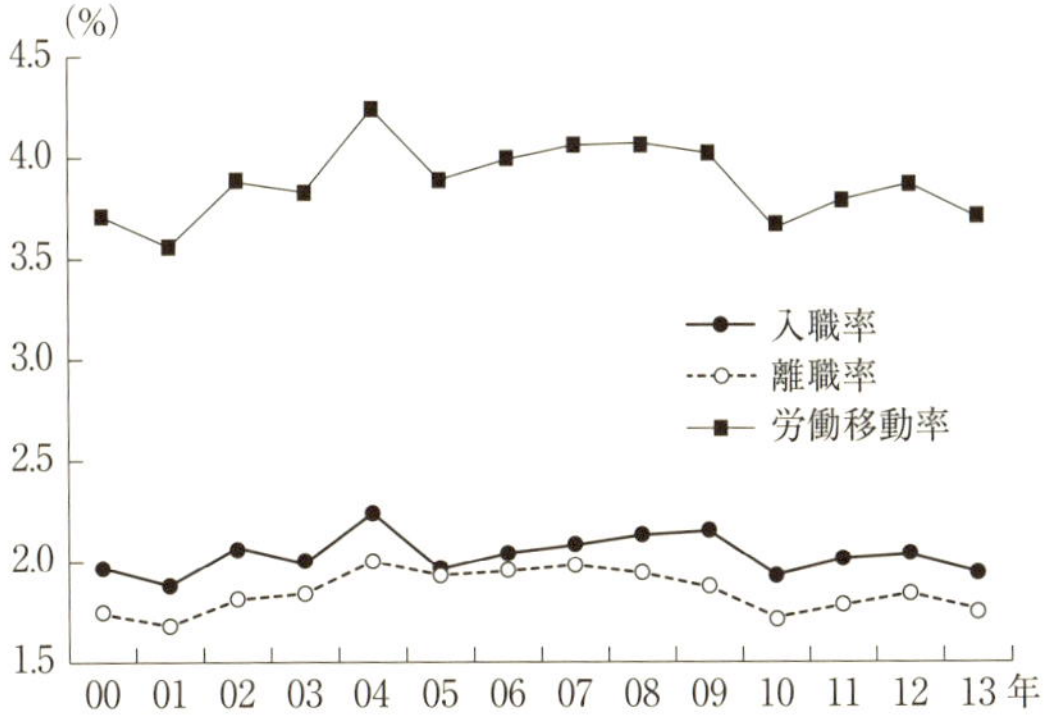

出所：厚生労働省「毎月勤労統計調査」

(2) 介護分野での離職・低賃金の悪循環

一方、医療・福祉分野では、労働移動率は他産業対比（エレクトロニクスや輸送機械のほか情報通信に比べても）高めの水準で、総じて横ばいに推移しており、基本的には入職率が離職率を上回っている（図3－22)。人口高齢化の進展で業界としては右肩上がりの成長が続いていることが背景といえるが、すでに指摘したとおり賃金が下落基調をたどっていることが、この分野でのパラドックスである。

需要が高いにもかかわらず、賃金が下落している直接的な原因は、この分野でシェアを高めている介護分野での低賃金に求められる。介護分野で賃金が低い背景には、この分野の離職の構造がある。介護産業での離職の構造は、離職率自体が高いことよりも、離職時に他産業に流出してしまうことが多いことに特徴がある。介護労働安定センター「介護労働実態調査（平成24年度)」によれば、訪問介護員・介護職員の離職率は正規で14・0％、非正規で18・0％、合わせて17・0％となっている。「雇用動向調査（平成24年）」によれば、産業平均の離職率は正規が中心の一般労働者で11・5％、非正規が大半のパートタイム労働者で21・5％、合わせて14・8％である。つまり、他産業対比離職率が飛びぬけて高くはないが、正規労働者で高い傾向がある。さらに、厚生労働省資料（社会保障審議会介護保険部会・第45回資料）によれば、２０１０年度時点で新規就業者34・2万人に対して離職者は27・9万人で、この約3分の2に相当する18・8万人が他産業に流出している（北浦（２０１３））。

離職率が高くとも、同じ産業にとどまるならば、業界全体としてみれば人材が蓄積されていくが、他産業に大量の人材が流出すると、業界としてのノウハウや技能を蓄積していくことができない。その結果として生産性が上がらず、きつい仕事となってさらに離職が増えるのである。離職の結果として勤続年数が短くなれば、それだけ賃金は上昇しない。加えて、低賃金は離職を促し、一層の悪循環をもたらす。ちなみに、「介護労働実態調査（平成24年度）」によれば、介護労働者の労働条件などの悩みや不安として、43・3％が「仕事内容のわりに賃金が低い」を挙げている。

介護分野での低賃金の背景として、介護報酬に対する厳しい規制の存在の影響も見逃せない。それぞれの介護サービスには「介護報酬単価」が点数で設定されており、本来であれば市場で決定されるサービス価格が公的に定められている[8]。つまり、一定の介護報酬の単価を上回る介護サービス価格の設定が認められておらず、ホームヘルパーの経験年数や熟練度にかかわらず、一律の価格に定められている。そのため、一般のサービス産業ではビジネスモデルの優劣を決める大きな要因となる、質に応じた多様な価格設定ができない状況にある[9]。この結果、高齢化による需要の高まりに見合う形でサービス価格が上がらず、賃金も上がらないのである[10]。実際、「介護労働実態調査（平成24年度）」によれば、事業者側は介護サービスを運営するうえでの問題点として46・4％が「今の介護報酬では人材確保・定着のために十分な賃金を支払えない」と答えている。

加えて、人材育成システムの未整備も無視できないファクターである。「介護労働実態調査」（平成24年度）では、仕事の満足度について「満足」「やや満足」「普通」「やや不満足」「不満足」の5段階でアンケートを採っているが、満足度D．I．（（「満足」＋「やや満足」）－（「やや不満足」＋「不満足」））が「仕事の内容・やりがい」で45・8ポイントなどと、12項目のうちの多くがプラスであるが、「教育訓練・能力開発のあり方」はマイナス6・8ポイントと、「賃金」（マイナス25・7ポイント）、「人事評価・処遇のあり方」（マイナス7・4）と並び、不満足度の強い項目になっている。**教育システムの整備が不十分であることが、離職の多い背景になっている**ことが窺われよう。

このように、**介護分野では、①硬直的な介護報酬制度が生産性向上のインセンティブを削ぐとともに、②人材育成の仕組みが未整備なもと、③業界に定着しない離職構造が従事者の技能・ノウハウの蓄積を妨げる状況と、短い勤続年数による低賃金との悪循環が生じていると考えられる。**

5　経済活性化につながる雇用流動化の条件

以上の分析・考察を踏まえれば、経済活性化につながる雇用流動化、すなわち、成長産業・事業分野の付加価値創造プロセスに付随して生じる「デマンド・プル型」の労働移動を増やすには、以下のことが必要といえる。

第1は、**企業が事業環境の変化を捉え、5年先・10年先を見越して成長分野や新規事業にリソースを振り向けること**である。その際、人口の減少で国内市場の急成長が見込みにくいなか、海外事業展開の積極化が求められる。ただし、それは国内拠点と海外拠点を代替関係として捉え、国内事業を縮小して海外市場を拡大するというものではない。両者を補完関係として、国内拠点の機能強化こそ海外拠点の量的拡大につながるとの発想のもと、「国内生産・輸出拡大モデル」から「海外生産・収益還流モデル」へのビジネスモデル転換を図ることが重要である。

第2は、**財・サービス市場の成長を阻害する要素を取り除くこと**である。第1の課題は企業にとってのものであるが、これは政府が取り組むべき課題である。具体的には、対外的には経済連携協定の積極的推進であり、対内的には参入障壁を低くする規制改革である。TPPを含む経済連携協定は、第1の課題で指摘した日本企業がビジネスモデルを「海外生産・収益還流モデル」に転換していく際の重要な前提になる。このモデルを構築するには、海外からの特許権使用料や対外直接投資の受取を増やしていく必要があるが、新興国では特許権使用料に対する料率規制や、直接投資の際の出資比率の上限規制が設けられているケースが少なくない。もちろん、経済連携協定は一方的に自国に有利なものでは交渉は進まない。農産物の市場開放のほか、新興国の経済発展に資する人材育成面や技術供与の面での協力体制構築とセットで、共存共栄関係を構築していくような協定を目指すことが前提となろう。

対内的な規制改革については、本章で取り上げた分野でいえば、医療・福祉分野での取り組みが重要である。もちろんこの分野は人命にかかわるものであり、市場原理のみでは問題が生じる。しかし、国家財政が厳しくなるなか、限られた財政資金のもとで、サービス需要者の利便性を維持・向上していくには、一定程度の競争原理を導入し、サービス供給者が創意工夫を働かせることを促す仕組みの構築が必要である。例えば、地域包括ケアシステムの普及を促進し、介護事業者が単に要介護者の介助にとどまらず、まずます増えるシニアの生活支援総合サービス業として発展していけるような環境整備が求められる。さらに、いわゆる混合診療や混合介護が拡大すれば、民間の潜在需要が引き出され、市場はより速いペースで拡大するだろう。加えて、医療機器、介護ロボット、医薬品など、日本の製造技術を活かした分野が広がる可能性も大きい。ちなみに、こうした分野で新たな需要が創出できれば、技術の転用により、「過当競争の罠」に苦しむエレクトロニクス産業でも新たな市場が広がる可能性が期待できる。

第3は、**職種限定型の雇用契約・雇用管理方式の導入**である。わが国では仕事内容を特定しない雇用契約・雇用管理が基本であるが、それが中高年層のプロフェッショナリティー形成にマイナスに働き、結果として専門人材の不足にもつながっている。その意味では、欧米タイプの職種限定型の雇用契約の導入が求められている面があるといえよう。ただし、このタイプの雇用契約の場合、事業縮小の際には雇用契約の解除が基本になる。情報通信のような成長分野では、受け皿が生まれてくるため再就職は可能と考えられるが、後にみるように、スウェーデンでの事例などを参考にした労働移動を円滑化するための環境整備が同時に行われることが条件になる。

第4は、**成長分野で必要になるスキルや知識の習得を支援する人材教育システム**である。日本企業が経済グローバル化に対応してビジネスモデル転換を行うに際して、働き手が新たなスキルを習得していくことが必要になる。その際、働き手にはより専門化された知識の習得が求められ、海外・国内を問わず異質な価値観・組織文化を持つ人々との協業をする機会が増える。そうした意味で、今後の人材教育の重点は、企業が準備した集合研修から従業員自らによるキャリア開発への取り組みにシフトする必要がある。だが、それは人材教育に対して企業の責任が低下するということではない。社会人大学院や資格取得に対する資金面での支援や労働時間における配慮、あるいはトレーニー派遣や出向を通じて仕事に際してのオープンな姿勢を身に付ける機会を与えるといったことが重要である。

そのほか、産業の歴史の浅い新規成長分野の中でも、そもそも雇用の流動性が高く、人材不足になっている分野において、職業能力認定制度を整備することが重要である。具体的には、情報通信分野と介護をはじめとしたケアの分野での整備が求められる。その意味では、介護分野において「キャリア段位」と名付けられた職業能力認定制度が注目される[11]。これは、民主党政権（菅直人内閣）下に策定された「新成長戦略」（平成22年6月18日閣議決定）において「21の国家プロジェクト」の一つに位置付けられた「実践キャリアアップ戦略」の中で、実践的な職業能力の評価・認定制度として取り組まれたものである。英国のNVQ（National Vocational Qualifications：全国職業資格）を手本としており、ペーパー試験のみならず、公的に認定を受けた評価者（アセッサー）により実務能力を評価することが何よりも特徴である。

大学など高等教育機関のあり方の見直しも必要である。従来の大学教育は、具体的な職業スキル教育とは距離を置き、入門的でアカデミックな思考法を学生に身に付けさせることで、結果として未知の問題解決や課題発見を可能にするメタレベルの能力の習得を目指してきたといえよう。しかし、産業構造の高度化に伴い、ビジネスで求められる知識・スキルが高度化し、それには具体化された問題解決のスキルと同時に、新たなソリューションを創り出す力の源泉になるようなメタレベルの高い能力が求められるようになっている。こうした要請に応えるには、メタレベルの能力を育成するという大学固有の機能を中核に据えつつも、産業界との連携を強め、具体的な職業教育を取り込みつつ、職業人として生き抜くために必要な知識・スキルを教育する役割を担っていく必要があろう。後述するが、米国におけるプロフェッショナル・スクールやコミュニティ・カレッジ、スウェーデンの職業大学制度（Yrkeshögskolan）が、そのためのヒントになるであろう。

第5は、**「攻めのリストラ」に伴う「失業なき労働移動」を実現するための仕掛け**である。本章でみてきたように、近年におけるエレクトロニクス産業の苦境の背景には、不採算事業の整理が中途半端に先送りされ続けてきたことが指摘できる。その理由の一つに、わが国では事業整理のための整理解雇は最終手段と考えられてきたという、雇用慣行の存在を無視できない。もっとも、このことは「攻めのリストラ」をしやすいように、整理解雇法制を見直すべきだという主張を支持しているわけではない。そもそもわが国では労働市場が整備されておらず、人員削減の対象となった労働者が円滑に再就職できる保証はない。とくに近年、ミスマッチ失業率が高まる傾向にあり、再就職は難しくなっている。できても収入が大きく低下しがちであり、個人の生活が打撃を受けるばかりか、そうした人々が大量に発生すればマクロ的に縮小均衡に陥るリスクが高い。

そうした意味で、失業期間を経由しない「失業なき労働移動」が目指されるべきである。この点で参考になるのがスウェーデンの状況である。同国では事業不振による整理解雇が行われる場合、労働組合は反対しない。それを受け入れる一方で、リストラの対象となる従業員の受け皿確保に対して企業が支援することを求める。例えば、大手通信機器メーカーがある地域拠点の従業員の整理解雇に踏み切った際、企業側は労組と共同で通信技術コンサル企業を設立する計画を打ち出している。また、大規模な整理解雇が行われる際、その地域の公共職業安定所に特別予算が与えられ、企業に出向いて出張所を設けるなど求職支援活動を強化させる。[12] そのほか、日本の経団連にあたるスウェーデンの経営者組織が労働組合との合意のもとで再就職支援のための非営利組織（TRR：Trygghetsrådet）を設立しているが、その組織が仲介役となり、通信機器メーカーのエンジニアをエンジニアリング企業に橋渡ししたケースなどが挙げられる。その際、移転を伴う転職であったため、子弟の学校のあっせんなど移転先での生活環境整備についても、自治体と協力しながら行っている。[13] このように、スウェーデンでは労働移動を余儀なくされる従業員が生活の不安なく円滑に新たな職に移ることができるように、企業、労働組合、政府の三者が密接に協力していることが銘記される必要がある。わが国の場合も、企業の再生のために整理解雇が不可欠な場合、政労使の三者が密に連携しながら、再就職先の確保を前提とした「失業なき労働移動」を推し進めることが求められているといえよう。

【注】

（1）本書では、入職率と離職率の和を労働移動率と呼んでいる。入職（離職）率とは、労働者数に対する入職（離職）

者の割合で、「毎月勤労統計調査」においては、同一企業内での事業所間の移動者を含む。

（2）「モジュール化」とは、「一つの複雑なシステムまたはプロセスを一定の連結ルールに基づいて、独立に設計されうる半自律的なサブシステムに分解すること」（青木（2002）6頁）をいい、それぞれの部品がモジュールとして自己完結的な機能を持ち、あらかじめ別々に設計しておいた部品を事後的に寄せ集めて製品をつくる設計思想（アーキテクチャ）を「モジュラー型」という。これに対して、ある製品のために特別に最適設計された部品を微妙に相互調整しないとトータルなシステムとしての機能が発揮されないような製品の設計思想を「インテグラル型」という（藤本（2004）17頁、128頁）。元橋（2014）は、「インテグラル型の大型計算機からモジュール型のPCに業界構造が転換しているコンピューター産業において日本企業の競争力は大きく低下した。一方で、インテグラル型の自動車産業においては引き続き高い競争力を維持している」（125頁）と述べている。

（3）塩路悦朗は、「ある財に対する需要が飽和していないときは、生産性の上昇は価格の低下を通じてその財に対する需要の増加を促す」が、「この部門の生産性が著しく高くなって需要が飽和に近づ」いた場合、「ここからさらに生産性が上昇すると、増えた供給に見合うような需要増を引き出すためには価格は大幅に下落しなくてはならない」としている（塩路（2013）40頁）。「労働の価値限界生産性が落ちるので、この部門から労働を撤収させたほうがよくなる」（塩路）が、わが国の場合、雇用調整には時間がかかり、結果として単価下落を人件費削減で吸収できず、収益が悪化することになると考えられる。

（4）NTT労働組合（2007）、日本電信電話株式会社ホームページの「株主投資家情報」ページ掲載情報をもとに記述。1999年度末に22・4万人であったNTTグループ従業員数は、2005年度末までに19・9万人まで順次減少。その後、2009年度まで20万人弱で推移した後、2012年度末に22・7万人まで増加、2013年度末には22・6万人となっている（NTTホームページ）。

（5）第4章4（3）を参照。

（6）厚生労働省「毎月勤労統計調査」、U. S. Census Bureau “Statistical Abstract of the United States: 2012” table758を用いた試算では、米国の従業員20人未満企業の平均賃金は、500人以上企業の62・3％の水準であるが、わが国の従業員5～29人企業の平均賃金は500人以上企業のそれの53・4％の水準にとどまる。なお、日本は

2013年の現金給与総額、米国は2008年の給与額総計を雇用者数で除したもの。

（7）内閣府（2013）270~284頁。

（8）小塩（2013）191頁。

（9）八代（2013a）95頁。

（10）塩路（2013）は、「高齢化による需要の高まりに見合う形でサービス価格が上がってきていないので、賃金が上がってこず、充分な労働力を引き付けることができていない」としている（45頁）。

（11）内閣府「実践キャリア・アップ戦略」（http://www5.cao.go.jp/keizai1/jissen-cu/jissen-cu.html）。

（12）スウェーデン商科大学・欧州日本研究所研究員・佐藤吉宗氏のブログによる（http://blog.goo.ne.jp/yoshi_swe/m/201208）。

（13）筆者が2010年秋にストックホルムを訪問した際にTRRで行ったヒアリングに基づく。

第4章 雇用システムは経済パフォーマンスにどう影響するか
——日米独比較からみた含意

1　はじめに

わが国は労働移動が少ないといわれているが、その実態は企業規模や属性によってかなりバラつきがあることは第1章で確認したとおりである。では、国際的にみたときに、わが国は雇用の流動性の低い国といえるのであろうか。本章では、まず、欧米とわが国の労働移動の状況を比較する。それを踏まえたうえで、本書の全体テーマである経済活性化と労働移動の関係がどうなっているかについて、日米独での比較を行う。

表4−1　従業員の平均勤続年数の国際比較

（年）

	日本	米国	ドイツ	フランス	イタリア	英国	スウェーデン
男女計	10.4	4.6	11.7	12.3	13.4	9.5	10.3
男	12.4	4.7	12.3	12.4	14.2	10.0	10.3
女	7.7	4.6	10.9	12.1	12.3	8.9	10.3

注：欧州、日本は2013年値。米国は2012年値。日本は一般労働者と短時間労働者の平均値。
出所：OECD, *OECD Employment and Labour Market Statistics*, U. S. Department of Labor "Employee Tenure", 厚生労働省「賃金構造基本統計調査」

2　雇用の流動性の国際比較

一般にわが国の雇用の流動性は諸外国対比で低いと思われているが、はたしてそうであろうか。雇用の流動性を何で測るかは議論のあるところであるが、ここではまず「平均勤続年数」の比較から始めよう。日米の各国統計、および、OECDデータベースによると、わが国の雇用者の平均勤続年数は10・4年である[1]。これは、米国（4・6年）[2]に比べると長いが、ドイツ11・7年、フランス12・3年、イタリア13・4年、英国9・5年、スウェーデン10・3年と、欧州各国[3]に比べると決して長いとはいえない（表4−1）。年齢階層別にみてみると、各年齢層において欧州各国と似たような長さになっているが、55〜64歳では短めになっている[4]。これは60歳定年制というわが国特有の雇用慣行の影響があると考えられる。ここでも各年齢層で米国の勤続年数が短いことが確認できる。つまり、わが国が取り立てて雇用の流動性が低い国とはいえず、むしろ米国が短いというべきである。

ただし、男女別に分けてみたとき、わが国の特徴が浮き彫りになる。わが国では男性が12・4年、女性が7・7年と、男女間で4年以上の差

表4－2　勤続年数別雇用者割合の国際比較

（%）

	1年未満	1年以上 3年未満	3年以上 5年未満	5年以上 10年未満	10年以上
デンマーク	19.8	16.6	10.4	21.7	31.5
フランス	14.2	11.8	8.1	20.0	45.9
ドイツ	14.2	14.0	8.8	18.3	44.7
イタリア	9.6	10.1	8.2	21.0	51.1
英国	14.7	14.8	10.9	25.1	34.5
米国	21.1	11.2	16.6	21.8	29.2
日本	10.9	16.8	12.1	22.5	37.7

注：欧州、米国は2012年値。日本は2013年値。日本は一般労働者と短時間労働者の合計。
出所：OECD, *OECD Employment and Labour Market Statistics*, U. S. Department of Labor "Employee Tenure", 厚生労働省「賃金構造基本統計調査」

があるが、欧米各国ではこの差が総じて2年未満にとどまっている。

次に、勤続年数別の雇用者割合の比較を行ってみよう。この面でも、米国が勤続年数10年以上の割合が少ないことが目立っており、同国の流動性の高い雇用のあり方が国際的にはやや特殊であることが窺われる。わが国を欧州諸国と比較すれば、①1年未満の雇用者数の割合が比較的少ない一方、②10年以上の割合もやや少ないことが特徴といえる（表4－2）。

以上を総合すると、わが国は必ずしも雇用の流動性の低い国とはいえず、欧州各国と同程度であり、むしろ米国が雇用の流動性が高い国といったほうがよい。もっとも、わが国は欧州各国と表面上は雇用の流動性は同程度とはいえ、その内実は異なっている。男女別に流動性が大きく違っていること、および、勤続年数1年未満の雇用者の割合が低い一方、10年以上がやや少ないことがわが国の特徴である。この背景には、雇用制度や労使関係のあり方が日欧で大きく異なることが影響している。

男女別の雇用流動性の格差に違いがあるのは、欧州では性別で就業形態がそれほど違わない一方、わが国ではそれが大きいという事情がある。一時雇用者の割合は、欧州では国によってレベルにバラツキはあるが、例えばドイツ（2013年）では男性13・4％、女性13・5％、フランス（2013年）では同15・7％、17・3％と男女間でさほど大きくない。これに対し、わが国（2012年）では男性が8・6％に対して女性が20・5％と格差が際立って大きい[5]。また、わが国で勤続年数1年未満の雇用者割合が低いのは、いわゆる新卒一斉採用という雇用慣行が影響していると考えられる。欧米では企業における採用の基本的な考え方は、必要なときに必要な資格、能力、経験のある人を必要な数だけ採用する、「欠員補充方式」である[6]。そうしたもとで、欧州では学校卒業後定職を得るまでに一定のラグがあるのが一般的で[7]、その間にアルバイトやパートとして働くことが多く、勤続年数1年未満の雇用者が一定割合存在することになっていると考えられる。一方、10年以上の雇用者が少ないのは、大手企業を中心に存在する準定年制度や出向・転籍制度が影響していると考えられる。

このように、雇用の流動性という側面からみて、日本、米国、欧州はそれぞれ性格の異なる雇用システムを持っている。では、それらはどのようなものか。節を改めて、日米独の雇用システムの特徴を明らかにしよう。

3　日米独の雇用システムの比較

日米独の雇用システムの特徴を明らかにすべく、解雇法制、非典型労働の状況、賃金決定、労働時間規制といった、個別分野の違いからみていこう。

(1) 解雇法制[8]

解雇法制からみると、米国では「期間の定めのある契約ではない被用者は、いかなる理由によってでも、あるいはなんらの理由なくして解雇されうる」という、「随意雇用原則 (at-will employment doctrine)」に基づき、解雇は基本的に自由である[9]。ただし、人種や性別、宗教を理由とする解雇のほか、年齢を理由とする解雇などは、公民権法や雇用における年齢差別禁止法をはじめとする雇用差別禁止法制により制限されている。なお、違法解雇の場合、復職ではなく損害賠償で紛争解決がなされる。経営上の理由による余剰人員対策については、通常はレイオフ（一時解雇）を行う。レイオフの手順については労働者調整・再訓練予告法（1988年制定）によって規制されており、景気回復後には先任権制度（セニョリティー・ルール）に基づいて労働者の呼び戻し（リコール）が行われる[10]。もっとも、このレイオフは基本的には現場労働者のうち、労働組合に組織化されているケースに当てはまるもので、一般にホワイトカラーとは無縁である[11]。

ドイツでは、「解雇制限法」により解雇に対する制限を実定法により課している。それによれば、労働者の個人的な理由、労働者の行為を理由とするもの、経営上の理由によるもののほかは認められない。経営上の理由による場合は、「社会的選択」という独特の基準が用意されており、労働者の年齢や扶養責任の有無などを考慮して、できるだけ負担の少ない労働者を解雇対象として選択することとされている（近年の労働市場改革の流れの中でこの選択基準は緩和されてきている）。もっとも、ドイツは一般に考えられているほど解雇に厳しいわけではない。解雇制限法は、5人以下の零細事業者に雇われる全体の四割を超える労働者は対象外になっているのが実態である。また、解雇が違法無効の場合、所定の要件が満たされた場合に金銭解決を裁判所が宣言するという制度（解消判決制度）がある。ただし、この制度は実態的にはほとんど機能していない。ドイツにおける解雇事件は、労働裁判所法により実質審理に入る前に和解弁論法廷が開かれ、一定の金銭による即決の和解が行われることが通常化しているためであると考えられている[12]。

日本では、労働契約法によって「解雇は、客観的に合理的な理由を欠き、社会通念上相当であると認められない場合は、その権利を濫用したものとして、無効とする」（第16条）として、制限が設けられている。労働契約法が2008年3月に施行される前は労働基準法（第18条の2）に規定されていたもので、2003年の労基法改正前は法律上明確な規定がなく、解雇権濫用法理として、裁判所の判例に基づいたものであった。そのほかわが国では、経営上の理由による整理解雇については「整理解雇の4要件」というものが判例法上存在する。①人員整理の必要性、②解雇回避努力、③被用者選定の妥当性、④手続きの妥当性、の4つの側面を判断材料として、解雇の妥当性が判断される[13]。

(2) 非典型労働の状況

以上でみてきた解雇規制は、期間の定めのない雇用契約を締結している正規労働者、いわゆる正社員を基本的に対象にしたものであるが、先進諸国に共通する近年の労働市場の変化として、正社員以外の働き方が増えていることが指摘できる。そこで、そうした非典型労働者（非正規労働者）が各国でどの程度普及しているか、そして正規労働者に比べた雇用保障の状況についてみておこう。

まず、わが国の状況からみておくと、90年代以降非正規労働者比率はハイペースで上昇し、いまや3人に1人以上が非正規である[14]。後の国際比較のために、そのうち「一時雇用者」（12か月未満の期間を定めて雇われる有期雇用労働者）として分類される人々の割合をみておくと2012年時点で13・7％に上っている[15]。また、派遣労働者もハイペースで増加しており、2000年時点で労働者比率が0・8％であったものが、2008年には2・2％にまで高まった[16]（ただし、リーマンショック後の派遣労働への社会的な批判の高まりや規制強化の動きを背景に、その後は比率が低下し、2011年時点で1・5％となっている）。

こうした背景には、正規・非正規労働者間にある雇用保障面での大きな格差がある。正社員には解雇権濫用法理によって厳しい制限が設けられている一方、有期雇用契約については従来緩やかであり、とりわけ派遣労働については90年代後半から2000年代前半にかけて、対象範囲や派遣期間の延長など規制緩和が優先して行われてきた。OECDの「雇用保護規制厳格度指数（indicators of the strictness of employment protection legislation）」によれば、わが国は正規・非正規間の保護格差が大きい国の一つになっている（OECD（2004））。

米国では、すでにみたように雇用契約は「随意雇用」が原則であり、個別労使間の個別の合意が基本である。このため、就業形態は非常に多様であり、労働条件のバラツキも大きい。そのため、わが国のように正規・非正規との間にそれほど明確な線が引けるわけでもなく、公式統計が存在するわけでもない。このため、厳密な比較はできないが、Current Population Survey（国勢調査）が随時行っているContingent and Alternative Employment Survey[17]によれば、一時雇用者の割合は4・2％（2005年）となっている。そのほか、派遣労働者の比率については1・9％（2011年）と、先進国の中では高めであるが、英国（3・3％：2011年）やオランダ（2・5％：2010年）などに比べると割合はやや低い。

米国で一時雇用者が意外に少ないのは、定義によるところもあるが、そもそも正規社員であっても解雇が容易であり、雇用期間をわざわざ短くする必要がないという事情も反映していると考えられる。また、非典型労働者であっても、公民権法や年齢差別禁止法が適応されることは同じであり、その意味で、米国は、労働者の権利について、就業形態間での違いが小さい国であるといってよい。

ドイツでは、他の欧州諸国同様、かつては有期雇用や派遣労働といった非典型労働は例外的な働き方として強い制限が加えられてきた。具体的には、有期労働契約には正当な事由が必要とされ、それは1951年に解雇制限法が制定された際、規制回避を狙って有期労働が不当に増加しない趣旨で判例法理が確立されたことに起源を持つ。もっとも、1980年代半ばには最長18か月、新規採用に限って正当事由を必要としない有期雇用が認められ、1996年には新規採用でなくとも、2年間を上限として3回まで更新できることとなった[18]。派遣労働については、1972年に労働者派遣法が制定された際、派遣期間を3か月に限定し、登録型派遣を禁止していたが、その後、上限規制が徐々に緩和され、2002年（同年12月法改正、2003年1月施行）には派遣期間の上限が撤廃され、登録型派遣も許容された[19]。

以上の経緯を経て、非典型労働は徐々に拡大し、1995年に10・4%であった一時雇用の比率は2013年に13・4%にまで上昇し[20]、派遣労働者比率も2000年の0・9%から2011年時点で2・0%に高まっている[21]。

ここで指摘しておく必要があるのは、ドイツでもわが国同様にかなりのペースで非典型労働者が増えているとはいえ、その権利保護が行われていることである。2001年1月1日から施行されたパートタイム労働・有期労働契約法では、パートタイム労働者や有期雇用労働者について、異なる取り扱いを正当化しうる事由がない限り、比較可能なフルタイムや無期雇用労働者との差別的取り扱いが禁止されており、平等に取り扱われなければならないとされている[22]。派遣労働者についても、2002年の法改正で期間の自由化が行われる一方、派遣先従業員との均等待遇が義務付けられた[23]。セーフティーネット面では、原則雇用者を対象とした失業保険のほか、失業保険でカバーされない求職者のために生活費が支給される失業扶助制度（連邦政府の一般財源による「失業給付Ⅱ」）が存在する[24]。

（3）賃金決定

次に、賃金決定の仕組みについてみよう。

まず、ドイツについてみると、使用者団体と労働組合が職種や地域ごとに締結される労働協約で詳細な賃金表を作成しつつ、各事業所においては共同決定の対象として賃金支払いに関する取り決めがなされるという仕組みになっている[25]。より具体的には、協約地域ごとに賃金等級または給与等級について賃率（時間当たり賃金）または月給が明記され、各企業ごとにすべての職務をそれぞれ賃金等級に格付けすることで、個々の労働者の賃金が決まることになる。その職務をどの賃金等級に格付けするかについて、労働協約はその基準や実例をある程度明示しているが、実際に行うのは会社と従業員代表会（事業所委員会）である[26]。ここで従業員代表会とは、労働組合とは別に、従業員集団の代表機関として、使用者と協力関係によって事業所の福利向上の実現を目指すものとして、法律によって位置付けられている[27]。労働協約に基づく地域協約は最低基準として位置付けられ、各社は事業所協定を通じて独自の賃金制度を採用してきた[28]。なお、協約の適用を受けると企業経営が困難になる場合は開放条項が適用され、協約水準を下回ったり、協約の適応を保留したりすることが可能になっている[29]。

企業内労使で職務を賃金等級に格付けする方法としては、職務に関する負担を数量化してその点数に応じて割り当てる「分析的職務評価」、および、労働協約またはその付属文書に明記された例を参考にしながら総合的判断によって決める「総合的職務評価」の2通りがある[30]。前者は、60年代に大企業を中心に導入が進んだが、フレキシビリティー化や技術革新についていくことが難しく、90年代以降は縮小傾向をたどっているとみられる。

賃金構造としては、基本給と業績給とからなり、評価にあたってはともに労使交渉による細かな取り決めがあり、伝統的には個人の貢献度を反映したインセンティブ・システムという性格は薄かった。管理職層についても、90年代に入るまで職責や業績の査定に基づく業績手当はなかった。しかし、ドイツにおいても、90年代中ごろから後半にかけて、管理職層への成果型報酬制度が導入され、2000年代に入ると、一般従業員にも成果給が適用され、業績・成果給は企業内労使による協議に移されてきている[31]。

米国における賃金決定は、企業ごとに個別に職務分析・職務評価を行うことが基礎となるが、具体的な賃金水準の決定にあたっては、主な職務の市場賃金を考慮して企業が決めている（以下の記述は、竹内（2004）、石田・樋口（2009）第2章を参考にした）。より具体的には、まず、従業員の担当する職務の内容を記述した「職務記述書（ジョブ・ディスクリプション）」が作成されるが、それは実際に担当している仕事内容の変化によって約2年間隔で見直される。この職務記述書の内容の分析・評価を通じて職務等級が決められる[32]。職務等級は、時間外賃金規制が適用されるノンエクゼンプト、それが適用されないエクゼンプトに、さらにエクゼンプトが上級管理職とそれ以外に区分される形で、10程度の等級に階層化されている。各職務等級には一定の幅のある賃金レンジが設定されており、職務評価によって設定された組織内的な仕事の価値と市場調査（職務の世間相場の調査）によって与えられる市場価値の双方の視点から決まる。もっとも、その実態は市場価値が優先される[33]。つまり、米国では、職種別に社会横断的な賃金水準が決まってくる一方、労働需給によってその水準自体は変動することになる。

こうした米国の職務を基本とした賃金決定の仕組みは、人件費管理には有効であるが、人材育成や柔軟な組織編成に制約となる面がある。このため、80~90年代にかけては、「脱職務」への取り組みがみられた[34]。80年代に国際的プレゼンスを高めた日本企業の人事賃金制度を参考に、「ブロードバンディング」や「コンピテンシー」といった新しいコンセプトが開発された。前者は職務等級を減らし、一つ一つの等級に入る職務の数を増やし、日本企業のような水平的な人事異動・配置転換を図ろうとしたものである。後者は各職務を担当する高業績者が持続的に高い価値をあげることを可能にしている行動特性のことで、日本企業が持つ能力育成的な考え方が導入されたものである。また、この時期、報酬を組織や個人の業績に連動させる「変動給」も広く導入された。もっとも、こうして新しい賃金制度が適用されてきているものの、職務給は依然として主流を占めており[35]、米国の賃金制度は基本的な特徴を変えたわけではない。

以上が米国における基本的な賃金決定の仕組みであるが、実は労働組合員に適用される制度は異なる様相を呈している。彼らの賃金は欧州のように労使協定に基づいて平等主義的に決定されている[36]。とはいえ、米国は主要先進国の中では労働組合の組織率が最も低い国であり、全体としてみれば、欧州のように労働組合が賃金決定に及ぼす影響は小さい。

これまでみてきた欧米での賃金決定の仕組みの違いをいえば次のようになろう。米国の仕組みは、いわば市場メカニズムを通じたミクロの個別決定の結果として決まる。これに対し、ドイツではマクロ的に決定されるといえる。労使交渉で集団的に決まったものが、制度として組み込まれた分配ルールに従って半ば自動的に個々の労働者に対して配分される仕組みになっている。

これらに対し、日本の賃金決定の仕組みはどうか。最も大きく異なるのは、欧米の賃金の決まり方は、基本的には就業形態に関わりなく同じといえるが、わが国では、正社員と非正規労働者で仕組みがまったく違う点にある。さらに、正社員の賃金の決まり方も特異である。ドイツはマクロ、米国はミクロと決まり方は対照的であるとはいえ、いわば一元的に決まっている。これに対し、近年のわが国ではマクロの決定とミクロの決定が混在化し、両者に整合性が取れなくなってきているようにみえる（ドイツについても近年、賃金決定のイニシアティブが個別労使や個人単位にシフトしているという指摘もあるが、わが国の変化が顕著)。

ここでマクロの賃金決定方法とはいわゆる春闘（春季労使交渉）のことを意味する。いうまでもなくわが国の組合員の賃金は、年に一度行われる春の労使交渉を通じて決められてきた。これにより、ベースアップ（ベア）の金額が決まり、それに応じて各人の基本給が決まってきた。職能資格制度のもとで賃金が年功的に決まっていたころは、管理職層も含めて正社員の賃金は春闘の結果が広く反映され、どちらかというとドイツ型に近かったといえる。しかし、90年代末以降のいわゆる成果主義の導入以降、ボーナスの個人差が拡大し、昇進も絞り込みがみられるなど、年功賃金体系が崩れてきた。その結果、ミクロの個人の賃金が、マクロの春闘賃金上げ率と分離される形で決まる程度が大きくなっている。

一方、非正規労働者の賃金は、基本的には労働需給で決まっており、その意味では米国における職務給に近い。ただし、その場合は本来、賃金は生産性に見合って決まるはずであるが、平成バブル崩壊以降長らく、わが国の非正規労働者については生産性以下に抑えられてきた可能性が高い。これは、非正規労働市場は景気動向にかかわらず、供給超過の状態が続いてきたと考えられるからである。これは以下のような事情に基づく。バブル崩壊以降、正社員比率の引き上げにより非正規労働者が増えたが、非正規から正社員へのルートが細いわが国では、非正規労働者のプールが増加傾向をたどってきた。さらに、成果主義への移行に伴い、正社員中高年の賃金は伸び悩み、生活費補填のために主婦がパートを中心とした非正規労働市場に参入した。加えて、高齢者雇用安定法の施行によって、60歳前半期に非正規で働く高齢者が増えており、この面でも労働力の供給圧力が強まっている。２００５

〜07年ごろには労働需給が逼迫する局面もみられたが、地域別の労働需給の偏在が存在するなか、派遣・請負事業者が県を跨ぐ労働力の活用を可能にし、それが労働需要の逼迫を緩和する面もあった。もっとも、2014年に入って以降、経済活動の水準の回復により、労働需給が逼迫してきており、非正規労働者の賃金が上昇している。この動きが、非正規労働者賃金の生産性との関係の正常化につながっていくかどうかが注目される。

(4) 労働時間規制

ドイツの労働時間規制[37]は、1994年1月1日から施行されている改正労働時間法のもとにある。1日の労働時間は原則8時間を超えてはならないとしているが、例外として6か月で平均して8時間を超えない場合、1日の労働時間を10時間まで延長ができる「調整期間」を設けることができる。法律上は「時間外労働」の概念は放棄されており、8時間を超える労働は「調整期間」の中で調整される必要がある。これに伴い、労働時間法改正以前にあった時間外の割増賃金規制が原則撤廃されている。割増賃金がなくなる代わりに、連続労働は最長6時間までとするとともに、1日に最低11時間の「休息時間(インターバル)」を設ける形で労働者の健康・安全に配慮する形になっている。もっとも、労働協約によって時間外労働と割増手当に関する取り決めを行うことは可能であり、前者については1年間60日を限度として、1日の労働時間を10時間まで延長することができる。また、銀行口座のように各人の労働時間を記録し、所定労働時間を超える分を貯蓄し、その後の就労時間の短縮や有給休暇に利用できる「労働時間口座」が普及している。なお、そうした労働時間規制のもと、ドイツの平均年間実労働時間（雇用者）は2013年で1371時間と、先進国の中でも最も短いグループに属する。ちなみに、同年の米国は1789時間、わが国は1729時間となっている（OECD, (2015), *Statistical Annex*）。

米国では、公正労働基準法により、法定労働時間が1週40時間と定められているものの、これを超える労働時間に対しては通常の賃金率の1・5倍を支払うことを義務付けている程度で、違反に対する刑罰の制裁はない。また、1日当たりの労働時間に対する割増賃金の規制も存在しない（野川（2007）75頁）。また、いわゆる「ホワイトカラーエクゼンプション」として、比較的広い範囲で適用除外が認められており（1999年時点で、賃金・俸給雇用者に占めるエグゼンプトの割合は約21％[38]）、労働時間規制についてはきわめて緩やかになっている。

日本については、労働基準法によって法定労働時間が1週40時間、1日8時間と定められている。時間外労働については、「三六協定」により延長が認められており、その限度基準として1週間15時間、1年間360時間等と定められている[39]。もっとも、わが国の場合、サービス残業が多いことが指摘されており、実態的には労働時間規制はかなり緩やかであったといえる。

(5) 労働組合

米国では労働組合の社会全体における影響率は低下している。それは端的には、労働組合の組織率が2013年で10・8％と、主要先進国中最低であることに示される[40]。米国の労働組合は、伝統的に経営に対して対抗的な姿勢をとってきており、オイルショックの後、米国経済がスタグフレーションに陥った際、雇用・賃金システムの硬直性をもたらす元凶とされた。1980年に誕生したレーガン政権は、労働組合に対して批判的なスタンスを採り、翌1981年には労働条件の改善を求める全米航空管制官組合（Professional Air Traffic Controllers Organization: PATCO）のストライキに対して、組合員の約9割を解雇した。これを契機に米国の労働組合のバーゲニング・パワーは大きく低下することになった。[41] 産業構造のサービス化が、先進国の中でも最も早く進展したという事情も、組合組織率の低下に拍車をかけた。実は、選任権制度をはじめとする労働組合の規制に強く裏打ちされた分野が、自動車産業をはじめとする一部の製造業や公益企業を含む公的部門には、いまも確固とした影響力を維持しているのだが（石田・樋口（2009））、米国全体でみれば市場メカニズムを通じて労働条件が決められているといってよい。

一方、欧州の多くの国では、米国とは対照的に労働組合が労働条件の決定に対して強い影響力を持っている。労働組合が経営の意思決定に一定程度参画する「産業民主主義」の傾向が強くなっているのである。具体的には、産業別に企業横断的に形成された労働組合が、使用者団体と交渉することで労働条件を決める仕組みになっている。欧州諸国の組合組織率をみると、ドイツが18・0％（2011年）、オランダが18・2％（2011年）、イタリアが35・6％（2011年）などと、必ずしも高くない。[42] もっとも、欧州では労働組合と経営者の間に結ばれた労働協約の内容が、労働組合に加入していない労働者にも及ぶ「拡張適用制度」が普及しており、[43] 現実にはより多くの労働者が組合の影響下にあるといってよい。北欧諸国については、スウェーデンが67・7％（2013年）、デンマークが67・6％（2010年）などと組合組織率が高く、[44] 名実ともに労働組合が労働条件に与える影響は大きくなっている。

なお、ドイツに特有な制度として従業員代表会（事業所委員会）がある。賃金・労働時間・安全衛生・教育訓練など、各種労働条件を、使用者との合意によって共同決定する機能を有するほか、採用計画から解雇に至るまでさまざまな関与権を持ち、人員整理における被整理労働者への補償金や退職後援助などについて使用者と共同決定する役割を持つ。常時5人以上の労働者を雇用する事業所において、そのうち3人以上に選挙権のある場合に設置される。委員の数は事業所の規模に応じて定められているが、委員会の活動経費は使用者負担であり、委員の活動は労働義務が免除される[45]。

このように、労働組合の影響力が米・欧で大きく異なるが、組合は企業横断的な存在であることは同じである。これに対し、日本の労働組合は企業別組合であることに最大の特徴がある。これは、日本における企業と従業員の関係が、いわば擬似家族主義に基づく「メンバーシップ」（濱口（2009））であることの必然的結果でもある。そうした性格と表裏一体の関係として、日本の労働組合は正社員の組合であるとの性格が強い。この点が、わが国における正規・非正規の二重構造が鮮明になる要因として大きく影響している。

以上でみてきた3か国の雇用・賃金面での制度・慣行の底流にある基本的な考え方は何か。雇用の流動性という観点から各国の労働市場の成り立ちに注目して、それぞれについて一つの原理に集約して表現すれば以下のようになろう。

まず、ドイツの賃金・雇用システムの基本は「職種主義」である。それは、職業資格に基づく仕事の空席の補充、職業ごとに標準化された職業訓練に基づく技能形成からなるシステムであり、制度化された職種別労働市場が存在し、企業ごとの労使関係もその影響を強く受ける仕組みになっている。ちなみに、「職業別労働市場（occupational labour markets）」とは、ドイツおよび英国の雇用システムを説明するために提示された概念である。[46] この職種別労働市場の存在のために、職種内で企業間を移動することは比較的活発だが、賃金は硬直的になる。

米国のシステムの基本は「職務主義」である。職種別労働市場を前提とするが、企業ごとに分権的・自主的な労使関係が構築されている。労働者の評価や賃金決定は、職種および序列から決まる企業内におけるポジションを意味する「職務（ジョブ）」に基づいて行われる。ドイツとの比較でいえば、元来、内部移動あるいは内部昇進に基づく仕事の空席の補充、内部訓練に基づく技能形成からなる雇用システムである「内部労働市場（internal labour markets）」が基本になっている点に特徴があり、そのコンセプトはもともと米国のシステムを説明するために提示されたものである。[47] もっとも、戦後は企業間の流動性が高まる方向で推移してきており、今日では日米独の中で最も転職が活発に行われるようになっている。同じく内部労働市場が発達しているわが国は「まず人ありき」の属人主義的システムであるのに対し、米国は「まずポストありき」の職務主義的である点が異なる。つまり、まずポストありきの発想であるため、そのポストに就いた人はどのような人であろうと基本的にはポストについている賃金が与えられる。これは、まず人ありきの発想で、ある人の賃金は能力によって決まり、ポストと賃金は必ずしも連動しないわが国と対照的である。[48] 以上のようなシステムのもとで、職種を軸に企業間での雇用の流動性が高くなる一方、賃金も欧州に比べれば柔軟に調整される仕組みに

表4－3　日米独雇用システムの比較

	米国	ドイツ	日本
解雇法制	「随意的雇用原則」 レイオフ、リコール	「解雇制限法」 零細企業は対象外 金銭解決制度	解雇権濫用法理
非典型雇用	就業形態はきわめて多様	かつては強い規制 近年は緩和も均等化	正規・非正規間で大きな格差
労働時間規制	時間外上限規制なし ホワイトカラーエクゼンプション	強い労働時間規制 （時間外の上限規制）	三六協定
賃金決定	職務評価＋市場調査	職種・地域ごとの労働協約＋事業所協定	春季労使交渉
労働組合	低い組織率	産業別組合	企業内組合

なっている。

日本の賃金・雇用システムの基本は「職能主義」である。これは欧米の、初めに仕事ありきと対称的に、初めに人ありきの発想で、従業員の属人的な能力に基づいてランク付けする考え方である。この「職能」は職能資格制度に由来しており、わが国のシステムの基本を「職能」にあるという捉え方は一般的である。例えば、宮本光晴（1999）は、内部労働市場型の雇用システムとして、「職務システム」としての米国型と「職能システム」としての日本型の2つを対比している[49]。

ただし、注意しなければならないのは、ここでいう「職能主義」はドイツの「職種主義」、米国の「職務主義」とは次元が異なることである。欧米の場合、もちろん違いはあるものの、就業形態を超えて職種主義や職務主義の発想がある。これに対し、わが国で「職能主義」が適用されるのは、正社員のみである。濱口（2009）がいう「メンバーシップ」がわが国のシステムの根底にあり、会社の正式メンバーである正社員に職能主義は適用されるが、正式メンバーではない非正規労働者には適用されない。非正規労働者はむしろ米国型の職務制に近い。その意味では「メンバーシップ主義」や「正社員主義」と表現したほうが適切かもしれない。

それでも「職能主義」としたのは、正規・非正規の二重構造が、この「職能主義」から派生した帰結であると考えられるからである。「職能主義」は個別企業内のみの序列であり、社会横断的な市場を前提としない。このため、職種別労働市場は未発達となり、企業の能力開発や昇進システムに入れない非正規労働者は未熟練労働者に陥りやすい。その結果、熟練の正社員と未熟練の非正規労働者という二重構造が形成されやすくなるというわけである。「職能主義」では社会横断的な連帯意識が形成されにくく、企業ごとに独自の労使関係が構築されている。それゆえ、従業員は会社の将来が個人の将来に直結するため、賃金はきわめて柔軟に調整されることになる。

4　経済パフォーマンスと雇用システムの関係

以上、日米独の雇用システムを比較し、雇用の流動性の観点から各国システムの特徴を整理した。では、そうした雇用システムのあり方がどのように各国の経済活性化の状況に関係しているのだろうか。一口に経済活性化といっても、「成長性」や「収益性」、「雇用創出力」などさまざまな尺度がある。そこで本節では、1990年代以降における日米独の経済パフォーマンスの特徴を整理したうえで、そうした特徴が、雇用の流動性のあり方に着目した各国雇用システムの特徴と、どのような関係

図4－1　ROAの国際比較

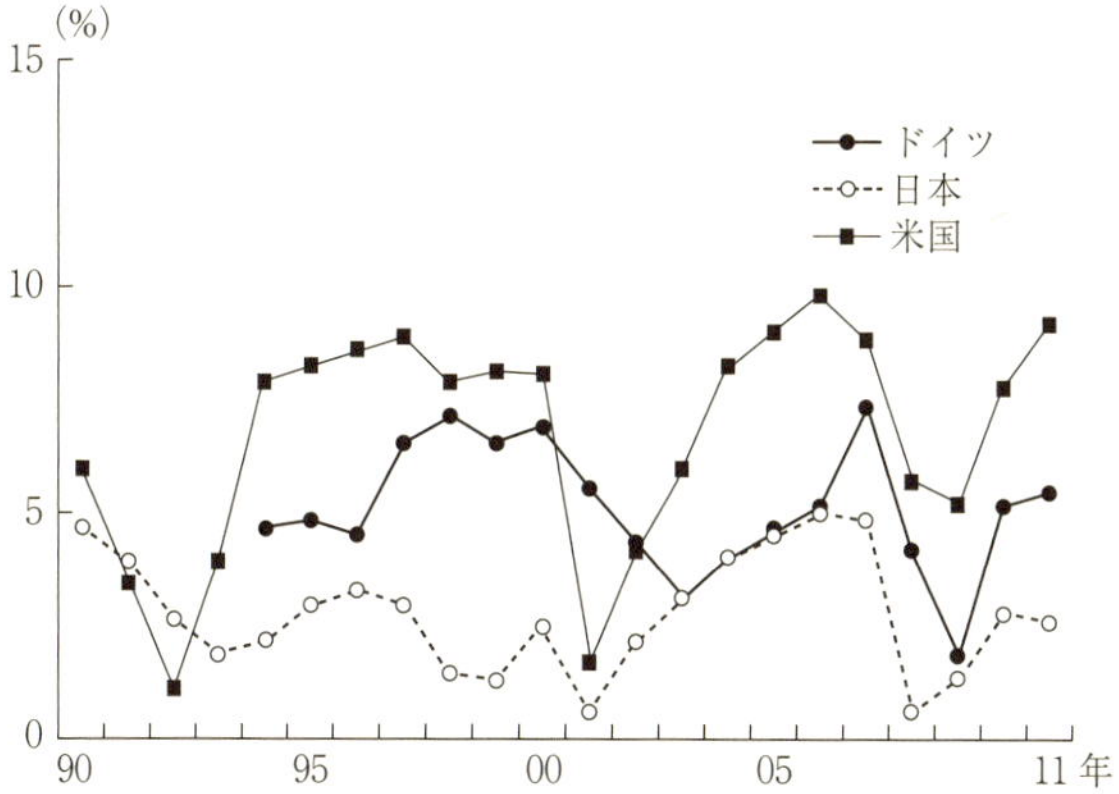

注：財務省「法人企業統計」、U. S. Census Bureau "Quarterly Financial Report", European Committee of Central Balance Sheet Data Offices "Bach Database" より内閣府が作成。ROA＝税引き前当期純利益／総資産。日本の値は年度。
出所：内閣府「平成25年度版　年次経済財政報告」164頁、第2－1－4図

があるのかについて考察を行う。

（1）日米独マクロ・パフォーマンスの比較

■マクロ指標の比較

まず、経済パフォーマンスを示す主要なマクロ経済指標として、①ROA（収益率の指標）、②実質GDP（成長率の指標）、③失業率、④1人当たり雇用者報酬、⑤消費者物価を取り上げ、日米独で比較しておきたい。

①**ROA**…90年代以降の製造業ベースで比較すると、[50]米国企業のROAは大きく変動しつつも、総じて高収益率にある（図4－1）。一方、日本企業は低い水準で推移してきており、ピーク時で比較すると米国の半分程度にとどまっている。ドイツ企業は概して米国と日本の中間程度の収益性であることがわかる。

②**実質GDP**…90年代以降の平均成長率の高さでは米国が突出している（図4－2）。日独と

図4－2　主要経済指標の日米独比較

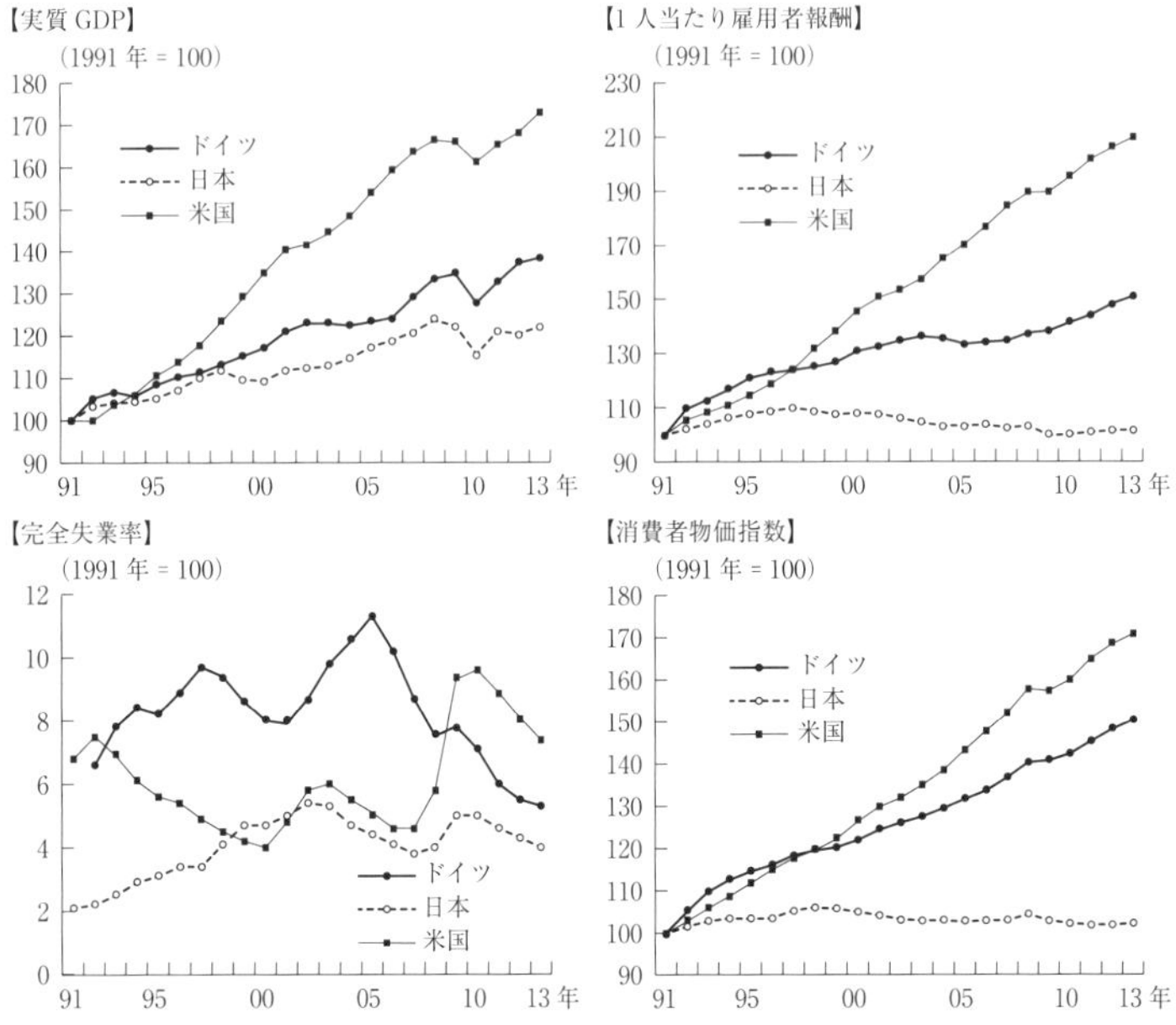

出所：OECD, *Economic Outlook*, No.95

もに平均成長率は低めにとどまってきたが、90年代末以降については、とりわけわが国の低迷が目立っている。

③失業率…米国では90年代初めに大きく上昇したものの、90年代後半に向けて低下した（図4－2）。いわゆるＩＴバブルの崩壊を受けて2000年代初めにはいったん上昇したが、その後は景気の回復に伴い低下した。2008年秋のいわゆるリーマンショック以降、急激な上昇をみせるが、2010年をピークに再び低下傾向をたどっている。総じてみれば、米国の失業率は経済変動に応じて大きく振れつつも、相対的には低い水準を維持してきたといえる。ドイツで

は90年代前半期に大きく上昇し、その後いったん低下するも２０００年代前半には一段と水準を高め、２０００年代半ばには2桁水準まで上昇した。もっとも、その後は低下傾向をたどっている。日本は90年代から２０００年代初めにかけて上昇傾向をたどったものの、欧米諸国に比べれば相対的に低い水準を維持している。(51)

④１人当たり雇用者報酬…米国、ドイツでは一貫して上昇傾向をたどってきた（図４‐２）。一方、日本では低い伸び率にとどまってきたが、97年以降はむしろ低下傾向で推移してきた。

⑤消費者物価…１人当たり雇用者報酬と連動した動きを示している。すなわち、米国、ドイツでは上昇傾向をたどってきた（図４‐２）。日本ではもともと上昇率が低水準にとどまってきたが、97年以降は低下傾向を示している。

■日米独のパターン

以上で確認されたことを、日米独、それぞれの国ごとにあらためて整理すれば以下のとおりである。なお、ドイツは２０００年代後半以降、体質の変化が窺われるが、以下では差し当たり90年代以降２０００年代前半までの状況を前提にしている。

①米国のパターン…「収益率」および「成長率」の両面で高パフォーマンスを示している。「賃金伸び率は高く」、「インフレ体質」であり、高成長を背景に総じて「低失業」といえる。

②ドイツのパターン…「収益率」は高いが「成長率」は低い。「賃金伸び率が高く」、「インフレ体質」であるが、低成長にもかかわらず賃金伸び率が高いため「高失業」状態が定着している。

図4－3　わが国企業の売上高経常利益率の規模別推移

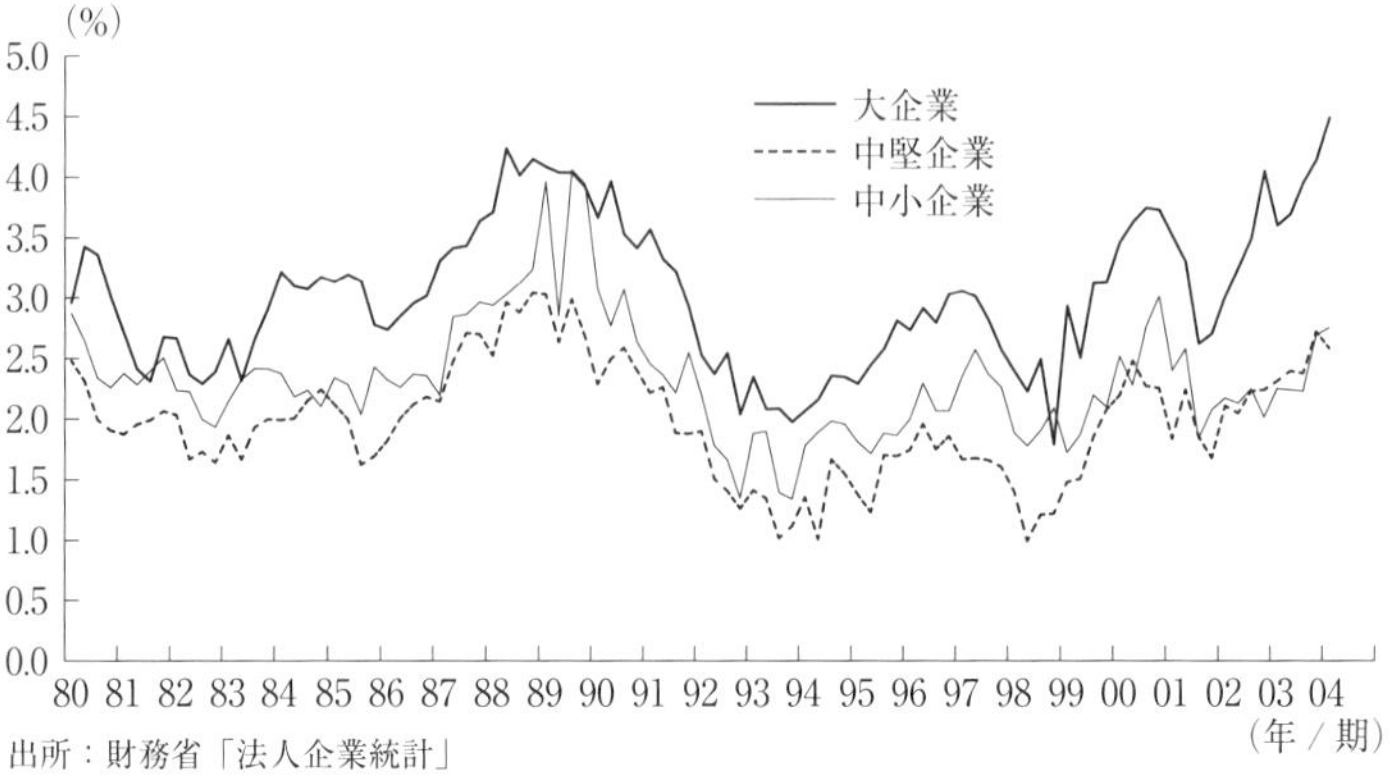

出所：財務省「法人企業統計」

③**日本のパターン**…「収益率」は低く「成長率」も高くない。米独と異なり、「賃金伸び率が低く」、「デフレ体質」である点が特異。低成長だが賃金が減少トレンドにあるため、先進諸国対比でみれば「低失業」の状態を維持してきた。

■2部門モデルによる背景説明

分析のフレームワーク

では、こうした国ごとにパターンの違いが生まれてきたメカニズムはどういったものなのであろうか。ここでは、「既存事業部門」と「新規事業部門」の2部門モデルを考え、それぞれが持つ役割の違いに着目したい。すなわち、

①**既存事業部門**…「規模の利益」のメカニズム等を通じ、経営の合理化・効率化が行いやすく、主に「収益性」を実現する主体となる。わが国の企業規模別の売上高経常利益率をみると、大企業の利益率が中堅・中小企業よりも高いことが確認される（図4－3）。既存事業部門にはそれだけ業歴が古いことから規模の大きい企業が多いと

考えられるため、この部門は主に「高収益率」を実現する主体と捉えることができよう。

②新規事業部門…米国のベンチャー企業に典型的にみられるように、その多様性・柔軟性を武器として、文字どおり新しい製品やサービスを創造する機能を強く持つ。主に「成長性」を実現する主体といえる。新規事業部門は業歴が浅いため比較的規模の小さい企業が多く属すると捉えられるが、『中小企業白書2003年版』では、従業員規模が50～300人の中小企業の全要素生産性（Total Factor Productivity: TFP）成長率は、従業員規模が301人以上の大企業を上回っているとの試算結果が紹介されている。[52] この点から判断すれば、新規事業部門はイノベーションが盛んであり、主に「高成長率」を実現する主体になっていると考えることができる。

以上の基本認識を前提に、日米独各国における、それぞれの既存事業部門・新規事業部門のパフォーマンスの違いを比較検討していこう。具体的には、雇用面からアプローチすることとし、「雇用の創出と喪失」のフレームワークに沿って分析を行う。すなわち、雇用変動を、①新規開業の雇用創出、②既存事業所の雇用拡大、③既存事業所の雇用縮小、④廃業閉鎖による雇用喪失の4つのファクターに分け、それぞれの大きさを比較検討したい。

この点に関する有益な資料として、樋口（2001）がOECDの調査結果に、日本についての独自の算定結果を加えて一覧表にまとめたものがある。図4-4は、そこに示された日米独3か国についてのデータをグラフ化したものである。これによれば、日米独のパターンの特徴を以下のようにまとめることができる。

図4－4　雇用の創出と喪失の日米独比較（総雇用量に占める年平均変化率）

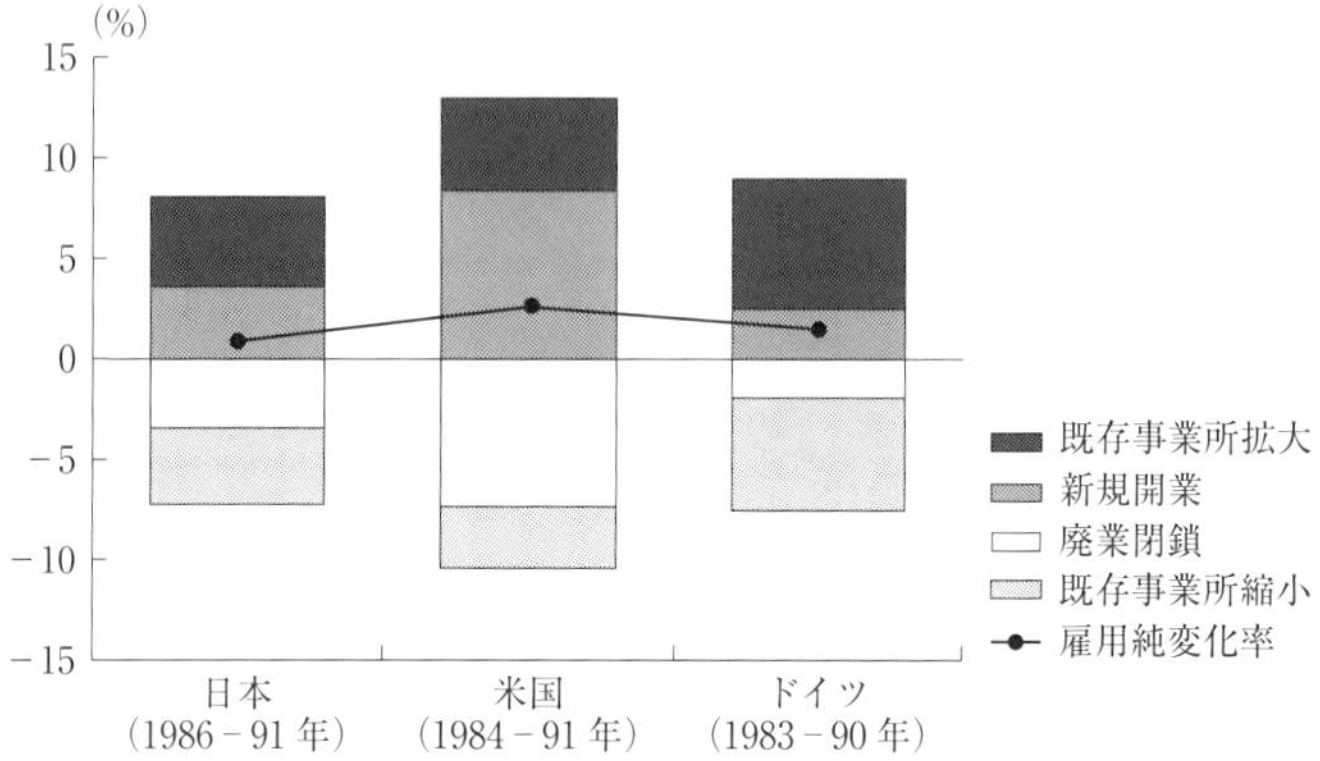

注：米国、ドイツについては、OECD, *Employment Outlook*, 1996による。日本は樋口美雄氏が『経済白書（平成6年）』の数字に基づき推計したもの。
出所：樋口（2001）107頁、表3－2より作成

①**米国**…米国の特徴は新規開業による雇用創出力が高いことであり、廃業閉鎖による雇用喪失も多い。つまり、事業所の活発な開廃に伴って雇用の創出と喪失が生じている「多産多死」型といえる。一方、既存事業所については雇用創出、雇用縮小ともにさほど大きくなく、一見、転職が多いとされる米国についての常識からイメージされるものとやや異なる。しかし、ここでのデータは事業所ベースのものであるため、必ずしも異なる企業間の転職が少ないということを意味しているわけではない。ただし、異なる企業間の転職の際には、実は既存事業所間での移動は必ずしも多くはなく、事業所の廃止で企業を退職せざるをえなくなった労働者が、新規開業企業か、あるいは、既存企業でも新規創設事業所に移動するケースが多いことを示唆[53]している。

②**ドイツ**…米国とは対照的に、既存事業所の雇用創出、雇用縮小がともに大きい。一方、新規開業や

表4－4　部課長層の転社経験者比率の日米独比較

	日本（1,567人）	米国（752人）	ドイツ（674人）
現在の会社のみ勤務	81.5	18.1	28.3
他社勤務経験あり	18.2	81.8	70.3

出所：佐藤（2002）251頁、表10－2より作成

廃業閉鎖に伴う労働移動は3か国中最も少ない。

③**日本…**新規開業企業の雇用創出、廃業閉鎖による雇用喪失が米国よりも小さい点で、ドイツと同様の傾向を示す。一方、既存事業所についての雇用創出、雇用縮小はドイツを下回る。

次に、企業間での労働移動について、ミクロデータからも検証してみよう。部課長職の転社経験者比率について、日米独の企業を対象に行ったアンケート調査結果を比較した佐藤（2002）によれば、ドイツで「他社勤務経験あり」が7割に上っており、ここでも同国では既存部門内での労働移動が活発であることが示唆される[54]（表4－4）。

また、米国については8割以上であり、主にホワイトカラー管理職のケースでは企業間の転社が多いという通説どおりの結果となっている。日本についても、通説どおり他社勤務経験者は少ないことが確認される。

■2部門モデルによる日米独パターン比較

以上でみてきた既存事業部門・新規事業部門の雇用変動パターンの違いをもとに、主要マクロ指標のパフォーマンスの違いを生じさせるメカニズムを整理すれば以下のとおりである。

①**米国のパターン**…「**既存部門の高収益率・新規部門の高成長率**」というパターンといえるが、そのメカニズムは以下のように整理されよう。

・既存部門：収益率重視の経営が追求されるもとで、不採算部門からの撤退が活発に行われる一方、高収益部門に経営資源が積極的に投入される。この結果、高い生産性の伸び率が生まれ、高いROAが実現されるとともに高い賃金伸び率も可能になる。

・新規部門：開業が活発に行われていることに加え、ベンチャー企業の成長段階ごとに経営をサポートするさまざまなインフラが整備されているもとで、新規産業分野の高成長が達成されている。その結果、雇用需要が拡大し、低失業率が維持されている。

②**ドイツのパターン**…「**既存部門の高収益率・新規部門の低成長率**」というパターンとして捉えられるが、そうした特徴が生み出されているメカニズムは以下のように考えることができる。

・既存部門：高い賃金伸び率が維持される傾向があるもとで、それが雇用を抑制・削減させる圧力として作用している。ただし、雇用量全体の抑制の一方（人材配置の効率化につながる）比較的活発な労働移動によって、高い生産性伸び率が実現されており、高いROAを維持することが可能になっている。

・新規部門：起業活動の盛り上がりが不十分ななか、サービス業を中心とした新規産業分野は低成長にとどまる。このため、雇用吸収力が十分でなく、既存分野での雇用の抑制・削減傾向が続くなか、高失業率が常態化してきた。

③**日本のパターン**…「**既存部門の低収益率・新規部門の低成長率**」のパターンといえる。そのメカニ

ズムは以下のように整理できる。
・既存部門：不採算事業からの撤退が不十分ななか、収益率は低くとどまり、低いＲＯＡの状態が続いてきた。一方、賃金伸び率を低く抑えることで雇用が維持され、経済成長率の低迷が長期化したにもかかわらず、国際的にみて低失業率が可能になってきた。
・新規部門：起業活動が低水準にとどまるなか、新規産業の発達が遅れ低成長が長期化した。この結果、新規産業の雇用吸収力も弱い状態が続いてきた。

（２）雇用・賃金制度と事業戦略の比較

■賃金・雇用システムの違い

以上でみてきた日米独の経済パフォーマンスをめぐるパターンの違いは、各国の雇用システムの特徴とどのような関係があるのか。この点をみる前に、あらためて前節で指摘した各国雇用システムの特徴を整理しておくと、以下のとおりである。

①**米国：「職務主義」に基づくシステム**…職種別労働市場を前提とするが、企業ごとに分権的・自主的な労使関係が構築されている。労働者の評価や賃金決定は、職種および序列から決まる企業内におけるポジションを意味する「職務（ジョブ）」に基づいて行われる。このため、職種を軸に企業間での雇用の流動性が高くなる一方、賃金も比較的柔軟に調整される。

②**ドイツ：「職種主義」に基づくシステム**…制度化された職種別労働市場が存在し、企業ごとの労使関係もその影響を強く受ける。このため、職種内で企業間を移動することは比較的活発だが、賃金

は硬直的である。

③日本：「職能主義」に基づくシステム…職種別労働市場は未発達で、企業ごとに独自の労使関係が構築されている。この結果、賃金はきわめて柔軟に調整されるが、雇用の流動性は低い。

以上のような賃金・雇用システムの国別の特徴を念頭に、新産業創出の状況を加えたうえで、「雇用調整の容易さ」「賃金の柔軟性」「新産業創出の活発さ」の3つの面から、経済パフォーマンスについての日米独のタイプの違いをあらためて整理し直せば以下のようになる。

①米国：「雇用調整容易・転職活発／賃金柔軟／新産業創出活発」の組み合わせとなる。すなわち、新産業が創出されやすい環境下で雇用調整が容易であり、一方、雇用調整の容易さが労働力の効率的配分を可能にして新規産業の創出を促進している。賃金は労働需給に連動して比較的柔軟性があり、格差も大きくなるが、生産性が高いため平均伸び率は高めである。

②ドイツ：「雇用調整やや困難・転職は比較的活発／賃金硬直的／新産業創出停滞」の組み合わせとなる。同一職種内での転職は比較的活発であるが、伝統的な職業のあり方に対する保守的思考が強く、衰退産業が温存されやすい。一方、新産業創出力がなお弱く、賃金伸び率も高いため、高失業が構造化している。

③日本：「雇用調整困難・転職困難／賃金柔軟／新産業創出停滞」の組み合わせとなる。雇用調整が困難なため不採算部門が温存される一方、新産業の創出力が不十分なため労働需要は弱い。ただし、賃金が抑制される結果、失業率が低めで安定している。

表4－5　雇用調整関数の推計

【推計モデル】ln（雇用者数）＝C＋α ln（鉱工業生産）＋β ln（1人当たり賃金）
＋γ ln（雇用者数〈前期〉）＋δタイムフレンド

	定数項 C	生産弾性値 α	賃金弾性値 β	雇用調整スピード $1-\gamma$	タイムフレンド δ	修正 R^2
ドイツ（91年4－6月～04年1－3月）	0.78	0.14	−0.0027	0.15	−0.00082	0.999
	2.28	7.48	−0.0879	40.9	−4.33	
米国（90年4－6月～04年1－3月）	0.65	0.20	−0.0107	0.15	−0.0023	0.988
	2.04	3.67	−2.51	15.9	−3.84	
日本（90年4－6月～04年1－3月）	0.01	0.06	−0.0581	0.0011	−0.00000608	0.999
	0.08	4.80	−1.67	35.0	−0.03	

注：製造業ベースで推計。データは季節調整済みの値を用いている。表中下段はｔ値。
出所：経済産業省「経済産業統計」、厚生労働省「毎月勤労統計調査」、U. S. Department of Labor "Monthly Labor Review", U. S. Department of Commerce "Survey of Current Business", Bundesbank より作成

■実証分析

本節では、右で提示した「雇用調整の容易さ」「賃金の柔軟性」「新産業創出の活発さ」の日米独間の違いについて、計量的な実証を試みる。

雇用調整関数の比較

まず、日米独による雇用調整の容易度の違いを検証するために、「部分調整型」の雇用関数を推計してみた。その結果によれば、①雇用調整スピードは米独でほぼ同じであるが、日本で極端に遅い、②雇用量の生産弾性値は米国、ドイツ、日本の順に大きい、③雇用量の賃金弾性値は日本、米国、ドイツの順に大きく、ドイツに関してはパラメータの優位性が極端に低い、という3点が確認される（表4－5）。

つまり、米国については、雇用調整が容易な一方、経済成長に伴う企業の雇用吸収力が大きいことを示唆している。次にドイツでは、雇用調整スピードが大きいが、これは企業主導の雇用調整にはさまざま

な制約が課されているとはいえ、職種別市場が整備されているもとで転職自体は比較的容易なため、解雇によるものや自主的な転職も含め、日本に比べれば結果的に雇用調整が素早く行われていると解釈できる[55]。一方、ドイツでは、生産弾性値の低さに反映されているように経済成長に伴う新規採用は多くないため、高失業が定着してしまっていると考えられよう。最後に、日本では、雇用調整が困難な一方、経済成長に伴う新規採用も少ないことを反映した結果といえよう。

フィリップス曲線の形状の計測

次に、日本は欧米に比べ賃金の下方硬直性が弱いことを検証するため、日米独のフィリップス曲線の形状を比較してみよう。フィリップス曲線とは、賃金伸び率と失業率との関係を示したものであるが、賃金の下方硬直性が強い場合、フィリップス曲線の形状は賃金伸び率がゼロに近づくと急速に失業率が上昇する形になる。一方、下方硬直性が弱ければ、賃金伸び率がゼロないしマイナスになっても失業率の上昇ペースは緩やかとなる。

以上の関係を念頭に、90年代以降2000年代前半ごろまでのフィリップス曲線を日米独で比較すると、以下のことがいえる（図4‐5）。

①**米国**…1人当たり賃金伸び率が2～4％の高めに集中。さらに、賃金伸び率の低下が急激な失業率上昇につながる形状となっている。

②**ドイツ**…1人当たり賃金伸び率はかなりの幅で散らばっているが、やはり、賃金伸び率が低下してくると（ゼロに近づくと）失業率が急激に上昇する形状になっている。

図4－5　賃金版フィリップス曲線の日米独比較

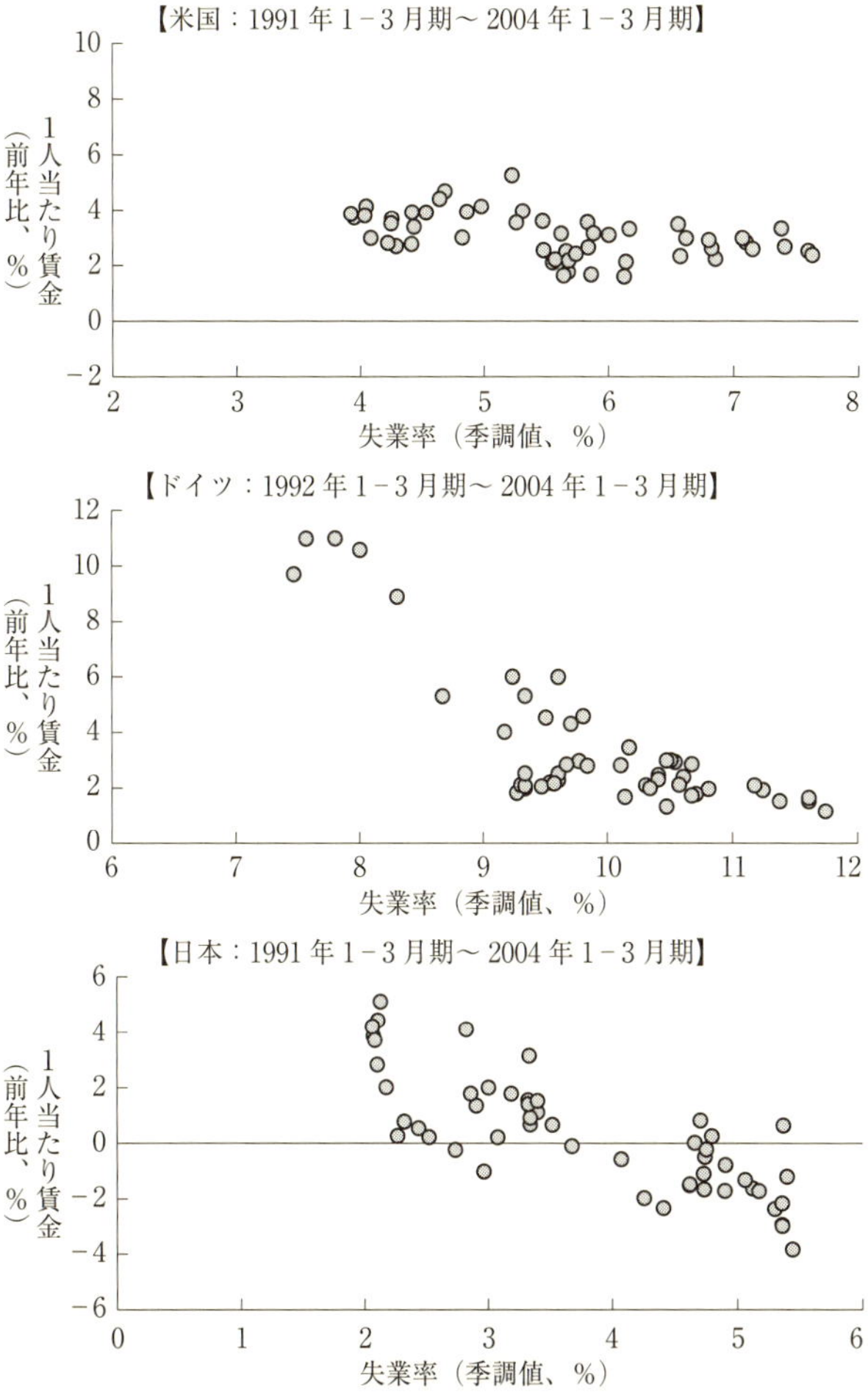

出所：厚生労働省「毎月勤労統計調査」、総務省「労働力調査」、U. S. Department of Labor “Monthly Labor Review”, Bundesbank

表4－6　日米独フィリップス曲線の計測

	線形モデル： $\Delta w/w = C1+\alpha * UP$			非線形モデル： $\Delta w/w = C2+\beta * (1/UP)$		
	C1	α	修正 R^2	C2	β	修正 R^2
米国	5.00 (9.32)	−0.35 (−3.71)	0.197	1.03 (1.98)	10.84 (3.94)	0.218
ドイツ	24.00 (10.67)	−2.08 (−9.17)	0.634	−16.73 (−9.18)	197.45 (11.14)	0.720
日本	5.81 (9.77)	−1.46 (−9.64)	0.639	−4.60 (−8.33)	16.75 (9.39)	0.626

注：(　) 内は t 値。表中 w は賃金、C1、C2 は定数項、UP は失業率。

(%、% ポイント)

	賃金変動率が与えられたときの失業率水準の理論値				賃金が 1% ポイント低下したときの失業率上昇幅		
賃金変動率＝	1	0	−1	−2	1→0	0→−1	−1→−2
米国 (線形モデル)	11.41	14.26	17.11	19.96	2.85	2.85	2.85
ドイツ (非線形モデル)	11.14	11.80	12.55	13.41	0.67	0.75	0.85
日本 (線形モデル)	3.30	3.99	4.67	5.36	0.69	0.69	0.69

注：モデル選択は失業率の係数の t 値が大きいほうを選択。ただし、米国については、非線形モデルで賃金変動率が 1.03 以下の場合、失業率が算定できないため、線形モデルを選択した。

③日本：1人当たり賃金はかなりの幅で散らばり、かなりの幅のマイナスにもなっていることが米独と異なる。また、グラフの形状からは、賃金伸び率がマイナスになっても、失業率の上昇テンポは緩やかにとどまっている。

以上の違いを統計的に検証するために、日米独のフィリップス曲線につき、線形モデルと非線形モデルをそれぞれ推計し、説明力の高いモデルを選択したうえで、賃金変動による失業率変動の感応度を計測すると、賃金伸び率がマイナスに陥った場合、日本の失業率の上昇テンポ

図4－6　「リリアン指数」の日米比較

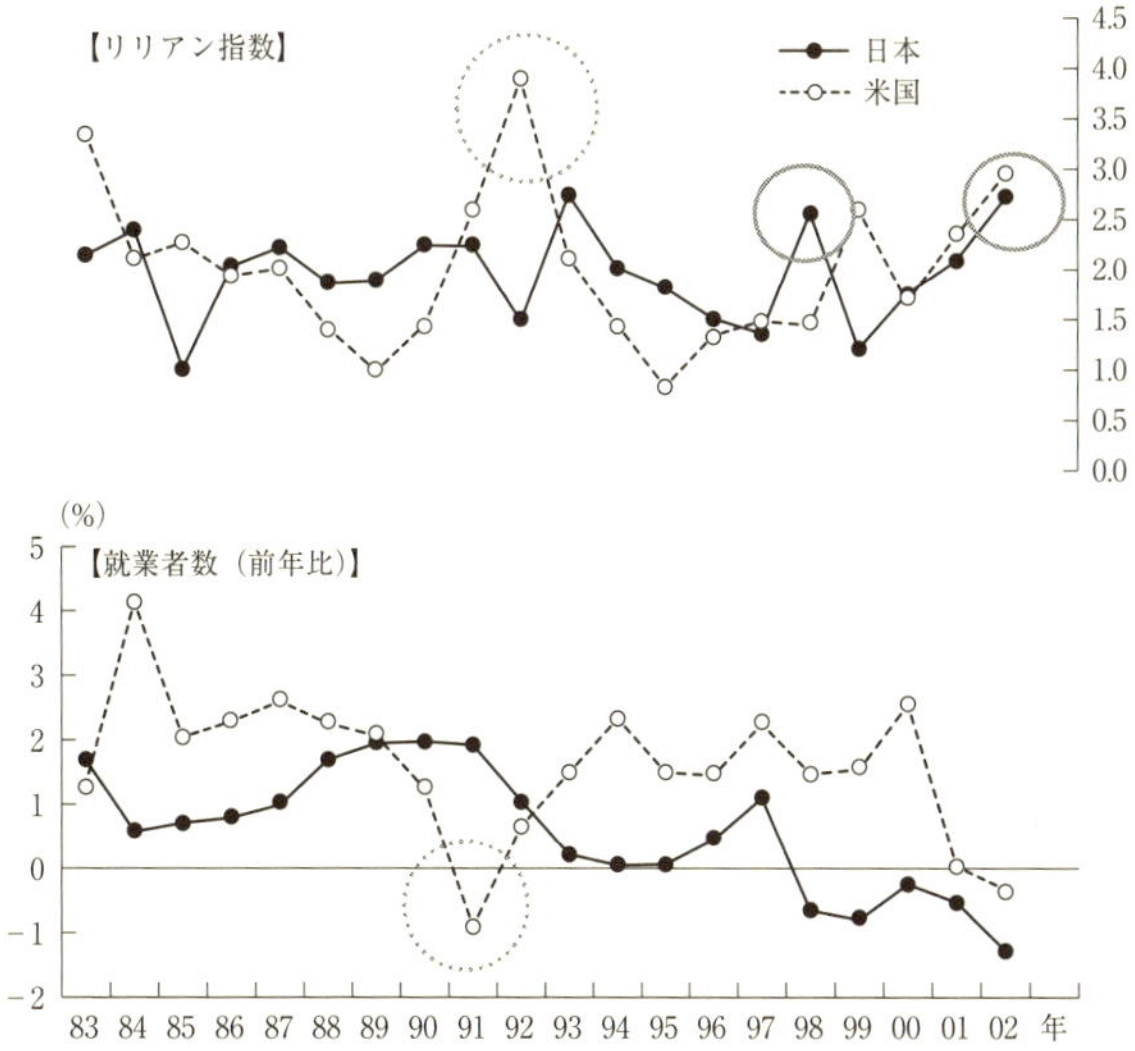

注：リリアン指数＝$[\Sigma S_i(\Delta L_i/L_i - \Delta L/L)^2]^{0.5}$
　ただし、S_iは産業 i の就業者のシェア、L_iは産業 i の就業者数。
出所：OECD, *Labour Force Statistics*

が最も遅いことが確認できる（表4－6）。すなわち、日本の賃金の下方硬直性は弱く、その結果として失業率の上昇が抑えられてきたことを示唆する結果が与えられる。

リリアン指数（Lilien measure）の比較

最後に、雇用調整の容易さが新規産業創出を活発化しているとの仮説を検証するために、リリアン指数を日米で比較しておこう。

「リリアン指数」とは、産業別にみた雇用変化率が全体の平均変化率からどの程度乖離しているかを測ることにより、産業間雇用移動の活発度を指数化したものであるが、これを日米で比較しても指数の平均水準にさほど大きな違いはみられない（図4－6）。

ただし、リリアン指数の上昇は、「ある産業で雇用が増加したことによる場合」と、「ある産業で雇用が減少したことによる場合」の2通りがあり、その内容によって意味するものが異なると考えられる。そこで、雇用総量の伸び率を比較すると、米国で高い一方、日本で低く、米国では雇用増加型で指数が上昇、日本では雇用減少型で指数が上昇している度合いがそれぞれ大きいと考えられる。これは、米国では新産業創出が活発な一方、日本では停滞していることを示唆していると考えられる。

ここで、指数のバラツキ（分散）が米国で大きいことに注目したい。つまり、米国では不況時のドラスティックな人員削減が、結果的に新産業創出を通じてその後の雇用増につながっていることを意味していると解釈できる。

■日本の状況の時系列変化
時系列変化のパターン

このように、90年代以降の日本は「**雇用調整困難・転職困難／賃金柔軟／新産業創出停滞**」というパターンを持つといえるが、より仔細にみていけば、時系列的に状況が少しずつ変化してきたことがわかる。

まず、「雇用調整の容易さ」に関していえば、90年代前半までは基本的に困難な状況にあったものの、90年代末以降は比較的容易になる方向にある。厚生労働省「労働経済動向調査」によれば、「希望退職、解雇」を雇用調整の手段として採用する事業所の割合（調査産業計）は、90年代半ばごろには1～2％で推移していたものが1997年末以降2000年代前半にかけては2％を常時上回り、ピーク時（2002年1～3月期）には7％に達した。

次に、「新産業創出の活発さ」について、開業率の推移をみると、2000年代に入って上昇する局面もみられたものの、長期的には低下傾向が確認される。『中小企業白書2014年版』によれば、事業所ベース（一次産業を除く）の日本の開業率は、60年代末から70年代初めには6％を超えていたものが、90年代には5％未満に落ち込んだ。90年代末から2000年代前半にかけていったん回復したものの、2009～12年には2％そこそこまで低下した。(56)

最後に、「賃金の柔軟性」に関し、名目ベースおよび実質ベースの賃金変動率の平均値およびバラツキ（分散）を各期間で比較すると、以下のことがいえる（図4-7）。

①**80年代前半期**…右肩上がりの名目賃金のトレンドのもとで、実質賃金上昇率は高く、賃金変動のフレキシビリティー（分散）も名目、実質ともに比較的高かった。世界同時不況、円高不況など、この時期みられた経済変動に対し、時間外労働の短縮やボーナス削減など、賃金の柔軟な調整により対応し、良好な経済パフォーマンスが維持された。

②**80年代後半期**…名目賃金の右肩上がりトレンドが維持されるもとで、実質賃金の上昇率も高めが維持される一方、賃金変動のフレキシビリティーが名実ともに低下した。日本経済が平成バブル景気による右肩上がりの好景気に沸くなか、賃金も一方的な上昇傾向で推移した。

③**90年代前半期**…名目賃金の平均上昇率は抑制され、名目賃金変動のフレキシビリティーも上昇し、実質ベースでのフレキリビリティーも回復した。背景には、バブル崩壊で景気が大幅な落ち込みを

図４－７　日本の賃金（１人当たり雇用者報酬）の推移

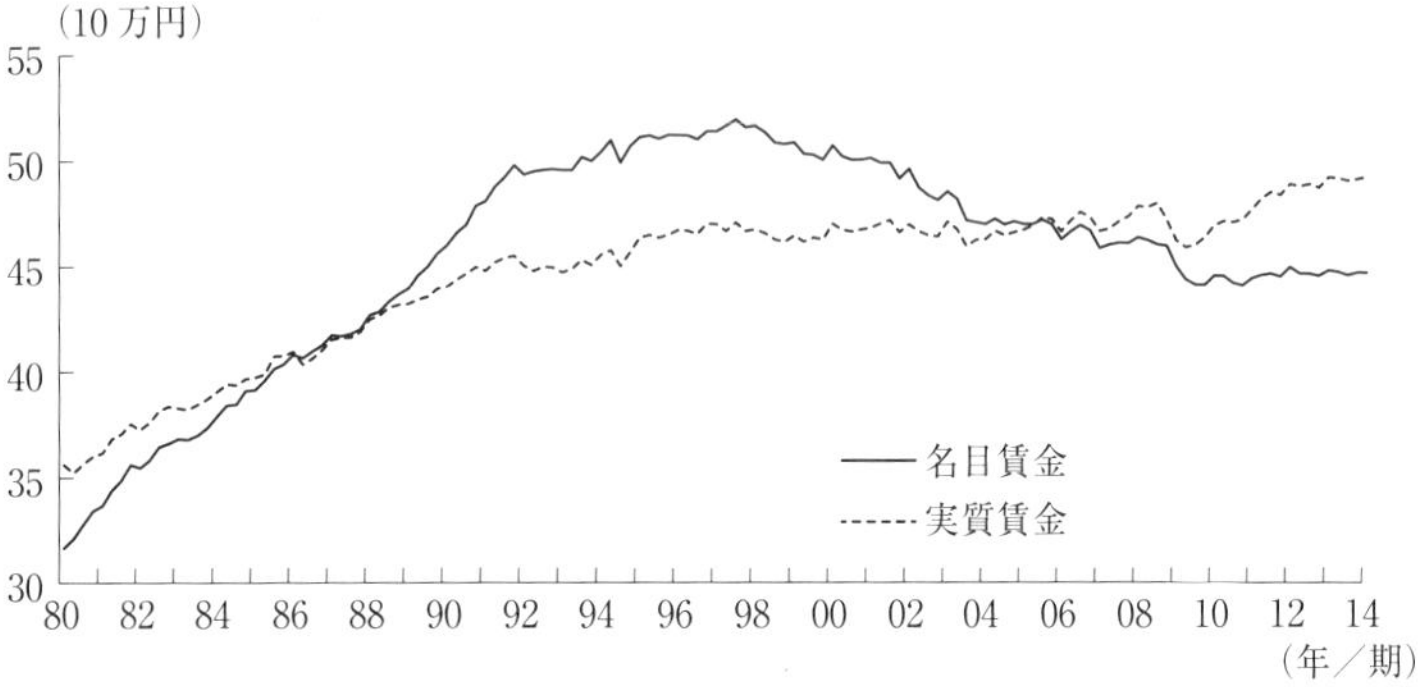

注：名目賃金＝雇用者報酬 ÷ 雇用者数、実質賃金＝名目賃金 ÷GDP デフレータ
出所：内閣府「国民経済計算」、総務省「労働力調査」

	名目賃金変動率		実質賃金変動率	
	平均	分散	平均	分散
1981 ～ 85 年	4.181	2.599	2.510	1.220
1986 ～ 90 年	3.331	1.170	2.023	0.925
1991 ～ 95 年	1.791	2.880	0.866	1.636
1996 ～ 00 年	−0.315	1.218	0.193	0.890
2001 ～ 05 年	−1.317	1.498	0.102	1.187
2006 ～ 10 年	−1.173	2.467	0.029	4.502
11 年～	0.254	0.253	1.331	0.958

注：名目賃金＝雇用者報酬÷雇用者数、実質賃金＝名目賃金÷ GDP デフレータ
出所：内閣府「国民経済計算」、総務省「労働力調査」

示すなか、80年代後半期に増加していた所定外労働時間やボーナスを削減する動きがあった。このため、ハイスピードの景気後退にもかかわらず、完全失業率の上昇はマイルドにとどまった。

④**90年代後半期**…名目賃金の上昇率は大きく抑制されたものの、名目・実質ベースともに賃金の変動率は低下した。90年代前半に所定外時間やボーナスが大幅に削減され、所定内給与の下方硬直性が残存するもとで、一段と賃金の削減余地が小さくなったことが背景にあったとみられる。そうした状況下、１９９７年秋以降の金融危機の発生で景気はスパイラル的に縮小し、完全失業率が急上昇することになった。

⑤**２０００年代**…名目賃金は下方トレンドに転換し、実質賃金の上昇ペースを抑制することになった。賃金変動のフレキシビリティーも名実ともに回復した。この結果、完全失業率の上昇には歯止めがかかった。賃金変動の柔軟性回復の背景にあった動きは後にあらためて触れる。

以上を総合すると、「雇用調整の容易さ」「賃金の柔軟性」「新産業創出の活発さ」についてのパターンは、時系列的には以下のように変遷してきたと整理することができる。

①**80年代…雇用調整困難／賃金柔軟（インフレ経済下）／新産業創造比較的活発**
②**90年代前半…雇用調整困難／賃金硬直的（デフレ下で実質賃金高止まり）／新産業創造停滞**
③**90年代末以降…雇用調整容易化／賃金柔軟／新産業創造停滞**

図4−8　名目賃金の変動要因分析

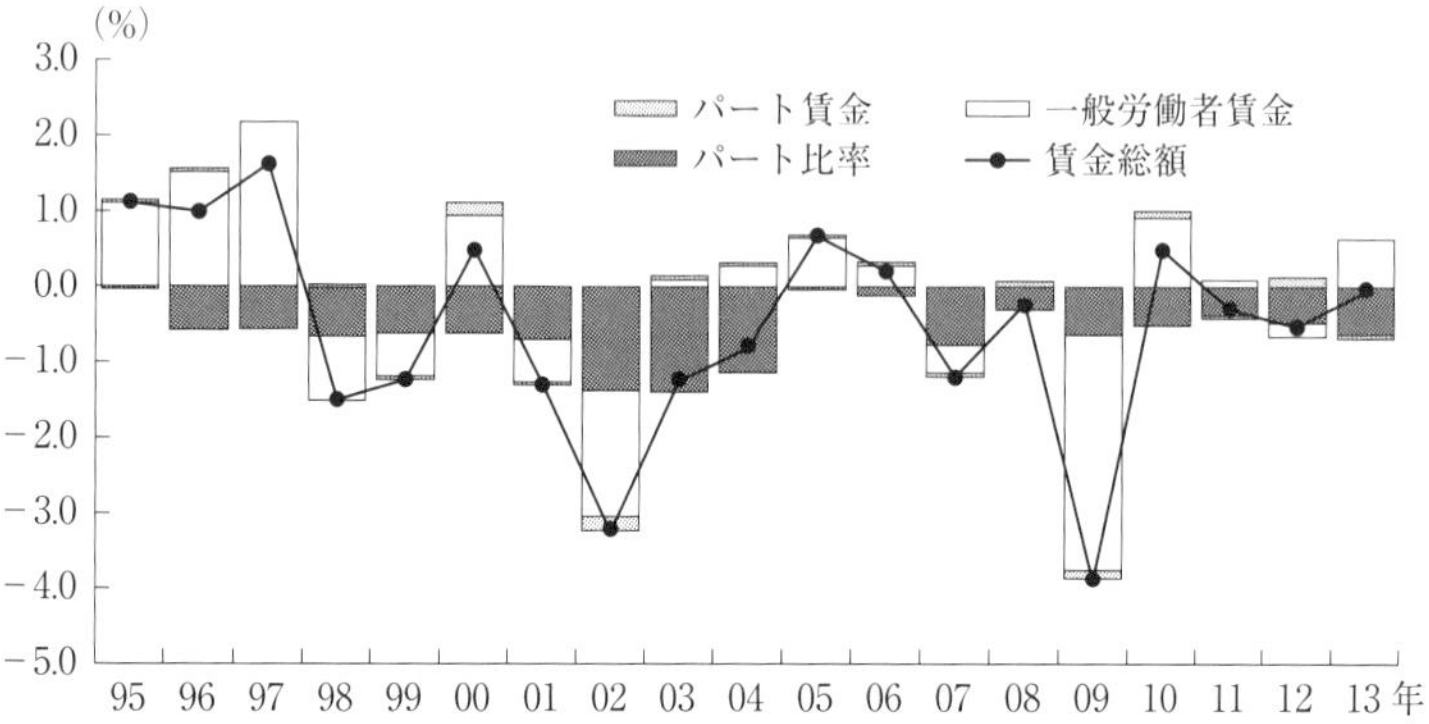

注：要因分解の考え方は以下のとおり。
W：名目賃金、Wg：一般労働者賃金、Wp：パート労働者賃金、
R：パート労働者比率、とすると

$$W = Wg \cdot (1-R) + Wp \cdot R$$

これを全微分して

$$\triangle W = (1-R) \cdot \triangle Wg + R \cdot \triangle Wp + (Wp - Wg) \cdot \triangle R$$

出所：厚生労働省「毎月勤労統計調査」

日本の「賃金の柔軟性」の背景にあるもの

ここで、2000年代に入り、デフレ下にもかかわらず、いかにして賃金の柔軟性が回復されたかについてみておこう。それは、すでに90年代後半期には取り組み始められていたものであるが、大きく分けると以下の2つの手法によって達成されてきた。

①賃金コストの安い非正規労働者のシェア引き上げ…厚生労働省「毎月勤労統計調査」によれば、常用パートタイマーの1人当たり平均賃金水準は正社員（一般労働者）の2割程度に過ぎない。したがって、雇用者数の合計が不変でもパートタイマー比率が上昇すれば、それだけ平均賃金が低下することになる。常用雇用ベースのパートタイマー比率の推移をみると、90年代半ば以降毎年上昇傾向をたどり始めているが、2000年代前半期に、上昇テンポが速ま

っている。こうしたパート比率の上昇の平均賃金押し下げ影響を試算すると、96年以降、平均で毎年0・5%ポイント程度押し下げてきたが、2001~03年には1%を上回る押し下げ効果になっていた（図4-8）。その後はいったん押し下げ効果は弱まるが、2000年代後半以降は再び0・5%程度の押し下げに作用してきた。

②「**成果主義賃金**」**制度導入による正社員賃金の総額抑制**…2000年代前半期、いわゆる「成果主義」の浸透によって、基本給部分（基本的に所定内給与の動きに反映される）にまで賃金削減の動きが浸透してきた。「毎月勤労統計調査」によれば、大半が正社員を占める一般労働者の所定内給与は、金融危機の起こった1998年以降伸び率が鈍化し、2000年代に入ってからは前年比マイナスになる年が頻発している。具体的には、管理職ポストへの昇進人数の絞り込みやポストと賃金の連動性強化を通じ、年齢別の賃金カーブをフラット化させる動きが進んだ（図4-9、図4-10）。賃金カーブのフラット化は、必ずしも個々の労働者にとっては前年比で給与が減少することを意味しないが、いわゆる生涯賃金が減ることを意味しており、会社全体でみれば1人当たり人件費は減少することになる。

以上の2つの手法は、ともに長期雇用・年功制を両輪とする「日本型雇用慣行」を縮小・変質させることを意味している。すなわち、現労働者シェアの引き上げは、そもそも日本型雇用慣行が対象とする正社員の比率が低下することを意味する一方、成果主義賃金は年功制のアンチテーゼであるとともに、労働者の貢献度と報酬の決済期間を短期化するという意味で、雇用流動化を促進させるもので

図4－9　製造業大手企業における階層別シェアの変化

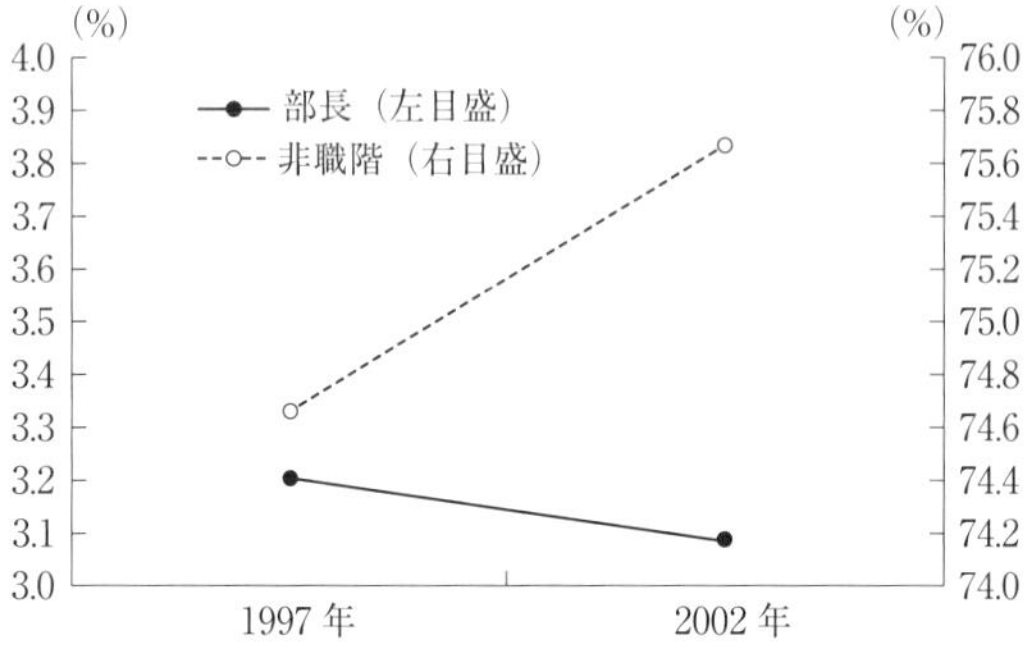

注；製造業、従業員規模1,000人以上ベース。男性労働者。
出所：厚生労働省「賃金構造基本統計調査」

図4－10　標準労働者の賃金カーブの変化

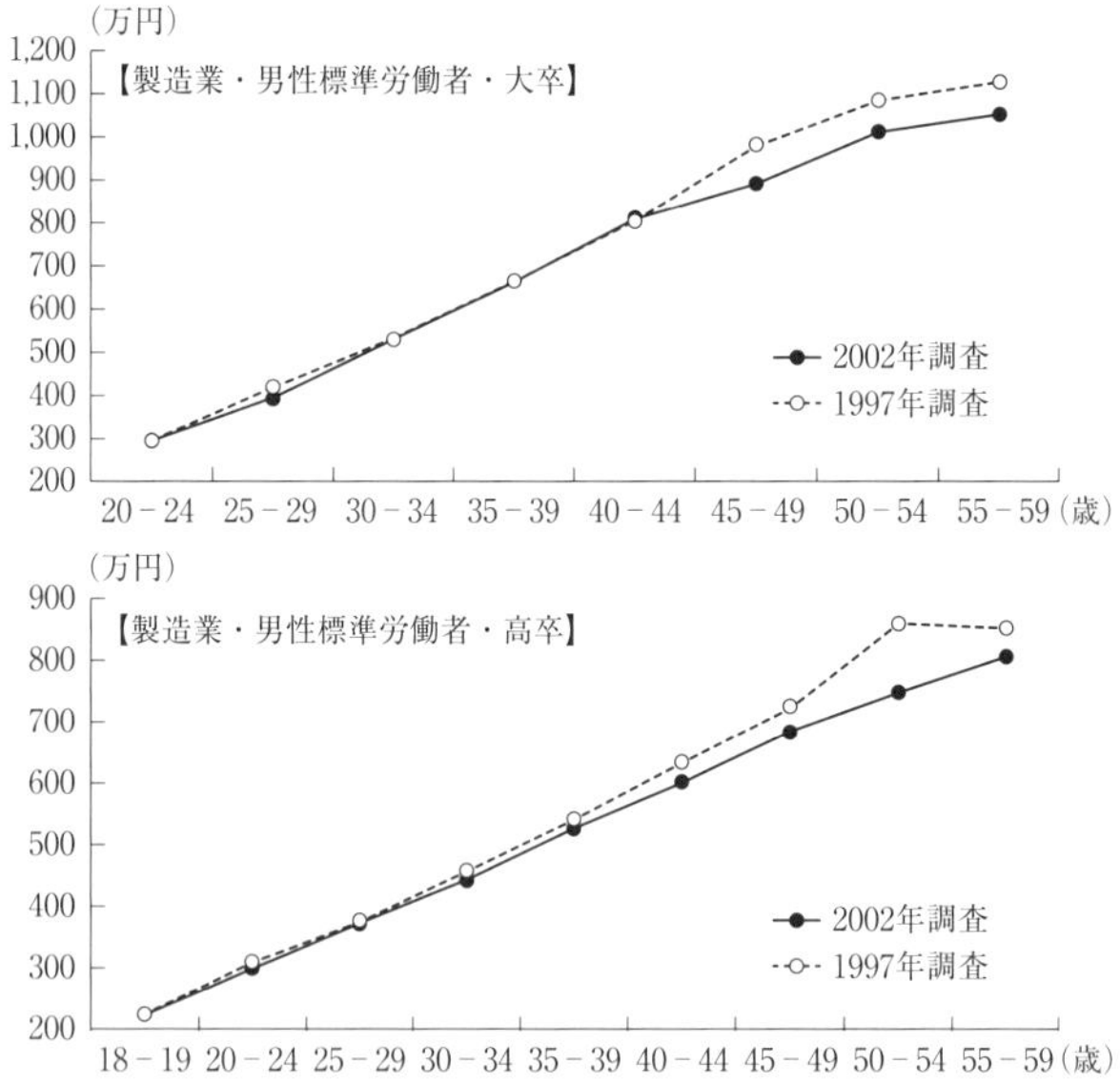

注：所定内給与（月額×12）＋年間賞与
出所：厚生労働省「賃金構造基本統計調査」

もある。つまり、90年代末以降における「賃金の柔軟性」の回復は、80年代までは「賃金の柔軟性」の源泉にほかならなかった日本型雇用慣行を取り崩すことによって達成されたという、皮肉な現象が生じているのである。

■雇用・賃金システムの違いが生み出した事業戦略の違い

これまでみてきた国による雇用システムの違いは、以下のようなメカニズムによって日米独企業の事業戦略のあり方を規定し、ひいては「2部門モデル」のパターンの違いを生んでいると総括することができる。

①**米国**…「**職務主義**」**を基本原理とする**「**雇用調整容易・賃金柔軟**」**タイプの雇用・賃金システム**のもとで、不採算部門の素早い整理が可能となり、労働コスト調整も柔軟に行うことが可能である。このことが、「**既存部門の高収益率**」を可能にする重要な要因となっている。

一方、「雇用調整容易・賃金柔軟」タイプの雇用・賃金システムが衰退産業から新規産業への労働移動を容易にするもとで、新産業の創出が活発化に行われ、「**新規部門の高成長率**」が可能になっている。

②**ドイツ**…「**職種主義**」**を基本原理とする**「**雇用調整やや困難・賃金硬直的**」タイプの雇用・賃金システムのもとで、企業は安定した高付加価値製品を販売することで、高めの価格を維持することが必要になる。そうしたなか、ブランド重視の経営戦略が採られ、「**既存部門の高収益率**」が実現されている。ここで、ブランドを裏付ける高付加価値商品の製造を人材面で可能にしているのが、職

表4−7　日米独の経済パフォーマンスと雇用・賃金システムの比較

	ドイツ	米国	日本
マクロ的なパフォーマンス	高いROA・低い成長率 高失業率 賃金上昇	高いROA・高い成長率 振れの大きい失業率 賃金上昇	低いROA・低い成長率 低失業率 賃金下落
	⇧	⇧	⇧
既存部門・新規部門の状況	既存部門の高収益率 新規部門の低成長率	既存部門の高収益率 新規部門の高成長率	既存部門の低収益率 新規部門の低成長率
	↓↑	↓↑	↓↑
雇用・賃金面の調整パターン	雇用調整やや困難 賃金硬直的 新産業創出停滞	雇用調整容易 賃金やや柔軟 新産業創出活発	雇用調整困難 賃金柔軟 新産業創出停滞
	⇧	⇧	⇧
雇用・賃金システム	職種主義	職務主義	職能主義

出所：筆者作成

種重視の雇用システムに支えられた「プロフェッショナリズム」、平たくいえば「職人魂」ともいうべきものであると考えられる。

一方、「賃金硬直的・雇用調整やや困難」タイプの雇用・賃金システムのもとで新産業創造は低迷し、**「新規部門の低成長率」**の状態がみられてきた。

③日本…「職能主義」を基本原理とする「雇用調整困難・賃金柔軟」タイプの雇用・賃金システムのもとで、賃金削減を中心としたコスト削減重視の経営戦略が可能となる一方、不採算部門からの撤退が難しく、**「既存部門の低収益率」**の状況が続いてきた。

一方、ドイツと同様に、「雇用調整困難・賃金柔軟」タイプの雇用・賃金システムのもとで、新産業創造の取り組みは低迷し、**「新規部門の低成長率」**がみられてきた。

以上を一覧表にまとめれば表4−7のようになる。

（3）起業環境の比較

以上、雇用・賃金システムの違いをみてきたが、日米欧の経済パフォーマンスの違いを生む背景を理解するにあたっては、新規事業部門の状況の違いを生んでいる重要なファクターとして起業環境の違いについてもみておくことが有益であろう。具体的には、人材活用・育成面に焦点を当てつつ、①起業家像、②大企業と起業の関係、③大学と起業活動の関係、について日米独比較を行う。

まず、起業活動の積極さについて、『アメリカ中小企業白書2008』（中小企業総合研究機構訳編）に掲載されている「総合起業活動指数」によって比較してみよう[57]。この指数は、立ち上げ段階にある新興ベンチャーの取り組み件数と社歴が42か月までの新会社の件数を合算したもので、その18〜64歳人口100人当たりの比率をみると、米国が11・31、西欧が5・53、日本は2・27となっている。また、5年間で従業員20人以上の雇用を見込むという「急成長志向」の起業家をみると、米国が1・49と、西欧（0・49）、日本（0・14）に比べてきわめて高いことがわかる。

次に、新事業の担い手である起業家の属性の違いについて、松田（2001）に紹介されている早稲田大学アジア太平洋研究センター「世界5カ国の起業調査報告書」の調査結果[58]をみると、以下のことがわかる。

「起業家の職業経験」についてみると、米国では経営管理系の起業家が多く（43・7％）、この点が先にみた「急成長志向」の起業家が多いことと関係していると推測される。一方、ドイツでは相対的に営業・マーケティング系が最も多いが（39・6％）、日米との比較では研究開発者の起業が多い

（16・7％、日本：3・8％、米国：1・9％）。研究者は事業の成長性よりも研究そのものに生き甲斐を見出す傾向があるため、ドイツのベンチャー企業の成長性がさほど高くない一因になっていると考えられる。

日本では営業・マーケティング出身者の多さが目立っており（51・1％）、小売業や飲食店、個人向けサービス業での起業が多いことと整合的である。つまり、日本でも起業活動そのものはそれなりに存在するが、米国のような「成長志向」でないため、経済全体の成長力を高めたり、雇用を吸収していく力が弱いと考えられる。

次に、大企業とベンチャー企業との間の関係をみておこう。以下の議論は日米の違いにフォーカスしてみている。

米国では、大企業とベンチャー企業の間に一種の緊張関係が存在する。大企業の研究者が自己実現のためにスピンアウトしてベンチャー企業を立ち上げるケースが多い一方、大企業が迅速に新規事業を拡大させるための戦略として、ベンチャー企業を買収するケースも多い。人材面でも、米国では大学・大学院を出て中小・ベンチャー企業に就職するケースが少なくないほか、30歳代くらいで社内昇進の可能性に見極めのつく「早い選抜」システムのもとで、大企業の働き盛りの人材でも中小に転職するケースが多い。

ちなみに、松田（2001）によれば、米国では、起業を考える人は大学卒業後いったん就職した後経営学修士（MBA）課程で学び、その後、起業したいと考える業種で成長している100～200人規模の企業にマネージャーで就職し、幅広い経験を積む。そして、起業時の仲間を探しながら、大学卒業後10年前後で2～3社転職して起業するのが通常のパターンであるという（松田（2001）44頁）。

日本の場合、中小企業は大企業の下請け化するケースが多い。人材面でも、「遅い選抜」（小池（2005））制度のもとで50歳前後まで役員の座をめぐる社内競争が繰り広げられるため、大企業の働き盛りの人材が中小企業に転職するケースは多くない。この結果、中小企業にとって人材不足が成長の大きな障害になっている。この点に関し、『中小企業白書2007年版』には、創業・開業前後の経営上の課題を聞いたアンケート調査結果（株式会社日本アプライドリサーチ研究所「創業環境に関する実態調査」2006年11月）が紹介されている[59]。それによれば、経営上の苦労として「質の高い人材の確保」を挙げている経営者の割合は、創業・開業の準備期間中で31・6％、創業・開業後は44・7％に上っている。

大学の「産業インキュベーター」としての機能という面では、産業界と大学の関係についての歴史的経緯もあり、米国で大きく進展している一方、わが国では立ち遅れが否めない。

■研究成果

まず、産業の〝種子〟となる大学の研究成果について比較してみよう（『科学技術白書　平成15年版』）。人口100万人当たりの人数でみると、「国際的科学賞受賞者数」は、米国は57・7人、ドイツは21・8人、日本は11・8人にとなっている。また、「論文被引用度トップ20に含まれる研究者数」に

表4－8　世界トップレベルの研究人材の輩出状況の日米独比較

（人）

	米国	ドイツ	日本
国際的科学賞受賞者数 （人口100万人当たり）	166.5 (57.7)	18 (21.8)	15 (11.8)
論文被引用度トップ20に含まれる研究者数 （人口100万人当たり）	235 (81.5)	19 (23.0)	40 (31.4)

注：国際的科学賞数および論文被引用度トップ20に含まれる研究者数は、『科学技術白書　平成15年版』表1－2－10（科学技術政策研究所「国際級研究人材の国別分布推定の試み（平成14年）」をもとに文部科学省が作成）より。ここで、国際的科学賞とは、ノーベル賞、ウルフ賞、フィールズ賞の3賞で、1980－2002年までの受賞者数。論文被引用度は科学技術系の20分野を対象にしたもので、対象期間は1991年1月から2001年6月。人口100万人当たりは2002年の人口に対する数。

出所：文部科学省『科学技術白書　平成15年版』、The World Bank "The World Development Indicators"

ついては、米国が81・5人、ドイツが23・0人、日本は31・4人となっている（表4－8）。わが国はドイツとは拮抗しているものの、米国の遥か後塵を拝する状況にある。

■産学連携

米国では、バイドール法の制定（1980年）、ERC（Engineering Research Centers）の設立（1980年）、STC（Science and Technology Centers）の創設（1980年）など、各種制度面の整備が進むなか、50～60年代にかけて弱くなった大学と企業の関係を再強化する動きがレーガン政権下で加速された。とりわけ、バイドール法により、連邦政府からの資金で行った研究の成果を大学が保有できるようになったため、手続き面の効率化から研究成果の実用化が進んだ。さらに、TLO（Technology Licensing Organization: 技術移転機関）の設置が加速され、大学の研究成果のビジネスへの活用が一段と活発化した（宮田（2002）90～110頁）。

わが国でも１９９９年に「産業活力再生特別措置法第30条」（いわゆる日本版バイ・ドール）により、国からの委託研究に関わる特許権等について１００％受託者に帰属することが可能となった（ケネラー（２００３）25頁）。また、１９９８年には「大学等における技術に関する研究成果の民間事業者への移転の促進に関する法律」が施行された（文部科学省（２００１）３２５頁）。同法に基づき２０１４年３月１日時点で38のＴＬＯが承認を受けており、２０１２年度における特許実施承諾件数は３１０５件となっている（文部科学省（２０１３）２６９頁）。

もっとも、大学発の技術が製品化され、ビジネスとして成功するには、「庇護者」の存在が重要である（ケネラー（２００３）17頁）。米国では、ＴＬＯのほかにもベンチャーキャピタルやベンチャーキャピタルに選ばれた経営人材が、リレー競走のバトンを渡すようにこの庇護者の役割を果たす。これら庇護者にその役割を果たすだけの権限が法的にも制度的にも与えられている。しかし、日本ではそうした「庇護者」のインフラが十分には備わっていない（ケネラー（２００３）30～31頁）。結果として、日本における大学発ベンチャーの動きはさほど大きな成果をあげることができていない。

米国において起業や新規ビジネスの立ち上げが盛んである背景としてもう一つ指摘しておく必要があるのは、世界中からトップレベルの人材を集めているという点である。アナリー・サクセニアンによれば、１９９０年時点で、ＩＴ産業のメッカ、シリコンバレー地域のハイテク産業で働く科学者や技術者の３分の１は外国人で、その３分の２は中国人およびインド人であったという。これは、米国が自由で才能ある者には大きなチャンスが与えられる、開かれた社会であることが基本的背景にあるが、大学の役割も大きい。１９９０年初頭、米国の大学が授与した理科および工学の博士号の40％は外国生まれの学生に対してのものであった[60]。つまり、米国では、国際競争力のある大学が世界中から才能ある人材を集め、卒業後、彼らが米国の先端産業で働いてくれることで、産業の競争力を強化するという戦略が採られてきた。

ここで有能な外国人が米国企業で働いてくれる背景として、米国では人種・国籍にかかわらず有能であれば重要ポストに就けるということを見逃せない。大企業のトップに外国人がなることも珍しくない。こうした底流には、米国企業における透明性の高い職務主義の考え方がある。それは、「メンバーシップ」がベースにある日本の職能主義や、労働組合を基盤とする欧州の職種主義に比べ、開放性の面で優れており、この点に米国企業が有能な外国人の活用面で秀でている一つの要因があるといえよう。

(4) 日米独における「デマンド・プル型」と「コスト・プッシュ型」

以上、日米独の経済パフォーマンスと雇用システムの関係を考察してきたが、第1章で提示した「デマンド・プル型」労働移動vs「コスト・プッシュ型」労働移動のフレームワークにより捉え直しておきたい。「デマンド・プル型」労働移動は「新規部門」の成長性が高まることによって活発化し、「コスト・プッシュ型」労働移動は「既存部門」の収益性を高める際に増加すると考えることができる。ただし、ここでの「新規部門」とは中小企業やベンチャー企業といった企業単位で考えるよりも、大企業における新規事業部門も含む、事業ベースで考えるべきであろう。したがって「既存部門」についても同様に、大企業・中小企業を問わず「既存事業部門」として捉える必要がある。

このように捉えれば、成長性・収益性・雇用率を総合的に捉えた経済パフォーマンスの向上にとって、「デマンド・プル型」労働移動の重要性が国際比較からもいえることになる。

2000年代前半までのドイツのパターンでは、不況期には既存部門での収益性維持に向けての人員削減＝「コスト・プッシュ型」労働移動が行われてきたが、景気回復期の新規部門の成長に伴う雇用創出＝「デマンド・プル型」労働移動が十分でないため、高収益性だが低成長率・高失業という問題が生じてきた。一方、米国では新規部門主導の「デマンド・プル型」労働移動も、既存部門における「コスト・プッシュ型」労働移動もともに盛んであり、高収益性・高成長率となり、ドイツが悩んできた高失業という構造問題を避けることができてきた。こうした米独の対比からすれば、「デマンド・プル型」労働移動が経済パフォーマンスにとって重要であることがわかる。（ただし、次節であらためて触れるが、米国には雇用の不安定性が高く、所得格差が大きいという問題が存在している）。

一方、90年代以降の日本では新規部門主導の「デマンド・プル型」労働移動も既存部門における「コスト・プッシュ型」労働移動もともに停滞してきた。この結果、経済はダイナミズムを失い、低失業だが低成長で低賃金の状況が長引いてきたのである。

5　米独との比較からの含意

最後に、これまでの分析・考察を踏まえ、高いパフォーマンスを持続的に上げていくためという観点から、雇用システムのあり方について、わが国が米独との比較から参考になると考えられる点を記しておきたい。

まず、本章の3か国比較では、一見、米国のパフォーマンスが最も優れているようにみえるが、それには2つの留保を付ける必要がある。一つは、あくまでマクロ経済や産業・企業面でのパフォーマンスは良好であるが、個人の生活という面からみれば、雇用の不安定化および所得格差の拡大という社会問題が増大していることを見逃せないことである。

もう一つは、実はその米国でも、近年では労働移動率の低下傾向が窺われ、パフォーマンス面でも傾向的な低下がみられることである。実は米国ではこの数十年、雇用の流動性が低下傾向にある。Fujita（2012）はこの重要な背景として、賃金の低迷と離職率の低下が同時に起こっていることに着目し、労働者は保有スキル（の発揮機会）をなくすことを恐れ、現状の仕事で低い賃金を受け入れる状況が生まれているとしている。経済のグローバル化や技術進歩は一見、雇用流動化を推進するファクターに思われるが、実際には「賃金交渉における労働者の立場を弱体化」し、「転職しても今よりも有利な待遇をえることは難しいと考える労働者は、以前なら転職を選択するような安い賃金でも受け入れるようになった。その結果、実質賃金と離職率の同時低下が起こった」（今井（２０１３））というわけである。

確かに経済成長率の維持・実質賃金の向上のためには、産業構造転換を進め労働移動を活発化しなければならない。しかし、世界でも有数のダイナミックな社会である米国においても、グローバル化や技術革新に伴う環境変化に働き手がついていくことが難しくなり、労働移動に関わる不安が強まっている。その結果として、現実には雇用の流動性の低下と経済成長率・実質賃金の低迷が起こっているわけである。こうしてみれば、実は2つの留保事項が密接に関連していることがわかる。グローバル化や技術革新による環境変化のスピードや程度が大きくなるなか、個人としての対応が難しくなり、低賃金を許容しても転職を踏みとどまらせる行動を招いている。その結果、米国でも産業転換の停滞と低賃金の伸び悩みがみられているというわけである。このディレンマを解決するには、働き手の労働移動に求められるスキル転換や生活に対する不安を軽減する施策が必要になる。米国でこうした問題が起こっていることは、労働市場の規制緩和で市場原理を強めるだけでは、労働移動が円滑に進まないことを示唆しているといえよう。

一方、ドイツ（2000年代前半まで）との比較からは何がいえるか。高失業で低成長と、経済パフォーマンスはよくなく、むしろ反面教師にすべきようにもみえる。ドイツの経験からは、既存事業での雇用流動化は労働生産性を高めるにしても、雇用量を減らす可能性があり、とりわけ公的なセーフティーネットが整備されていないわが国では、雇用流動化がかえって経済の縮小均衡につながるリスクがあるということを物語っている。

ここであらためて指摘しておく必要があるのは、本章のデータ分析において対象にしたドイツは1990年代から2000年代前半のそれだということである。その後、ドイツ経済は徐々に改善に向かい、ギリシャ問題を発端とするユーロ危機発生以降、むしろ同国経済の相対的な強さが目立ってきている。2012、2013年のドイツの実質経済成長率はプラス0・6％、プラス0・2％と、ユーロ圏平均（マイナス0・8％、マイナス0・3％）がマイナスに落ち込むなかで堅調さを維持している[61]。東西ドイツ統合後、経済低迷を余儀なくされ、EU統合後しばらくの間も他国対比パフォーマンスが劣っていた状況からは様変わりである。

こうした経済パフォーマンスの改善を受けて、雇用情勢も改善している。OECDベースの標準化された失業率は、1998年時点で9・4%とOECD平均の6・6%を大きく上回っていたが、2014年時点では5・0%と、時系列的に低下したのみならず、OECD平均の7・3%を下回るようになっている[62]。

こうしたドイツの経済・雇用情勢の改善の背景には、EU統合後、同国の高コスト体質の是正に向けて、各種構造改革に取り組んだことが指摘される。ユーロ導入により加盟国間で為替リスクが消滅したことで、ドイツ企業は低賃金の周辺国に生産拠点を移す動きがみられた。こうした事態に対し、硬直的であった労働条件の柔軟化・個別化が進んでいった。戦後ドイツでは、労働時間や賃金などの労働条件は、企業の経営状況をあまり勘案することなく産業別労働協約によって原則一律に決められてきたが、90年代以降は労働条件の具体的決定を企業に委ねる「開放条項」が広く活用されるようになった（陳（2010））。こうして、かつて硬直的であった賃金決定の柔軟性が向上し、とりわけEU統合以降はユニットレーバーコストの引き下げが実現されてきた。

以上のような労働条件決定における柔軟性の向上に加え、近年のドイツの雇用環境改善の理由として重要なのは、2002年以降に政府によって進められた労働市場改革である。戦後直ぐのドイツの労働市場政策は、手厚い失業給付を中心とする消極的政策が主で、解雇規制や有期雇用契約の制限などが厳しかった。1969年には失業の予防と雇用の促進を重点課題とする積極的政策に転換が図られるものの、個別的労働関係の規制緩和や労働条件決定方式の変更は先送りされ続けた[63]。東西ドイツ統合、EU統合を経て、雇用情勢の悪化が一段の厳しさを増すなか、ついに2000年代初め第2期シュレーダー政権は本格的な労働市場改革に着手した。

2002年から2003年にかけて「労働市場近代化法（ハルツ第Ⅰ法～第Ⅳ法）」が成立し、就労・起業支援策、失業保険制度改革から、労働市場サービス供給体制の改編にわたる、非常に多様かつ包括的な改革を実施した[64]。その基本的な理念は「福祉から就労へ」という発想であり、求職者が正当な理由なく就労を拒否した場合は制裁措置が課されるなど、求職者に対して就労義務の履行が強く要請されることになった。これは北欧における「就労促進を通じた福祉」「福祉における就労重視」の考え方を取り込んだものである。とりわけ新しく創設された「失業給付Ⅱ」はこの考え方に基づいた制度である。一連の改革で、従来、失業給付期間が終了した失業者の生活を保障してきた「失業扶助」が廃止され、生活困窮者の生活を保障してきた「社会扶助」の受給者も含めて就労能力のある要扶助者が切り出されて「失業給付Ⅱ」に組み込まれた。これにより、社会扶助の対象は就労不能な要扶助者のみに限定されることになった。その後も2003年12月に労働市場改革法が成立し、解雇制限法の規制緩和や失業給付の支給期間の短縮を実現させた。これも「福祉から就労へ」の理念に沿ったものである。

以上のように、近年におけるドイツの経済・雇用情勢の改善の背景には、北欧諸国が早くから取り組んできた「就労促進を通じた福祉」の理念を取り込んだ労働市場改革に着手してきたことが大きいといえよう。

米国での最近の変化は、働き手の労働移動に求められるスキル転換や、生活に対する不安を軽減する施策が必要になることを意味していた。そうした意味でも注目されるのは、北欧諸国である。積極的労働市場政策など労働移動促進のために、政労使が連携して取り組んできており、リーマンショック以降の経済パフォーマンスは世界でも最も良好である。そこで次章では、北欧諸国の労働市場の特徴をみることにしたい。

【注】

（1）厚生労働省「賃金構造基本統計調査」による。２０１３年における一般労働者と短時間労働者の平均値。
（2）U. S. Department of Labor "Empoyee Tenure" による２０１２年の値。
（3）OECD Database（http://stats.oecd.org/）OECD Employment and Labour Market Statistics における２０１３年値。
（4）２０１３年における日本の労働者の平均勤続年数は、24歳以下が１・９年、25～29歳が４・３年、30～34歳が６・６年、35～39歳が９・２年、40～44歳が11・７年、45～49歳が13・８年、50～54歳が16・０年と、欧州５カ国（フランス、ドイツ、イタリア、スウェーデン、英国）の単純平均値の、１・９年、４・０年、６・２年、８・４年、10・９年、13・６年、16・６年とさほど変わらない。一方、55～59歳では日本が17・６年、欧州が19・７年、60～64歳では日本が14・１年、欧州が21・２年と日本の短さが目立っている。
（5）OECD Database（http://stats.oecd.org/）OECD Employment and Labour Market Statistics "Employment by permanency of the job"
（6）濱口（２０１３ａ）40頁。
（7）日本労働研究機構（２００１）によれば、高校卒業などの大学入学資格取得後に大学入学する前までの活動経験として、３割程度が就業経験があると答えているほか（表1-1）、高等教育修了者の無業期間（正規雇用に就くまでの期間）の過ごし方については、２割前後がパート、アルバイトとして働くと答えている（表1-13）。

（８）労働政策研究・研修機構（２００５ｃ）、野川（２００７）、労働政策研究・研修機構『データブック国際労働比較２０１４』を参考にしている。

（９）労働政策研究・研修機構（２００５ａ）２６３頁。

（10）野川（２００７）77頁。

（11）櫻井稔（２００１）34頁。

（12）野川（２００７）95〜96頁。

（13）野川（２００７）３２２〜３２６頁。菅野（２０１２）５６６〜５６７頁。

（14）総務省「労働力調査・詳細集計」によれば、２０１５年時点で、非正規の職員・従業員の役員を除く雇用者に占める割合は37・5％。

（15）OECD, *OECD Employment Outlook Statistical Annex 2014*.

（16）International Confederation of Private Employment Agency "The Agency work industry around the world" Economic report 2013 Edition.

（17）Ibid.

（18）労働政策研究・研修機構（２００４ａ）12頁。

（19）大橋（２００７）69頁、72頁。

（20）OECD Database（http://stats.oecd.org/）OECD Employment and Labour Market Statistics "Employment by permanency of the job"

（21）International Confederation of Private Employment Agency, op. cit.

（22）労働政策研究・研修機構（２００５ａ）24頁。

（23）大橋（２００７）71頁。

（24）労働政策研究・研修機構『データブック国際労働比較２０１４』１５５頁。

(25) 野川（2007）83頁。
(26) 久本（1998）19頁。
(27) 野川（2007）85～86頁。
(28) 久本（1998）22頁。
(29) 大塚（2010）361頁。
(30) 久本（1998）19～20頁。
(31) 大塚（2010）338～341頁、384～385頁。
(32) 竹内（2004）48頁。
(33) 石田・樋口（2009）50頁。
(34) 竹内（2004）49～54頁、石田・樋口（2009）62～73頁。
(35) 竹内（2004）54頁。
(36) 石田・樋口（2009）157頁、190頁。
(37) 労働政策研究・研修機構（2012a）第2章、18～21頁、同（2005a）86～89頁。
(38) 労働政策研究・研修機構（2005b）47頁。Census Bureau "Current Population Survey" をもとに米国労働省が算定した数値。
(39) 菅野（2002）198頁、206～208頁。
(40) OECD Database (http://stats.oecd.org/) OECD Employment and Labour Market Statistics "Trade Union Density".
(41) ハーヴェイ（2007）邦訳、39頁。
(42) OECD Database (http://stats.oecd.org/) OECD Employment and Labour Market Statistics "Trade Union Density".
(43) ドイツでは、一般的拘束力宣言（労使それぞれのナショナルセンターからの代表者各3名で構成される協約員会の同意を得て、所管官庁が行う）により、宣言の対象となった労働協約の法規範が、協約に拘束されていなかった使用者および労働者に対しても適用されるという仕組みがある。①当該労働協約に拘束される使用者が当該労働協約の適用範囲である労働者の50％を下回らない数を雇用していること、②一般的拘束力宣言が公共の利益のために必要であると思われることが実体的要件として求められる。2011年1月1日時点で、488の労働協約が一般的拘束力宣言を受けて拡張適用されているが、その数は傾向的に減少している（労働政策研究・研修機構（2013a）40～41頁）。

(44) OECD Database (http://stats.oecd.org/) OECD Employment and Labour Market Statistics "Trade Union Density"

(45) 野川（2007）86頁。

(46) 宮本光晴（1999）148頁。

(47) 同前。

(48) 木下（1999）は、仕事給（ここでは米国の職務給）と属人給（ここでは日本の職能給）の区別をイスと人間にたとえてわかりやすく説明している。仕事給は「イスの値段」で、誰がそのイスに座っているかにかかわりなく、そのイスに値段が付き、座っている個々人の人間に賃金が支払われるのが属人給としている（51頁）。

(49) 宮本光晴（1999）148頁。

(50) 内閣府（2013）164頁。

(51) 失業率は無業者に働く意思があるかないかで変動するため、日本の失業率が低く抑えられているのは無業者で働く意思のない「非労働力人口」が多いからだという指摘もある。そこで、就業率（生産年齢人口（15～64歳）に占める就業者数の比率、2013年）を日米独で比較すると、日本：71・7％、米国：67・4％、ドイツ：73・3％となっており、日本の就業率が必ずしも低いわけではないことがわかる（労働政策研究・研修機構『データブック国際労働比較2015年版』）。ちなみに、かつて日本の就業率は米国に比べて低かったが、それは日本の女性の労働力率が低いことに起因するものであった。これは日米における家族モデルの違いを反映していたところが大きい。米国では男女共働きが文字どおり一般的である一方、日本では、しばらく前まで男性労働者が平均的に長時間働いて高収入を得、妻子を扶養する家族モデルを採る世帯が多かった。このようにみると、就業率も雇用情勢の良し悪しを必ずしも正確に表す指標ではないといえよう。

（52）中小企業庁『中小企業白書２００３年版』第２部・第4節・２、第２–１–44図。

（53）正確には旧西ドイツにおける状況。

（54）アンケート調査対象企業の属性は、（既存企業部門である）従業員規模１０００人以上の大手企業を日本で92・０％、米国で96・５％、ドイツではやや低くなるが62・９％が占める。転職者は定義上、既存企業から移ってきた者であるため、この調査の大半は既存企業間の移動のケースを対象にしていると考えることができる。

（55）労働政策研究・研究機構『データブック国際労働比較２００４』によれば、ドイツ（２００３年）の雇用調整の方法として、「常用労働者の解雇」を挙げる企業の割合が27・９％、「早期引退の勧奨」が14・０％、「レイオフ」が12・０％となっている。ちなみに、日本では「希望退職者の募集・解雇」は11・７％にとどまっている。

（56）中小企業庁『中小企業白書２０１４年版』付属統計資料・表4による。総務省「事業所・企業統計調査」（２００６年まで）、「平成21年経済センサス―基礎調査」、「平成24年経済センサス―活動調査」をベースに、中小企業庁が算出したもの。

（57）U. S. Small Business Administration（2008）Page 219 Figure 7. 12（財団法人中小企業総合研究機構訳編、邦訳、２５６頁、図7・12）

（58）松田（２００１）43頁、図表Ⅰ–6より。原資料は早稲田大学アジア太平洋研究センター：ケース「世界5カ国の起業調査報告書」。米国（全）はサンプルを全米で、米国（ＳＶ）はシリコンバレーエリアに限定して収拾したもの。サンプルは１９８５～１９９６年にかけて設立された企業で、起業家の創業時の年齢は37～42歳。

（59）中小企業庁『中小企業白書２００７年版』31頁、第１–２–20図。

（60）サクセニアン（２００８）65頁。

（61）OECD. Economic Outlook, No.98 Database.

（62）OECD. Economic Outlook, No.98 Database.

（63）労働政策研究・研修機構（２００７ａ）12頁。

（64）以下の労働市場改革の概要は、労働政策研究・研修機構（２００６）、同（２００７ａ）に基づく。

第5章 スウェーデン労働市場に学ぶ
――雇用流動化を受け入れる労働組合と積極的労働市場政策

1 はじめに

英『エコノミスト』誌は2013年2月2日号の社説（リーダー）において、「次のスーパーモデル（The next supermodel）」という表題で北欧諸国を称賛する記事を掲載した。「経済競争力から社会的健全性、幸福までのすべての項目において、国際比較でトップランクを占め、南欧の硬化症（sclerosis）も米国の極端な不平等も回避してきた[1]」からである。本書でも、前章において労働市場のあり方に関する北欧モデルの利点に触れた。そこで本章では、北欧最大の国であるスウェーデンを取り上げ、経済活性化につながる労働移動をどう進めているかという問題意識のもとで、その労働市場の特徴を浮き彫りにすると同時にわが国への含意を考えたい。

本題に入る前に、一節を割いてスウェーデンを取り上げるモチベーションとなった同国と日本の興味深いコントラストと、具体的な本章の問題意識と取り扱うテーマについて記しておきたい。

１９７０年代の石油危機以降、主要先進国は軒並み経済停滞に見舞われ、完全失業率の上昇を経験した。そうしたなかにあってスウェーデンは低失業を維持し、日本と並んで雇用の面では優等生であった。さらに、80年代後半期には不動産バブルが発生し、90年代初めにバブル崩壊に直面したが、これもわが国と同様の経験といえる。しかし、その後、スウェーデンと日本のパフォーマンスは興味深いコントラストをみせる。

わが国はバブル崩壊後に大規模な財政支出を累次にわたって継続し、90年代中ごろまで失業率は比較的低水準を維持した。しかし、90年代後半期に金融危機が発生し、経済の急激な落ち込みを経験すると同時に失業率の大幅な上昇に直面することとなった。そうしたもとでデフレが進行し、２０００年代に入っても経済成長率の回復力は相対的に緩やかにとどまり、失業率の低下も限られたものにとどまった。２００８年秋の世界経済危機発生により再び上昇した後、失業率は低下傾向にあるが、平成バブル崩壊前に比べれば高止まりしている。以上の状況下、財政収支は90年代を通じて悪化傾向をたどり、２０００年代に入って後半期のリーマンショック発生前までは一時的に改善傾向がみられたものの、基本的にはＧＤＰ比で６％を超える赤字の発生する状況が続いてきた。

これに対し、90年代前半に深刻な金融危機に直面し、完全失業率の急激な上昇に苦しむことになったスウェーデンでは、90年代後半以降成長力が回復し、デフレに陥ることもなく完全失業率は低下傾向をたどった。世界経済危機で大きく経済は落ち込んだものの立ち直りも早く、２０１０年には６％近い経済成長を達成し、２０１１年も３％弱の成長を実現した。その後、欧州景気悪化による輸出減速等で２０１２年にはゼロ成長に陥ったものの、総じて堅調に推移してきた。財政赤字も90年代前半期にはGDP比で10％を超える時期があったものの、経済の復調に伴って縮小し、1998年以降は黒字基調に転じた。足元は赤字となり、2013年はGDP比で赤字幅は1・4％となっているが、同年のOECD平均（マイナス4・1％）からすれば小さい[2]。

こうした両国のパフォーマンスの違いを生んだ一つの重要なファクターとして、不良債権問題に対する取り組みの相違が指摘される。スウェーデンでは90年代早々に大規模な公的資金の導入に踏み切り、早期に金融セクターの正常化を果たした。一方、わが国では、不良債権問題は長らく放置され、90年代末から2000年代初めにかけてようやく解決をみた。しかし、このファクターだけでは両者の違いを説明しきれない。日本が不良債権問題を解決した2000年代についても、両国の間に成長率や生産性伸び率に格差がみられるからである。本書ではこの格差の原因を、金融市場と並んで経済パフォーマンスを左右する最も基盤的なシステムである労働市場の成り立ちの違いに求めたい。つまり、わが国との比較の視点からスウェーデンの労働市場の特徴を明らかにしたうえで、両国のパフォーマンスの違いを雇用面から分析するのが本章の第一の目的である。

このように、両国の経済パフォーマンスは対称的な動きがみられるわけであるが、失業率の高止まりという点では共通の問題を抱えている。わが国では90年代以降、景気後退のたびに完全失業率の水準が高まってきた。2011年以降は低下傾向にあるものの、2015年時点で3％台半ばと、労働力不足が深刻化している割には高く、雇用のミスマッチが根強く残っている。スウェーデンでは90年代前半の急上昇の後、徐々に低下してきたもののかつての水準には戻らず、世界金融危機後再び高まっている。

スウェーデンは積極的労働政策（ALMP: Active Labour Market Policy）の先進国として知られ、レーン・メイドナー・モデルと呼ばれる独特の社会経済フレームのもとで早くから取り組み、それが同国の低失業を支える重要なファクターであるとされてきた。しかし、近年の同国の雇用情勢をみる限り、ALMPは機能不全に陥っているようにみえる。それはなぜなのか。わが国でALMPを導入する際の留意点は何か。スウェーデンの実態を通して検討を行うのが本章の第2の目的である。

以上のような2つの問題設定に答えるべく、次節ではまず、わが国では必ずしも馴染みのないスウェーデン経済の変遷を外観しておく。そのうえで第3節ではスウェーデンの労働市場の特徴をわが国と対比しながら明らかにし、労働市場のあり方から90年代以降の両国の経済パフォーマンスの違いを生んだ要因を分析する。続いて第4節では、スウェーデンにおけるALMPの実態を紹介し、そのわが国における可能性と限界を考察することとしたい[3]。加えて、第5節では、本書の主題である「デマンド・プル型」労働移動の前提となる雇用の受け皿づくりの条件を、スウェーデンのケースで検証する。

2　スウェーデン経済の変遷[4]

（1）80年代まで

戦後のスウェーデン経済のパフォーマンスを主なマクロ指標から概観すると、1980年代までは、総じて高成長・低失業・健全財政という好ましい状況にあったといえる。より仔細にみれば、「スウェーデン・モデル」が礼賛され、まさに絶好調といってよかった50～60年代と、相対的にパフォーマンスが低下し、モデルに対する疑問の声が上がった70～80年代に分けられる。

50～60年代は、高い経済成長が実現するもとで、「高福祉高負担」の社会モデルが形成された時期である。経済成長率からみると、50年代の平均は3・3％、60年代には4・6％に達し、「黄金の60年代」と呼ばれた。高成長が持続するもとで雇用情勢も完全雇用が達成された[5]。

この時期、国民付加年金が創設（1960年）されて年金制度の充実が図られたほか、高齢者向け施設ケアの量的整備、児童手当制度の整備など、公的な福祉サービスを充実させる政策が次々に打たれた[6]。その財源調達のために増税などの国民負担の引き上げが行われ、1959年時点では26・9％であった国民負担率は、60年代の終わりには40％を超えた。重要な財源調達手段となったのが付加価値税率の引き上げで、60年の4・2％（この時点では売上税）から70年には16・28％まで引き上げられた[7]。この間、歳出と歳入が両建てで増えるなか、健全財政が維持された。

しかし、1973年に発生した第1次石油危機は、スウェーデン経済に打撃を与えることになる。第2次石油危機の影響もあり、1976～82年の平均成長率は1・0％と、それまでにない停滞状況に陥った。この結果、完全失業率も上昇傾向をたどり、83年には3・5％に達した。財政状況も悪化し、82年の一般政府財政収支赤字の対GDP比は7％に上った[8]。

この間、大きな政府のモデルに対する批判の声も聞かれたが、「高負担高福祉」の基本は維持され、国民負担のGDP比率も付加価値税率も上昇傾向をたどり、80年代前半ごろの国民負担率は50％前後となり、付加価値率は20％台に達した。

そうしたなか、70年代後半から80年代初めにかけてスウェーデン・クローナ（ＳＥＫ）が大幅に減価したことで輸出が回復し、スウェーデン経済も活力を取り戻していく。この過程で、労働集約的な産業から技術集約的な産業への産業構造の転換が進み、アストラ、エリクソン、ボルボなどの大企業が経済を牽引した[9]。この結果、１９８３～89年の平均成長率は２・６％と好調を取り戻した。80年代後半には失業率は再び１％台に低下し、財政収支も黒字化した。

もっとも、70年代～80年代にかけてのスウェーデン経済にとっては、インフレ率の抑制が大きな政策課題であった。第１次石油危機以降80年代初めまで、消費者物価上昇率は２桁前後で推移し、80年代半ばにいったん鎮静化するものの、80年代後半には再び加速し、１９９０年には９年ぶりの前年比２桁の伸びとなった。

ここで、この時期の雇用構造の変化についてみておくと、産業別には製造業のシェアが低下する一方、医療・介護・保育・教育分野など公的サービスセクターのシェアが高まっている。国際競争が激しい製造業では生産性向上が大きい半面、雇用吸収力が低下し、それを補う形で公的サービスセクターにおいて多くの雇用が生み出されたことがわかる[10]。

70～80年代にかけてスウェーデンの労働市場でみられた大きな変化は、女性労働力率が大幅に高まったことである。それは、製造業を中心とした鉱工業での雇用比率の低下に連動して生じており、男性片働きで十分な高賃金が得られる生産性の高い製造業での雇用吸収力が徐々に低下するなか、相対的に賃金の低い非製造業での雇用が増加し、夫婦共働きで生計を支えることが一般化したことが窺われる。そうした女性就業の増加の受け皿となったのが、医療・介護・保育・教育などの公的サービスセクターであった。

ここで見落とせないのは、80年代後半期のスウェーデン経済の好調は、当時世界的に生じていたバブル現象に嵩上げされた部分も大きかったことである。ストックホルム地域の不動産価格は1985〜91年にかけて年率2割近い急騰をみせており、この間、金融業の規制緩和から過剰貸付がバブルを煽っていた。90年代に入り、バブル経済は崩壊し、スウェーデン経済は大恐慌以来の経済危機に直面することになる(11)。

(2) 90年代以降

80年代後半に発生した世界的な資産バブルは、90年代に入って一斉に破裂する。スウェーデンも例外でなく、急上昇をみせていた不動産価格は1991年をピークに下落基調に転じた。経済成長率も91年からマイナスに転じ、93年まで3年連続のマイナス成長という深刻な状況に陥った。金融システムは崩壊の危機に瀕し、政府は不振金融機関の一時国有化などに踏み切り、GDP比で4・5%もの公的資金を投入し、何とか危機の連鎖に歯止めをかけた(12)。

1993年を底に、スウェーデン経済は回復に向かうが、今回の回復を牽引したのもスウェーデン・クローナの大幅な減価であった。93年にスウェーデン・クローナは3割下落し、輸出が大幅に増加することで、94年にはマイナス成長をようやく脱した。その後経済は持続的成長軌道に復帰し、IT産業が牽引したこともあり、94〜2000年の平均成長率は3・1%まで高まった。

経済はプラス成長に復帰し金融システムは安定化に向かったものの、1994年の一般政府財政収支赤字は対GDP比で10％を超える状況にあった。金融危機が去った後は、財政健全化が大きな政策課題として浮上したのである。しかし、すでに付加価値税率が25％となり、国民負担率が5割を超えるなか、これ以上の大幅な国民負担引き上げによる財政健全化には無理があった。

そうしたなか、1994年に発足した社会民主党を中心とする内閣は、歳出削減を中心とする財政再建策を打ち出す。94年11月に発表された財政赤字削減策、95年1月に発表された95・96年度予算における財政赤字削減策をはじめとする措置の財政節約効果は98年時点でGDPの8％にも及ぶ野心的なものであった（財務総合政策研究所（2001）202頁）。さらに、予算編成プロセスの改革に取り組み、96年から「フレーム予算」および「歳出シーリング」という新たな仕組みを導入した。具体的には、長期的にGDP比2％の財政黒字を平均的に維持することを目標に、マクロ経済の見通し等を踏まえて3年間の歳出総額のシーリングをまず決定する。そのうえで、歳出増額を27の歳出分野に配分する。予算編成は、前年の春に歳出総額を決めるが、すでに2年分はセットされているため、3年目のものが毎年新たに決議されることになる。さらに秋に、歳出総額の枠内で27の分野の予算上限額および個別の決議予算を決めることになっている。補正予算も含め、原則としてこのシーリングを超えることはできず、年度途中、当初予算で対応できない場合は個別決議予算間、あるいは歳出分野間でやりくりを行うか、予備費で賄うことになっている（財務総合政策研究所（2001）212～215頁）。

こうした財政再建策が奏功するなか、景気回復による自然増収も加わって、90年代末には財政収支

表5－1　スウェーデンの産業別就業構造の変化

	90－97年（万人）	97－07年（万人）	シェア（%）（07年）	参考：シェア（日本）（%）
就業者数	−57.5	56.1	100.0	100.0
農林水産業	−2.2	0.0	0.9	4.2
鉱業	−0.3	0.0	0.2	0.1
製造業	−18.6	−9.9	15.2	18.7
電気ガス	−0.3	−0.7	0.6	0.5
建設	−10.6	6.5	5.7	8.6
卸小売	−8.8	6.8	11.7	18.4
ホテル外食	−0.4	3.4	2.9	5.3
運輸通信	−5.1	2.1	6.3	6.2
金融	−1.4	0.6	2.1	2.4
事業所サービス・不動産	6.0	23.3	13.7	11.9
公務国防	−2.9	4.9	6.4	3.5
教育	−1.5	20.9	11.9	4.4
保健社会事業	−12.3	−4.7	17.4	9.0
その他サービス	1.3	2.3	4.7	5.5
分類不能	−0.2	0.4	0.2	1.2

出所：ILO, *Yearbook of Labour Statistics*

は黒字に転じた。

以上のように、経済成長率および財政収支の面では、90年代前半の金融危機前の状況に回復したといえるが、雇用情勢の完全な回復は達成されなかった。完全失業率は97年をピークに急速な低下に向かうが、ボトムとなった2001年平均は5・1％と、70～80年代の2～3％の水準に低下することはできなかった。

2000年代初めのITバブルの崩壊により、成長率は再び低下を余儀なくされる。しかし、その後2000年代後半にかけて、積極的なグローバル化への対応などが奏功し、成長率は再び回復する。ちなみに、この時期、2000年代後半期でみたスウェーデンの成長率は米国を上回っている。失業率も経済減速を受けて２０００年代半ばにかけていったん上昇したものの、景気好調を受けて２０００年代後半には再び低下した。ただし、90年代後半同様、失業率の低下は限定的であり、２０００年代後半期で最低となった２００７年でも６・２％となっている。

90年代後半以降の失業率低下局面における雇用の産業別動向をみると、増加したのは事業所サービス・不動産、教育が両輪で、そのほかホテル外食、公務国防の寄与も大きい。減少が目立つのは製造業のほか、保健社会事業も減少傾向にある（表5−1）。保健社会事業分野の雇用減少には、財政再建に向けた医療・介護の効率化の取り組みが影響している。

２００８年秋のリーマンショックを契機とする世界経済危機の発生は、グローバル化の進展から海外経済の影響を受けやすくなっていたスウェーデン経済に大打撃を与えることになった。２００９年の実質経済成長率はマイナス５・０％となり、失業率は８・３％にまで上昇した。しかし、スウェーデン・クローナが大幅に低下するなか、かねてより中国など新興国への輸出市場を開拓していたことから、外需主導で予想外に早い回復がみられ、２０１０年の成長率は６％弱を達成した。その後いったん回復力は鈍化したものの、２０１４年以降は２％を上回り、欧州各国に比べれば相対的に良好な経済パフォーマンスを維持している。なお、２０１４年の失業率は７・９％と歴史的高水準にとどまっているものの、雇用者数は増加傾向をたどっており、雇用情勢も見かけほど悪くないといえる(13)。

3　労働市場の特徴からみた日瑞パフォーマンスの違い
——カギは雇用流動化に対する労働組合のスタンス

前節で詳しくみたように、スウェーデンは1980年代までわが国同様、比較的高い成長率を維持するとともに低失業が特徴の国であったが、90年代の両国のパフォーマンスは大きく異なる。

この直接的なファクターは、不良債権問題への取り組み姿勢に求められる。スウェーデンでは90年代早々に大規模な公的資金の導入に踏み切り、早期に金融セクターの正常化を果たした。一方、わが国では、不良債権問題は長らく放置され、90年代末から2000年代初めにかけてようやく解決をみた。しかし、このファクターだけでは両者の違いを説明しきれない。日本が不良債権問題を解決した2000年代についても、成長率や労働生産性伸び率に格差がみられるからである。この重要な要因は労働市場の成り立ちの違いに求められる。中長期的な成長力を高めるには、環境変化に応じて労働力および資本ストックを成熟産業から成長産業にシフトさせることが求められる。そのためには金融システムの効率性と同時に、労働市場の効率性が問われることになるからである。

そこで、わが国が現下の閉塞状況を脱出するために求められる労働市場改革へのヒントを得るべく、以下ではまず、スウェーデンの労働市場の特徴を解説したい。

(1) スウェーデン労働市場の特徴

スウェーデンの労働市場の特徴は、①就労を促す社会的規範・社会保障制度、②高い労働組合の組織率を背景とした労使協約重視の労使関係、③労働移動を促進するさまざまな仕組みの存在、の3点に集約できる。以下、それぞれについて解説を加えていこう。

■就労を促す社会的規範・社会保障制度

スウェーデン社会では就労することに対して高い価値を置く傾向が強く、充実しているとされる各種社会保障制度も給付が就労時の所得に比例する社会保険方式が基本となっている。同国では、こうした就労を重視する考え方は「アルベッツリーニエン（arbetslinjen）：就労原則[14]」と呼ばれている。それは、社会保障制度の受益者に対して必要な職業訓練や人材投資を行うことによって労働市場に戻そうという考え方であり、戦後から最近まで大半の期間に政権の座にあった社会民主党が重視してきたコンセプトである。こうした社会的規範・社会保障制度を背景に、同国の就業率は74・9％（15～64歳、2014年）と先進国の中で最も高いグループに属する（OECD, *OECD Employment Outlook 2015, Statistical Annex*）。

なお、2006年に政権を掌握した中道右派政権もアルベッツリーニエンを強調していたが、従来とはニュアンスが異なっている。社会民主党は、働くことのできる環境整備を政府が積極的に提供しようというものであったが、中道右派政権は手厚い社会保障がむしろ就労インセンティブを削いだとの批判的認識に立脚したうえで、働かざる者には社会保障は提供しないという制裁的な意味合いを強めていた[15]。

■高い労働組合の組織率を背景とした労使協約重視の労使関係

北欧諸国は労働組合の組織率が高いことで有名であり、スウェーデンも例外ではない。もっとも、スウェーデンの組織率は近年低下傾向にある。それでも2013年時点で67・3％と、米国（10・8％）や日本（17・8％）はいうに及ばず、ベルギー（55・0％：2012年）やイタリア（36・9％）といった西ヨーロッパ諸国で組織率の高い国々に比べても大幅に高い（OECD, *OECD Employment and Labour Market Statistics*）。さらに、組合員以外にも影響が及ぶ全国労働協約の適用率は9割といわれている（レンマー（2010））。

こうした高い組合組織率を背景に、スウェーデンでは伝統的に協調的な労使関係が構築され、労働市場のルール形成に際して労使協約が重視されてきた。歴史的には、そうした労使関係の形成は1938年の「サルトショーバーデン（Saltsjöbadan）協定」に遡る。これは、SAF[16]（The Swedish Employers, Confederation：スウェーデン経営者連盟）とLO（Swedish Trade Union Confederation：スウェーデン全国労働組合連盟）の間で締結された中央集権的な協定で、その後のさまざまな労使関係の基礎となってきた。

もっとも、90年代以降とりわけ1995年のEU加盟を経て、労働法が強化される傾向がみられている。しかし、スウェーデンではほとんどの労働法規定が「準強行的」であり、労働協約で労働法の規制から逸脱することができる（レンマー（２０１０））。その意味で、労働市場のルールは法律ではなく労使協約で基本的に決めるという伝統が継続されている。

賃金の決定方式も労使協約が重視される仕組みの一つである。

サルトショーバーデン協定以来、スウェーデンの賃金はＳＡＦとＬＯの間の中央交渉によりマクロレベルで決められてきた。その状況は80年代初めまで続くが、１９８３年に金属関連産業の組合とそのカウンターパートである経営者団体が、中央交渉から離脱し、その後のスウェーデンの賃金交渉はセクターレベル・産業レベルに分権化されていく（Holmlund（2009））。さらに90年代にはＳＡＦが交渉を止め、交渉は完全に産業レベルに移行した。加えて、ホワイトカラーでは、個々人の賃金決定も従業員と上司の個別面談で決められるようになっていった（櫻井純理（２００１）１２４頁）。

しかし、分権化された賃金決定では全体調整が困難となり、ストライキなども増えるもとで80年代のスウェーデンは高インフレ率に悩まされることになる。そうしたなか、１９９７年には一般に「Industrial Agreement of 1997（ＩＡ、正式にはAgreement on Industrial Development and Wage Formation）」と呼ばれる合意が行われる（Holmlund（2009））。これは12の経営者団体と８の労働組合の間で「ゲームのルール」を設定しようとしたもので、産業別労使交渉のタイムテーブルや意見調整のルールが決められた。労使交渉を監視する労使からなる産業委員会が設置され、交渉プロセスを支援する10人の中立的な立場の議長も指名された。さらに、４人の独立的なエコノミストをメンバーとする産業経済諮問委員会が産業委員会と中立的議長あてに報告書を作成することになった（Ohlsson（2003））。ＩＡは公的部門や一部のサービス部門の合意のモデルとなり、２００２年時点で労働者の

50%がＩＡ式の合意のもとに置かれることとなった。賃金動向についての合意を得るための、こうした新たなゲームのルールの形成は、賃金の伸びの鈍化という成果として結実した（Holmlund（2009））。

以上のように、スウェーデンの賃金は形態としては分権化・個別化が進んできているとはいえ、非公式な形ではあるが、マクロ的な調整機能を残している。賃金交渉の面でも、団体的労使協約を尊重する基本は、今日まで維持されているといってよい。

■労働移動を促進する社会合意・仕組みの存在

スウェーデンは労働移動が活発なグループに属し、男性の平均勤続期間は10・3年と、米国（4・6年）や英国（9・5年）に比べて長いものの、日本（12・4年）はいうまでもなく、ドイツ（12・3年）、フランス（12・4年）をはじめとする多くの大陸欧州諸国に比べて短い[17]。ちなみに、内閣府「第7回 世界青年意識調査」（2004年）によれば、スウェーデンでは18～24歳の転職に対する考え方は積極的あり、「積極的に転職する方がよい」と考える割合は42・0%と、日本（14・2%）はいうまでもなく、米国（15・0%）を大きく上回る[18]。

こうした高い労働移動率の背景として重要なのは、スウェーデンでは労働組合が整理解雇を含めた労働移動を受け入れてきたことである。そうした労働組合の考え方を基本に労働市場政策と経済政策を一体的に体系化したものとして「レーン・メイドナー・モデル」がある。それは、同一労働同一賃金に基づいて企業・産業間の賃金格差を小さくする「連帯的賃金政策」により、低生産性部門の利益を圧縮する一方、高生産性部門に余剰利益を生むことで、産業構造の高度化を促進することを狙ったものであった。その過程で低生産性部門において大量の失業が生じる可能性があるが、必要となる労働移動を積極的労働市場政策によって高生産性部門へのシフトで実現しようとした（宮本太郎（2001）251～255頁）。

このモデルは、50年代、スウェーデン全国労働組合連盟（LO）の2人のエコノミスト、イエスタ・レーンとルドルフ・メイドナーにより提唱されたもので、その背景にはスウェーデンにおける労働組合運動の発想転換があった。レーンとメイドナーの考え方は、1951年のLOの大会で報告されるが、それはスウェーデンのような小国が国際経済の中で生き残るには、国の競争力を高める質の高い労働力を供給することが必要であるとの認識に基づいていた。当初はさまざまな抵抗があったようであるが、労働者が一つの職場にしがみつくのではなく、将来性のある職場に移ることが利益になるという、組合運動の発想転換が次第になされていった（宮本太郎（2009）93～94頁）。

同時に、レーン・メイドナー・モデルの実施のカギとなる積極的労働市場政策を推進する施策が整備されていく。戦後、スウェーデンでは職業訓練・職業紹介をつかさどる雇用庁が創設されたが、1957年、労働組合出身者がその長官に就任することで、労働移動を支援する役割を高めることになった（宮本太郎（2009）94頁）。

解雇規制についても、労働移動に制限的ではない。

雇用保護法（1982年）によれば、使用者は解雇のための正当な理由（客観的根拠）を要求されるほか、労働組合と交渉する義務、通知義務、労働者を配置転換する義務、セニョリティー・ルール（ラスト・イン、ファースト・アウト：最後に雇用された者がまず解雇される）を適用する義務、必要な条

図５－１　TRRの仕組み

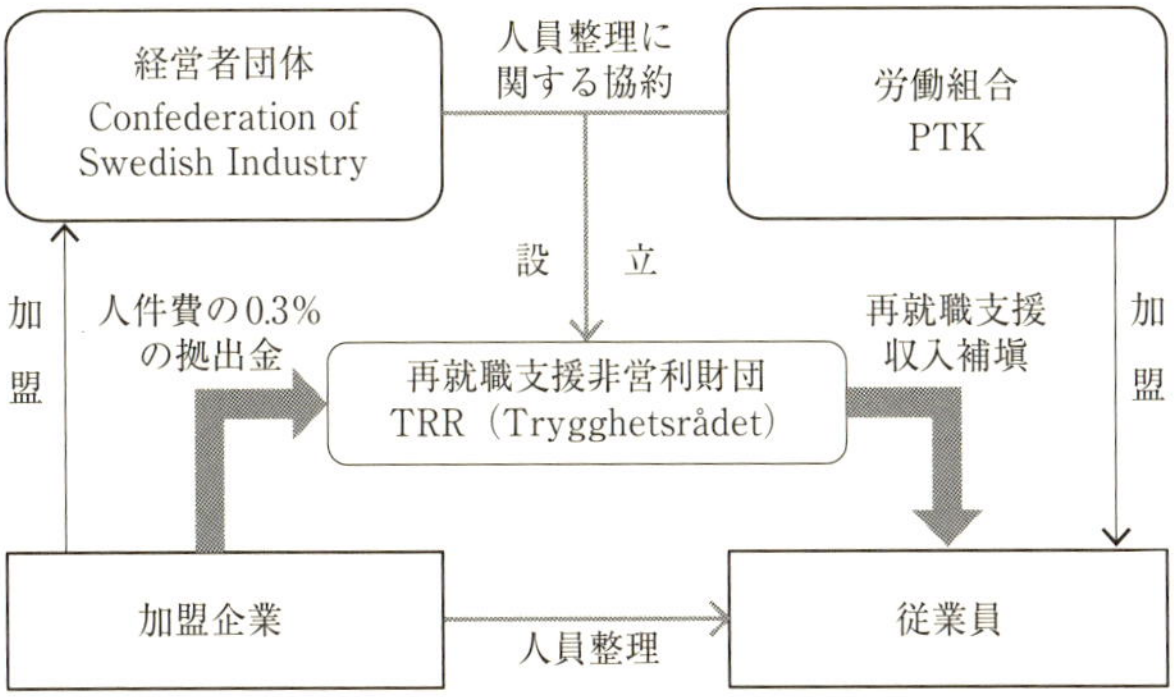

出所：TRR ホームページなどをもとに筆者作成

件が整ったときには被解雇労働者を再雇用する義務が課されている（労働政策研究・研修機構（２００５c）65頁）。

一見解雇に対して制限的にみえるが、ここで重要なのは、スウェーデンでは余剰人員は常に解雇の正当な理由に相当することである（労働政策研究・研修機構（２００５c）67頁）。加えて、解雇無効時の金銭解決が認められている（雇用期間5年以内は16か月分、5～10年は24か月分、10年以上は32か月分を支払う必要がある、39条）。つまり、実態的には整理解雇は一定のルールに従う必要があるが、それ自体は企業の都合で自由に行われるといってよい。

もっとも、スウェーデンでも解雇ルールをめぐって近年議論が行われてきた。とりわけ焦点となったのは、一般に「ラスト・イン、ファースト・アウト」と呼ばれる解雇手続きのルールである。後にみるように、これが若年雇用の悪化の要因となっている可能性が指摘されており、このルールの撤廃が議論されてきた[19]。

ここで見逃せないのは、整理解雇が受け入れられる一方、企業が離職者の再就職に対して責任を果たしていることである。具体的には、TRR（Trygghetsrådet）と呼ばれる民間機関の再就職支援非営利財団がその役割を果たしている[20]。TRRは、1974年にホワイトカラー部門における労使協約によって設立された非営利財団で、企業の事業再編で必要になる余剰人員に新たな再就職機会をみつけるのを支援する目的で創設された。加盟企業の賃金総額の0・3％の拠出金によって運営されている。政府からの財政的な支援はない（図5-1）。

TRRはコーチングサービスのほかに失業時の収入の補塡も行う。つまり、失業保険給付には2万4000SEKという上限があるため、失業前の賃金の70％との差額をTRRが支払う。これは最初の6か月で、その後割合は低下する。1人が受けることのできるサービスの上限期間は2年となっている。

2004年にはブルーカラー部門でも同様にTSLという再就職支援非営利組織が設立された。TRRとTSLで、労働者全体の約20％がカバーされている。

（2）労働市場の成り立ちの違いがもたらした日瑞パフォーマンスの違い

■日瑞労働市場の違い

以上みてきたように、スウェーデンの労働市場の特徴は、①就労を促す社会的規範・社会保障制度、②高い労働組合の組織率を背景とした労使協約重視の労使関係、③労働移動を促進するさまざまな仕組みの存在、の3点に集約できる。こうした特徴を持つスウェーデンの労働市場であるが、その実際的な機能において、わが国とどれほどの違いを生み出しているのであろうか。この点に関し、①雇用

図5－2　スウェーデンおよび日本の雇用調整比較

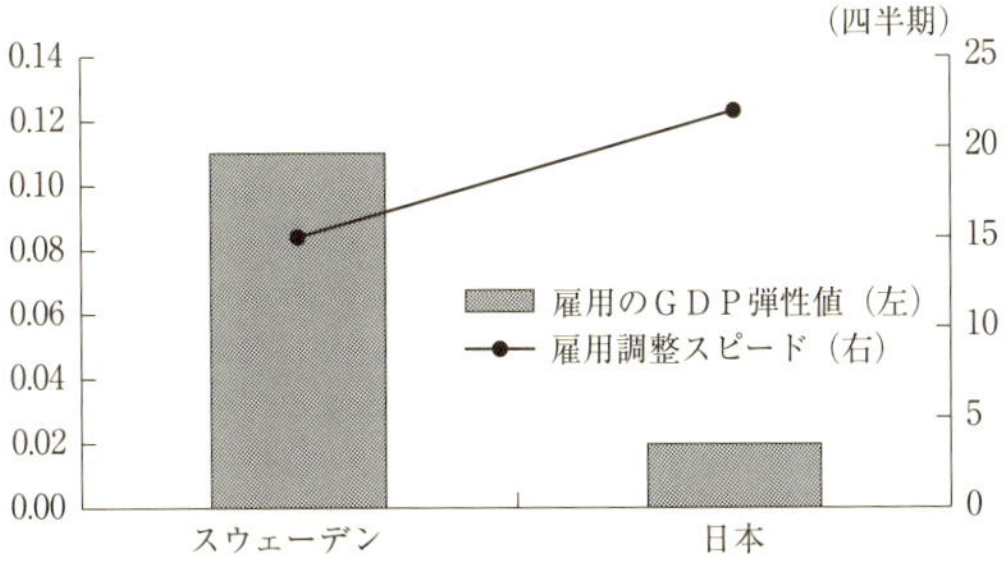

注：以下の雇用調整関数により推計。
ln 就業者数＝定数項＋ α ln 実質GDB－ β ln 就業者数(前期)＋ γ ln 平均賃金
ここで平均賃金＝雇用者報酬 ÷ 就業者数の後方4四半期平均を使用。
雇用調整スピードは1/（1－ β ）で算定。
出所：Statistics Sweden，内閣府、総務省

調整スピード、②賃金の柔軟性、③産業を跨ぐ労働移動の3点について、比較検討を行った。

①雇用調整スピード

就業者数を被説明変数、実質ＧＤＰと前期の就業者数、平均賃金を説明変数とする部分調整型の雇用関数を両国で推計すると、雇用のＧＤＰ弾性値がスウェーデン0・11に対して日本0・02と、スウェーデンが景気変動に対して雇用量を柔軟に調整していることが確認できる（図5－2）。また、雇用調整スピードをみると、スウェーデンは15四半期で過去の影響が消滅するのに対し、日本では22四半期まで残り、スウェーデンの雇用調整スピードが速いことが実証される。

②賃金の柔軟性

平均賃金（就業者1人当たり報酬）を被説明変数、失業率と前期の平均賃金を説明変数とする賃金調整

図５－３　スウェーデンおよび日本の賃金調整比較

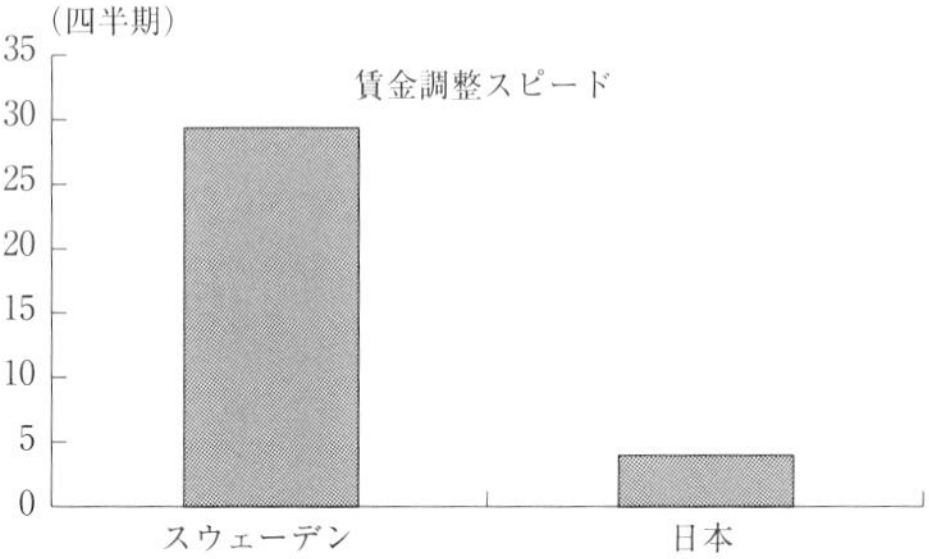

注：以下の雇用調整関数により推計。
　ln 平均賃金 ＝ 定数項＋ α ln 失業率－ β ln 平均賃金（前期）
　賃金調整スピードは 1/（1－ β）で算定。
出所：Statistics Sweden, 内閣府、総務省

図５－４　リリアン指数の日瑞比較

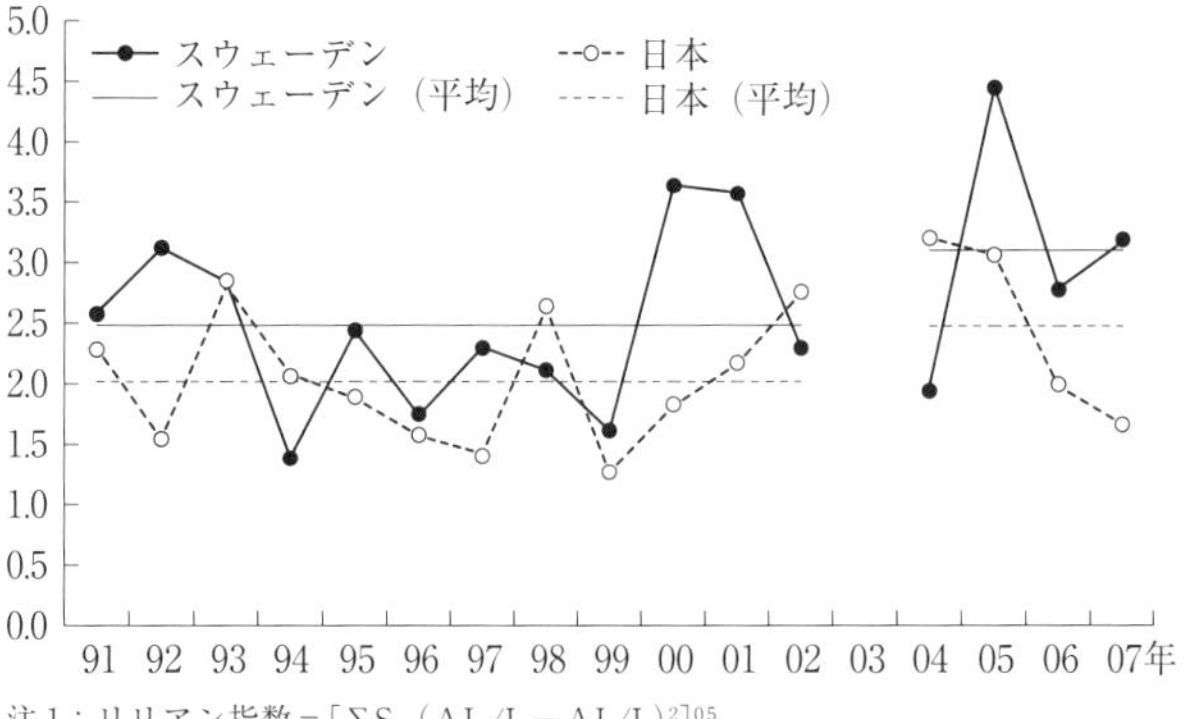

注１：リリアン指数＝$[\Sigma S_i (\Delta L_i/L_i - \Delta L/L)^2]^{0.5}$
　ただし、S_i は産業 i の就業者のシェア、L_i は産業 i の就業者数
　２：02 年までは ISIC－Rev.2（1968)、03 年以降は ISIC－Rev.3（1989）に基づく産業分類データにより算出。
出所：ILO, *Yearbook of Labour Statistics*

関数を推計すると、賃金調整スピードについて、日本では影響が4四半期で調整されてしまうのに対し、スウェーデンでは29四半期後の賃金決定にも影響が残るとの結果が得られた（図5-3）。わが国では賃金調整が柔軟に行われる一方、スウェーデンでの調整には時間がかかることが確認される。わが国ではいわゆる賃金の下方硬直性が認められない一方、スウェーデンでは強固に存在することを示唆するものともいえる。

③産業を跨ぐ労働移動

セクター間の変動の大きさを測る指標として「リリアン指数」がある。産業別の雇用シェアについてのリリアン指数をスウェーデンと日本で算定すると、隔年で変動はあるものの、均してみれば0・5ポイント程度スウェーデンが日本を上回っている（図5-4）。これは、スウェーデンでは日本に比べて産業を跨ぐ労働移動が活発に行われていることを示唆している。

以上を要約すると、

- **スウェーデン…雇用調整が速い、賃金調整は遅い、産業構造転換が速い**
- **日本…雇用調整遅い、賃金調整柔軟、産業構造転換は遅い**

とまとめることができる。

■90年代ショックへの対応の帰結

以上の労働市場のあり方に関する日瑞の違いを念頭に、90年代以降、両国のパフォーマンスが大きく異なることになったメカニズムをみていこう。

①スウェーデン[21]

スウェーデンでは余剰人員を理由とする整理解雇が自由であるため、景気後退に対して大規模な雇用調整が実施され、失業率は急上昇することになった。雇用情勢の悪化は、同国の労働組合が賃金格差拡大に反発が強く、賃下げを容認しないスタンスからも助長されることになった。この間、中央銀行の引き締めスタンスが強すぎ、さらに、兼ねてからの寛大な失業保険制度が長期失業を誘発したこと、加えて流動性の高い一時雇用比率が上昇したことなどから、しばらく失業率は高止まりすることになった。

90年代後半に入ると、中央銀行によるインフレターゲティング導入が物価の安定に作用し始め、賃金決定におけるマクロ的な調整機能の回復、インフレターゲティングによる労組の行動様式の変化により、労組による賃上げ圧力が緩和したことで、失業率は低下に向かった。その後、90年代終わりから2000年代初めにかけて、モラルハザードをなくす方向での失業保険制度の見直しが行われた効果もあり、失業率は一段と低下した。

2000年代前半はＩＴバブル崩壊から失業率が再び上昇する。2000年代後半には景気は堅調に推移し失業率は再び低下に向かった。

②日本

一方、日本では、バブル崩壊後の景気後退に対しては、雇用調整助成金の拡充や公共投資の追加などにより雇用調整圧力を緩和する一方、賃金調整を本格化することで雇用維持を図ってきた。この結果、90年代前半期の失業率の上昇は限定的にとどまった。半面、労働移動が停滞し、産業構造転換が進まず、経済の成長力低下と生産性の低迷が続くことになった。

さらに、生産性低迷を背景とする賃金の持続的な下落はデフレを引き起こし、デフレが景気低迷を長引かせるという悪循環構造が生み出された。この間、賃金の引き下げや将来の不確実性への対応から非正規労働者の比率が上昇し、雇用の質の劣化が進展した。主に若年層がその対象となり、将来の国力低下が危惧される状況が続いた。

こうした悪循環構造のもとで、失業率は高止まり、経済低迷・財政悪化・デフレ持続という構図は２０１０年代初めまで続いた[22]。

以上のようにみてくれば、日瑞のパフォーマンスの違いは課題解決に対する対応スピードの違いによるところが大きく、その根底には労働移動に対する社会的な認識や仕組みの相違があるといえる。**スウェーデンでは、労働組合が余剰人員を理由とした整理解雇を受け入れる一方、労働移動を進めるさまざまな社会的な仕組みが整備されていることが特筆される。それゆえ、問題を先送りせずに産業構造の転換を成し遂げ、早期の経済・財政の正常化を達成してきた。一方、わが国では整理解雇はタブー視され、労働移動促進のための社会的な仕組みも整備されていないことから、問題の先送りが繰り返されてきた。**この結果、産業構造の転換が行われずに経済の成長力が徐々に低下し、デフレ体質

図5－5　年齢階層別失業率の推移

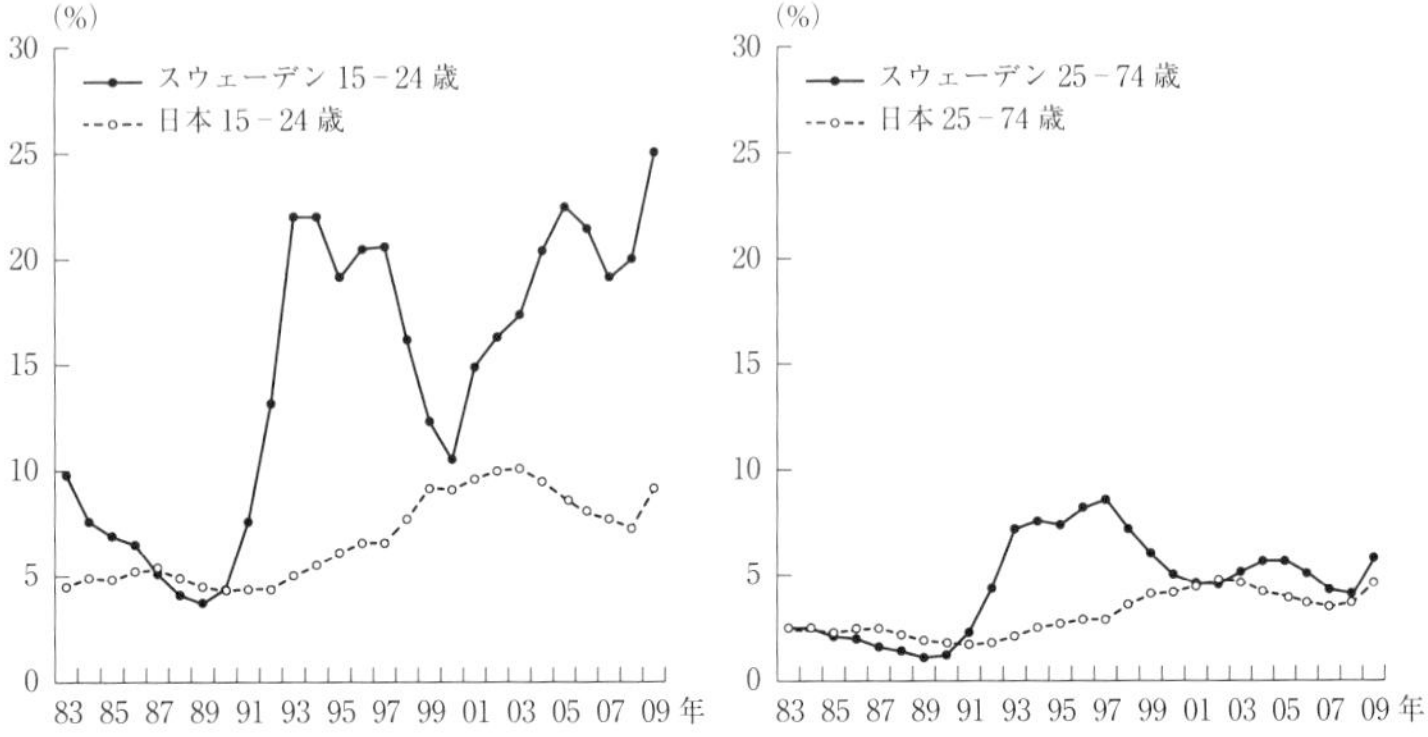

出所：OECD.Stat

に陥るなか失業率の高止まりが続いたのである。

結局、産業構造転換につながる労働移動ができるか否かが、両国のパフォーマンスの違いを生んでいるといってよいだろう。

もっとも、スウェーデンについては失業率がバブル崩壊前からみれば水準が上方にシフトしてしまったという問題が残っており、その水準からすればわが国のほうが問題は小さいようにみえる。この点について、項を改めて検討しよう。

■若年失業問題

結論を先取りすれば、スウェーデンの失業率は見かけ上高めになっているが、その内容を検討すると、数字が示す印象ほどは悪くなく、実態的にはわが国のほうが問題は多いとも考えられる。

２００７年における同国の15～24歳の失業率は18・９％と、25～74歳（４・４％）の４倍に上る。多くの国はこの比率が２倍であり、スウェーデンはきわめて高い点に特徴

図5-6　15-24歳失業者の失業期間別分布の国際比較（2007年）

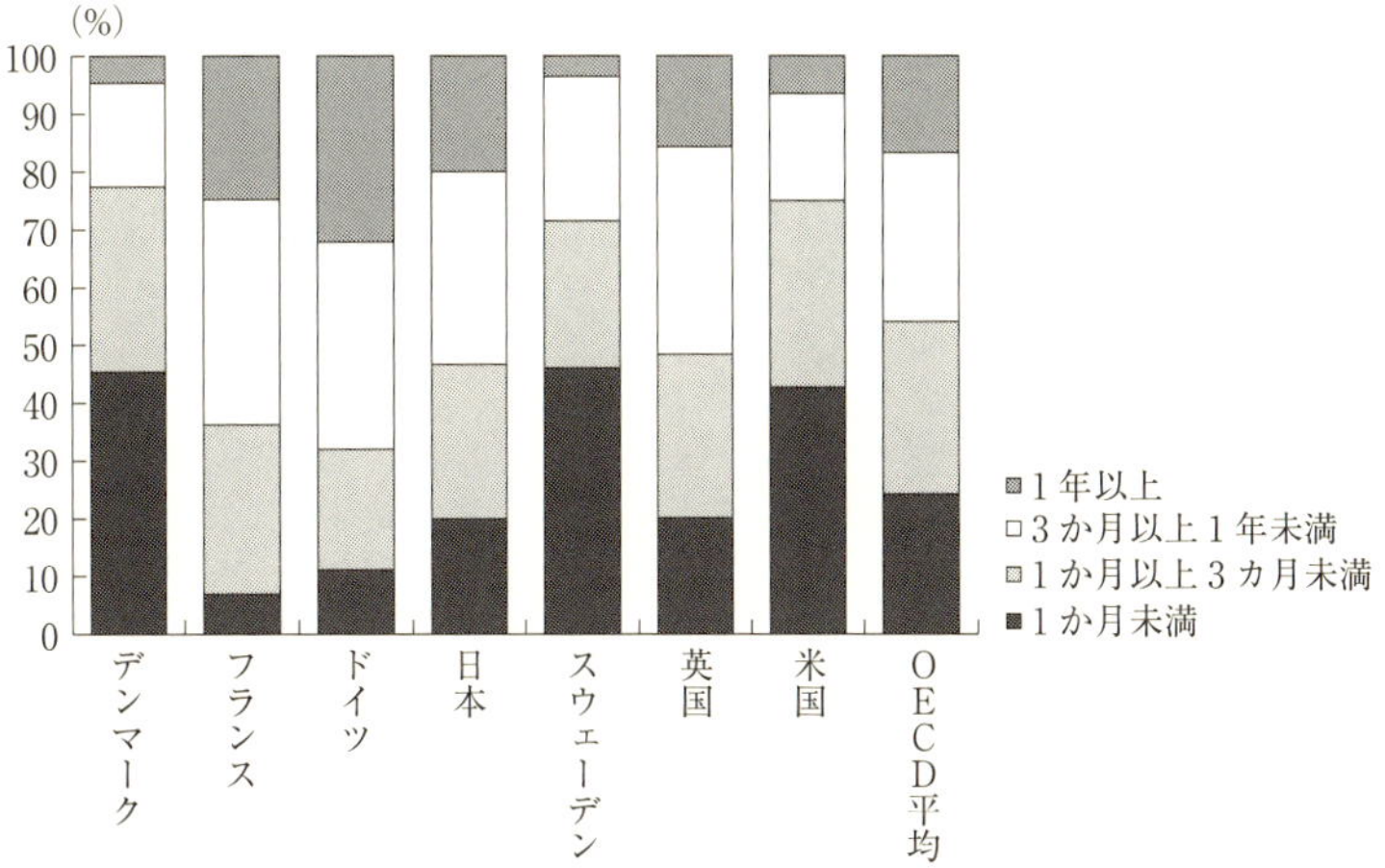

出所：OECD.Stat

がある。日本もこの割合が2倍程度（7・7％÷3・7％、2007年）であり、25～74歳の失業率に限ってみれば、実は両国間でさほど大きな違いはない（図5-5）。OECD平均と比較すると、スウェーデンの失業率は15～24歳では大幅に高い一方、25～74歳ではむしろ平均を下回っている。こうしてみれば、近年におけるスウェーデンの高失業の問題の所在は若年層でのそれであるといってよい。

この背景には、①ラスト・イン、ファースト・アウトという雇用調整ルールや能力不足解雇への保護ルールなどの雇用保障規制の存在が、若年層の雇用を調整弁にしていること、②労使協約で決められる最低賃金が高く、若年未熟練労働の賃金が割高になっていること、といった事情が指摘されている（OECD（2008）pp.110-116）。

もっとも、ここで注目したいのは、15～24歳失業者のうちその7割（2007年）は失業期間3か月以下であり、1年以上の若年失業者は3・6％に過

図５－７　主要国における若者の年齢別活動状況（2006 年、OECD 調査）

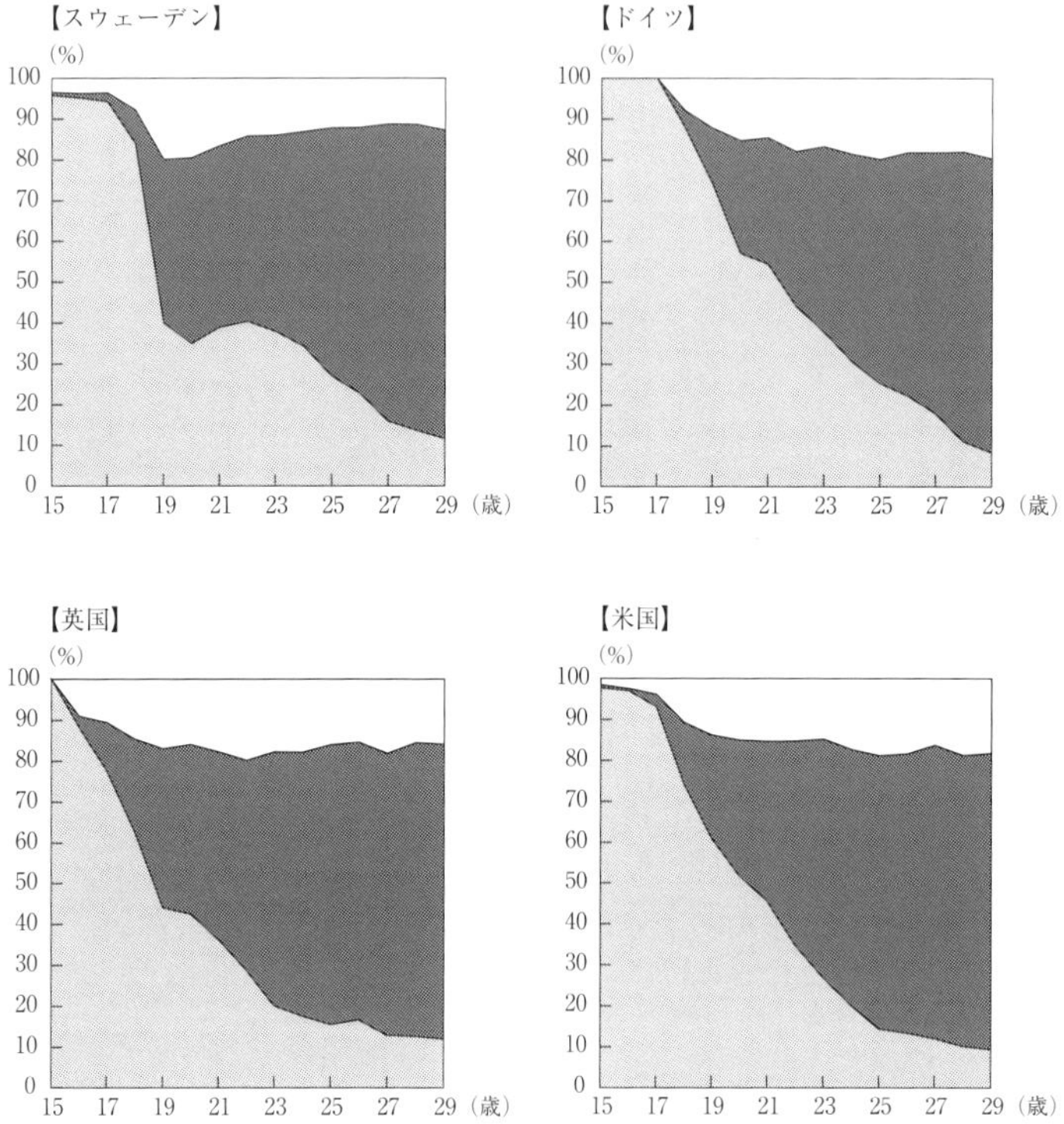

出所：OECD（2008）

ぎないという事実である（図5‐6）。ちなみに、日本（2007年）の15～24歳の1年以上失業者の割合は20％に上り、同年代の失業率が7・7％であることを考慮すれば、1年以上の長期失業者比率は日本が1・54％に対しスウェーデンが0・68％と低い。

加えて、スウェーデンの若者の行動パターンには他国にはみられない特徴があることも見逃せない。19～20歳にかけて就学率がいったん大幅に低下し、21～22歳に再び上昇するというものである（図5‐7）。これは、スウェーデンでは、高校卒業後大学に入るまでの一定期間、海外での滞在経験や飲食店で働くことがよい、とする考え方があるからである（OECD（2008）p.106）。この結果、20歳代初めの若者の就業率が極端に低下することになる。

このようにみれば、スウェーデンの若年失業の問題は、少なくともその数字が持つイメージほど深刻ではない。もちろん、短期間とはいえ20％にも上る若年の高失業率は問題である。若年失業はその後の失業確率を高め、所得の減少にもつながるといった指摘がなされており（Skans（2004））、若年雇用を改善するための政策が講じられてきている。

■賃金制度と金融政策との関係

90年代以降のスウェーデンと日本の経済パフォーマンスの違いを生んできた背景としてもう一つ注目されるのは、賃金制度と金融政策との関係である。

スウェーデンでは80年代、賃金決定のセクターレベルへの分権化が進み、労使紛争も増えるなか、賃金面からの物価上昇圧力が強く、インフレ率が加速した。しかし、90年代に入り、インフレターゲティング政策の導入でインフレ期待が安定化され、非公式ながら賃金決定に関するマクロ調整機能が回復されたことから、賃上げ率およびインフレ率の安定化が実現していく。これには以下のようなメカニズムが働いたとみられる。

インフレターゲティングの導入により、インフレ率が加速すれば金融政策が引き締めに転じ、結果として労働市場を悪化させることになるため、労働組合の行き過ぎた賃上げ圧力が緩和される方向に作用した。同時に、賃金決定に関するマクロ調整機能が回復されたことで、個別産業のエゴを抑制し、マクロ経済からみた合理性を労働組合が追求するようになってきた。この結果、賃上げ率が合理的に決まり、インフレ率の安定につながったといえる(23)。

ちなみに、マクロレベルでの賃金交渉の復活が経済パフォーマンスの改善につながるメカニズムを説明するものとして、カルムフォース（Lars Calmfors）とドリフィル（John Driffill）による「ハンプ・シェイプ（こぶ型）理論」がある（久米（２０１０））。これは、労使交渉が高度に中央集権化しているケース、および、高度に分権化されているケースの両極端のケースでパフォーマンスがよく、その中間的なケースは悪くなる、というものである（Driffill（2006））。実際、主要ＯＥＣＤ諸国について、経済パフォーマンスの代理変数として実質賃金伸び率を縦軸に、労使交渉の集権度の代理変数として組合組織率を横軸にとると、下に凸型（ハンプ・シェイプ）の関係が確認できる（図5-8）。この議論は国ごとのパフォーマンスの違いを説明するものであるが、一国の時系列的なパフォーマンスの違いについても当てはまる部分があると考えられる。

このように、スウェーデンの経験は、賃金決定におけるマクロ調整機能の回復とインフレターゲテ

図5－8　組合組織率と実質賃金伸び率の関係

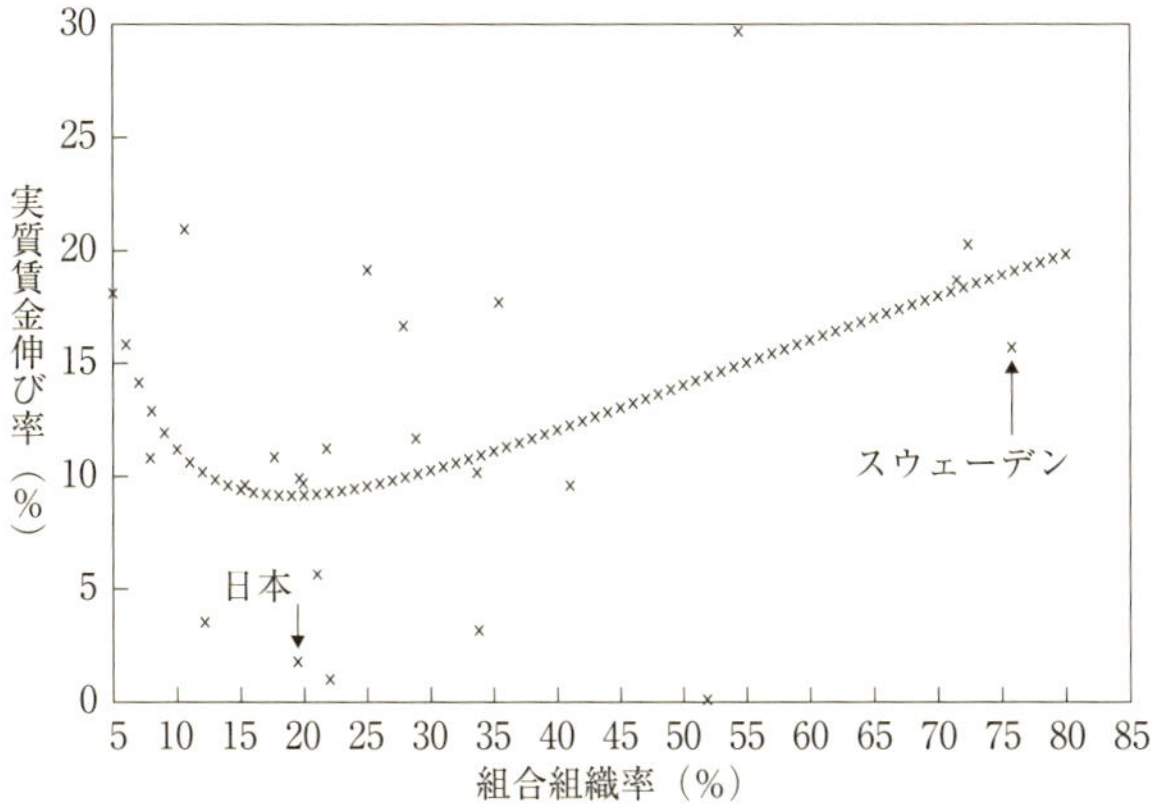

注1：組合組織率：x と、質賃金伸び率：y としたとき、ln x と y との間に下に凸の2次関数を想定し推定。推定された関数式は以下のとおり。

0.011227（ln x）^{2}－29.9743（ln x）+53.13306

（0.154）　（0.2057）　（1.423）…係数の t 検定の p 値

推計式の F 検定の p 値＝0.12569

なお、x と y との間の関係も推定したが、F 値からみて、ln x との関係のほうが説明力が高かった。

2：オーストラリア、オーストリア、ベルギー、カナダ、デンマーク、フィンランド、フランス、ドイツ、ギリシア、アイルランド、イタリア、日本、韓国、ルクセンブルク、ノルウェー、ポーランド、ポルトガル、スペイン、スウェーデン、スイス、英国、米国の22か国の2000－2009年の伸び率（実質賃金）および平均値（組織率）。

出所：OECD.Stat

ィング政策のミックスが、物価・賃金安定化につながったことを示唆しているといえよう。

一方、わが国でも、春闘の仕組みのもとでマクロレベルでの合理的な賃金決定を行う仕組みがあった。しかし、春闘は90年代以降形骸化し、非正規労働者の増加や雇用優先の組合の行動様式がマクロレベルの賃金決定の仕組みを崩壊させてしまった。一方、正社員の雇用流動性が低いために、米国のように、好景気に人材獲得競争が起こって有能人材の賃金が大きく引き上げられるということも生じない。

その結果、景気回復時に賃金が引き上げられず、家計の低価格志向が定着してしまっている。今日のわが国では、80年代のスウェーデンのインフレと賃上げの悪循環とは逆方向ではあるが、マクロの賃金調整機能の低下とデフレの進行がみられている。そうした状況で金融政策をいくら緩和しても、それだけではデフレから脱却することは難しいであろう。米国型の労働市場を通じた賃金引き上げというメカニズムが働かないことを踏まえれば、スウェーデンの経験は、景気回復時には経済合理性に則って賃金が上昇するようなマクロレベルでの賃金決定方式を再建することが必要であることを物語っている。

さらに、スウェーデンで賃上げが可能になっている、その背後にある重要なポイントを付け加えれば、生産性の持続的な上昇がみられたことである。この生産性上昇には産業構造転換が不可欠で、そのためにはすでに述べた流動的な労働市場の存在が見逃せない。それこそ物価安定の条件であり、賃金上昇の原資となる。

このように、**スウェーデンの経験は、賃金決定におけるマクロ調整機能とインフレターゲティング**

政策のミックスが物価・賃金安定化に有効であり、その前提として流動的な労働市場が産業構造転換を支えて生産性向上を実現することが必要であることを示唆している。わが国では、雇用調整に対しては最終手段との社会的規範が存在するなか、産業構造転換が遅れ、労働生産性が低迷してきた。その結果、そもそも景気回復時でも賃金引き上げ余地が少なかったとはいえ、さらなる賃金引き下げによるコスト引き下げが産業構造転換の必要性を緩和させ、労働生産性の上昇の阻害要因になってきたという面も見逃せない。

このようにみれば、２０１３年１月に白川総裁下の日本銀行が「物価安定の目標」を消費者物価の前年比上昇率２％と定め[24]、その後、黒田総裁のもとで大胆な緩和策に踏み切っている状況下、わが国にとっての優先課題は産業構造の転換を進めることであり、同時に賃金決定におけるマクロ調整機能を回復させることであろう。そう考えた場合、産業構造の転換を進める前提として労働市場の流動性をいかに高めるかが優先政策課題となってくる。この点で注目されるのはスウェーデンでの積極的労働市場政策の経験の蓄積である。米国のように機能的な労働市場が十分に発達していない以上、わが国で労働移動を進めるには政策的な後押しが必要だと考えられるからである。そこで次節では、スウェーデンの積極的労働市場政策の実際とその評価を行う。

4　未完の積極的労働市場政策

（1）失業保険制度

スウェーデンにおける雇用政策は「労働市場政策（Labour Market Policy）」と呼ばれ、失業保険制度と積極的労働市場政策を両輪として運営されてきた。そこで、積極的労働政策についてみる前に、失業保険制度について解説しておく必要があろう（Thoren（2008）、Lundgren（2006））。

スウェーデンの失業保険制度の起源は、1900年以前の「自助基金（help-funds）」に遡るとされる。当初は労働組合による運営であったが、今日では多額の政府資金が投入されている。現在の制度は1934年に導入されたが、失業者が新たな仕事を見つけるまでの移行期の所得補償を行うものとして位置付けられている。失業保険基金には被用者のみならず自営業者も加入でき、①1日3時間以上かつ週平均17時間以上の就労が可能であること、②求人を受け入れる用意があること、③公共職業安定所（Public Employment Service）に登録し、積極的に求職活動を行っていること、④公共職業安定所の指導に従って個人の行動計画を策定すること、が失業給付を受ける条件になっている。

基礎保険と所得比例保険の2種類があり、前者は失業保険基金の未加入者や基金加入者で受給要件（12か月の加入期間が必要）を満たしていない者が対象となる。給付期間は300日間で、公共職業安定所が認めた場合300日延長できる。

表5－2　伝統的労働市場プログラムの類型

労働市場訓練（labour market training）	伝統的には職業訓練であり、労働力不足分野のスキルの獲得・向上を目的としていた。近年ではITスキルなどより基盤スキルの習得も含むようになっている。
雇用助成金（subsidised employment）	雇い主に賃金を助成することで失業者の雇用を促進。近年では既存雇用との置き換えを防ぐために長期失業者などに対象を限定。
就業体験（work practice）	就業と訓練の双方を組み合わせたプログラムで、若年向けが多い。

出所：Calmfors, Forslund and Hemström（2002）をもとに作成

所得比例保険も給付期間は300日であり、最初の200日間は上限を680SEK（約9000円）として従前賃金の80％が給付される。201日目から300日目までは70％となる。公共職業安定所が認めれば、さらに300日延長できるが、65％に引き下げられる。最低額として、基礎保険と等しい320SEKが保障される。

（2）積極的労働市場政策の類型と評価

■積極的労働市場政策の類型

「就労原則」のもとで、以上の失業保険制度と並行して実施されているのが「積極的労働市場政策」であり、この政策こそがその他の欧州諸国との対比でスウェーデンを含む北欧諸国の雇用政策を特色付けるものとなっている。すなわち、GDP比のALMP支出は、80年代後半期～90年代前半期にはOECD主要諸国でナンバーワンであった。90年代後半期はデンマーク、フィンランド、アイルランドの方が増加しているが、国際的には高水準を維持している（Calmfors, Forslund and Hemström（2002））。

スウェーデンにおける積極的労働市場政策は、一般に①労働市場訓練（labour market training）、②雇用助成（subsidised employment）、

③就業体験（work practice）という3つのタイプに分類することができる（表5-2）。

これら3つのカテゴリーの内容を1990年代における具体的プログラムの紹介を含めて記せば以下のとおりである（Calmfors, Forslund and Hemström（2002）、Forslund and Kruger（2008）、Richardson and Berg（2008））。

①労働市場訓練（labour market training）

伝統的にはALMPの中心的な役割を果たしてきたのが労働市場訓練であり、元来は職業訓練をその内容とし、労働力不足分野のスキルの獲得・向上を目的としてきた。近年ではITスキルなどより基盤スキルの習得も含むようになっている。90年代には、コンピューター・スキル、技術的スキル、製造技能、各種サービスや医療関連のスキルに関するコースが大半を占めていた。

具体的なプログラムとしては、コンピューター活動センター（Computer Activity Centres）が1995年に導入されたほか、1998年には、ITプログラム（Swit）がスウェーデン産業連盟（Confederation of Swedish Industries）との共同で導入された。

訓練期間は通常6か月で、訓練参加者は失業給付と同額の給付（activity support）を受ける。なお、80年代後半から訓練プログラムに参加すると失業保険の受給資格を得られるようになったが、2000年にはこの仕組みはすべて廃止された。

②雇用助成（subsidised employment）

雇い主に賃金を助成することで失業者の雇用を促進することを狙ったプログラムである。近年では既存雇用との置き換えを防ぐために長期失業者などに対象を限定するようになっている。

具体的な変遷をみると、かつては「救済雇用（relief works）」が典型的なプログラムであり、通常は公的セクター、一部は民間セクターで一時雇用（6か月程度）の機会が与えられるもので、当局によって選ばれた個人を雇う雇用主に助成金が支払われる施策があった。しかし、その施策がなくとも雇われているケースへの助成が多いとの批判が多かった（1998年に廃止）。

そこで、「relief works」に代わるものとして「就業体験スキーム（work experience schemes）」が正規雇用を代替しないことを目的に導入されたほか、「採用助成（recruitment subsidies）」「雇用助成（employment subsidies）」が長期失業者に対象者を限定する形で導入された。

③就業体験（work practice）

就業と訓練の双方を組み合わせたプログラムで、さまざまなタイプの若年支援スキームがこの範疇に属している。最初のプログラムは「youth team」というプログラムで、1984年に導入された。その後「school-in-slots」が導入され、1992年には「youth practice」が導入された。これらのプログラムは25歳以上の若者を対象にしたもので、90年代前半に急拡大した。

そのほか、移民など若者以外を対象にした「practice for immigrants」、「practice for academic graduates」といったプログラムがある。

1997年には6か月（3か月の延長可能）の一時雇用を行う雇い主に助成を行う「resource job」

が導入された（１９９９年廃止）。就業のほか、訓練や求職活動に対しての支援も盛り込まれていた。

■90年代積極的労働市場政策（労働市場訓練）の評価

では、こうしたＡＬＭＰは有効に機能してきたといえるのであろうか。ここでは、伝統的にその中心的役割を果たしてきた労働市場訓練の評価についてみてみよう。さまざまな評価を取りまとめたForslund and Vikstrom（2010）によれば、職業訓練プログラムの評価について、80年代にはプラス効果が認められた一方、90年代には効果は不明瞭になった、とまとめられている。実際、失業率の動きからみても80年代には３％前後であったものが、90年代には倍以上に上昇しており、直観的にも納得できる。90年代に訓練プログラムの有効性が認められない背景としては、①そもそも職業訓練が機能するには雇用の受け皿が存在することが前提であるが、90年代には受け皿が見つからなかったこと（90年代は不況が深刻で、職業訓練の対象とする職業や分野の特定が困難であったこと）（伊藤（２００１）２００頁、Calmfors, Forslund and Hemström（2002）p.58）、②訓練受講者が急増したことでインフラが追い付かず、プログラムの効果的な運営が困難になったこと（Calmfors, Forslund and Hemström（2002）p.58）、③産業構造の高度化により旧来型公共職業訓練の有効性が低下したこと（宮本太郎（２００１）２６７頁）、等が指摘できる。

しかし、90年代の有効性の低下の要因については別の原因も指摘されている。それは、ＡＬＭＰに参加すると失業保険の給付資格を再取得できたという仕組みである。この仕組みがモラルハザードを助長し、ＡＬＭＰの参加と失業保険の給付を「回転ドア」のように繰り返すというケースを生み出すことになった（伊藤（2001）208～209頁）。

ちなみに、スウェーデンの失業率にはALMP参加者は含まれておらず、公表失業率（open unemployment）とALMP参加率（accommodation ratio）を加えたものが総合失業率（total unemployment）として表現されることがある。ALMP参加率は、公表失業率と連動して動く傾向があるため、90年代の雇用情勢は公表失業率が示す以上に深刻な状況にあったといえよう（Forslund and Kruger（2008））。

こうした労働市場訓練の問題に対し、1999年に「70％目標」が導入された（Swedish Fiscal Policy Council（2010）p.217）。その目的は訓練終了後3か月以内に70％の参加者が仕事を得るとしたものである。この目標が導入される前は、わずか40％しか仕事に就いていなかった。しかし、目標導入後2003年には70％に達した。加えて、2000年にはALMPの参加資格の厳格化が行われ、ALMPに参加しても失業保険の給付資格を再取得することはできなくなった。この制度変更と連動して同年には「activity guarantee」[25]が導入された。これは長期失業者ないしそのリスクのある者や失業保険の受給資格が失効する者を対象にしたプログラムで、新しい職ないし正規の教育を見つけるまで、求職活動や職業訓練のようなフルタイムの活動が与えられるというものである（Forslund, Froberg and Linsqvist（2004）p.7）。

そうした結果、2000年代には訓練プログラムの有効性が再び検証されるようになっている。たとえば、公共職業サービス所（Public Employment Service）の評価によれば、2002～07年の間に、訓練開始後1年後に助成なしの仕事に就いた者の割合は、単に失業していた者のケースよりも属性要因をコントロールして10％高かった（Swedish Fiscal Policy Council（2010）p.217）。

（3）中道右派政権の取り組みと今後

■中道右派政権の取り組み

２００６年夏に行われた総選挙では、それまで長らく政権の座にあった社会民主党が敗北し、ラインフェルト率いる穏健党を中心とする中道右派政権が誕生した。穏健党は社会民主党が掲げてきた各種政策を取り込む形で多くの支持を集めることに成功し、伝統的に社会民主党が重視してきた「アルベツリーニエン」というコンセプトを、就労倫理を強調する形で再解釈し、支持を得た。

そうした理念に基づいて、政権交代後の新しい労働市場政策として、①給付受給者と難民を対象にした「ニュースタートジョブ＝再出発のための職」の実施、②若年者や長期失業者、高齢者を雇用した場合の事業主負担分社会保障保険料の減免措置、③時間限定雇用の可能性の拡大、④家事サービス、家屋の保障サービスの利用料金の税控除制度の導入[26]、⑤レストランでの食事にかかる消費税の減税（25％を12％に）、といったものが導入された（労働政策研究・研修機構（２００７c）、厚生労働省（２０１３）[27]）。また、失業保険については、給付期間を短縮して最長３００日にし、給付の補償率を80％から70％に削減（さらに65％に漸減）した。

中道右派政権の労働市場政策の特徴は、まずは就労をすることを最重視するというスタンスにあり、効率重視のスタンスも相まって、高コストな労働市場訓練は急激に縮小された（図５-９）。それに代わって拡大されたのは雇用助成であり、ニュースタートジョブはその典型的なプログラムといえる。

図５−９　スウェーデンの労働市場政策の構成

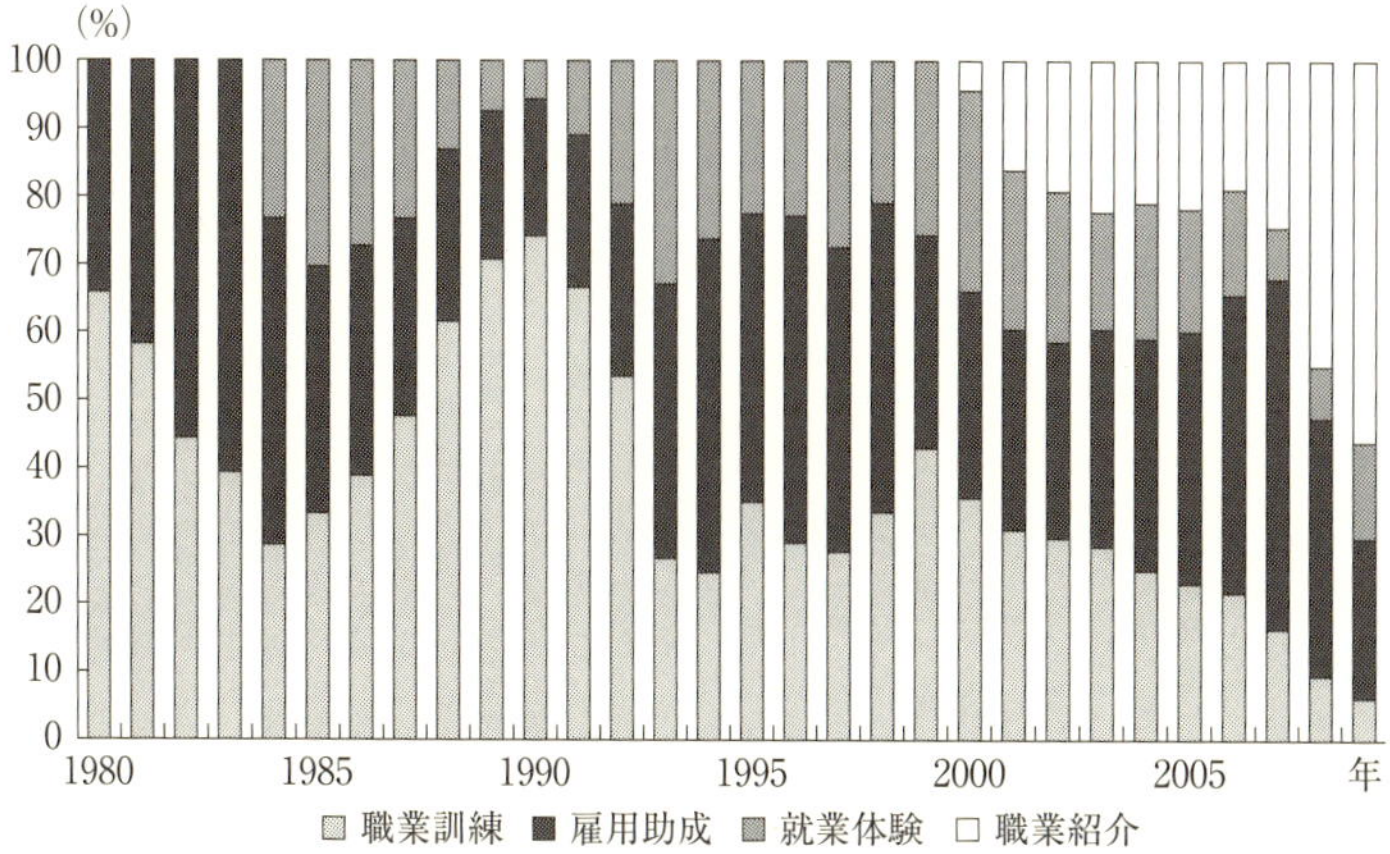

注：ニュースタートジョブおよびJDGのフェーズ３は雇用助成に計上。短期失業者に対する個人コーチングは含まれず。
出所：Swedish Fiscal Policy Council（2010）

さらに、最近はジョブマッチングを重視しており、コーチングの名のもとでキャリアアドバイザーによる個別対応方式による就労機会の提供を重視するスタンスを鮮明にした。

たとえば、長期失業者を対象に２００７年半ばに導入されたJob and Development Guarantee（ＪＤＧ）プログラムでは、最初の段階でコーチングが位置付けられている（Swedish Fiscal Policy Council (2010) p.221)。より具体的には、失業給付を３００日間受給した失業者、あるいは、失業給付を受ける資格がないままに失業し続ける期間か、労働市場プログラムに参加した期間が18か月以上の者が対象であり、以下の３つのフェーズから構成されている。

・**フェーズ１**…求職活動、コーチング、求職準備。最長６か月。
・**フェーズ２**…就労体験、就労再訓練、集中的な就労再訓練、Lift。

・フェーズ3：450日経過後、フルタイムの就労機会が与えられる。

■積極的労働市場政策の今後

中道右派政権が労働市場訓練を減らし、雇用助成やジョブマッチングを強化してきたことは、従来労働市場訓練に偏り、その有効性・効率性に疑問があったことへの反省から行われたものであった。若年無業者や長期失業者にとっては、就業自体が彼らを労働市場に戻す効率的な方策であり、その意味でジョブマッチングが強化された。政権発足の年である2006年から2013年までに、世界経済危機があったにもかかわらず6％以上も雇用が増えたことからすれば、それなりの成果があったといえよう。

もっとも、元来、労働市場訓練が重視されてきたのは、不況期に人的投資を行うことで次の回復期に良質な雇用に就けるように備えるという意図があり、その有効性については一定の期間でみる必要があるものでもある。ジョブマッチング重視の政策には、質の悪い雇用に固定させてしまうという副作用を懸念する声もある。中道右派政権のもとでは就労重視スタンスで労働力率を引き上げ、雇用を増やすことには成功したものの、労働力の増加を吸収できずに失業率は高止まりをしてきた。背景には、求められるスキルが高度化していることに対し、スキルのミスマッチが拡大していることが指摘されている(28)。このミスマッチ解消には職業訓練が必要であり、不況期には労働市場訓練の割合が増えることも合理的といえ、中道右派政権の訓練縮減スタンスは行き過ぎであったと考えられる。

つまり、望ましいALMPのあり方としては、通常時にはジョブマッチングを重視する一方、不況時には労働市場訓練に重点をシフトするというように、柔軟に内容を変えていく仕組みであろう[29]。

さらに、労働市場訓練については、特定技能の短期的な訓練という従来型のものの有効性が低下しているのは確かであり、産業構造のサービス化・高度化に伴って、より基盤的な部分も含めた統合的な職業教育が求められるようになっている。その先駆的な事例として、１９９７〜２００２年に行われた「Knowledge Lift（ＫＬ）」という社会人教育プログラムがある（Ericson（2005））。これは、低学歴・低スキル労働者の技能向上を目指したもので、一義的には労働市場訓練が行ってきたような特定職業の能力ではなく一般的な能力を獲得させることが目的であるが、一部にＡＬＭＰのような実践的なものも含むプログラムであった。それはかつてない規模で行われ、総労働力人口の10％以上がこのプログラムに参加した。その効果を検証した調査論文（Albrecht, Berg and Vroman（2004））によれば、このプログラムは若い男性の雇用にプラスの効果があったことが検証され、90年代初めの景気後退で失業した人々を再就職させる効果をもたらした、としている。

その意味では、中道右派政権下で、自治体が中央政府からの補助金を使って成人向け職業教育（adult vocational education）を充実させることができるようになったことは評価できる。その狙いは、追加的な高等教育が必要なグループにスキル労働者になる可能性を高めることであり、この成人向け職業教育はとくに失業者を対象としたものではなくすべての人々に開かれており、参加者は教育費援助（study support）を受け取る資格が得られる。この文脈からすれば、プロフェッショナル専門職になるために求められる基礎力および専門知識を提供しているYrkeshögskolan（職業大学制度）の活用も、今後の新たなＡＬＭＰにとって有効な仕組みといえるであろう。両角（２０１２）によれば、

Yrkeshögskolan は、理論教育と実地教育を組み合わせた2年間のフルタイム課程を基本にしたカリキュラムになっており、大学のほか高等専門学校、地方自治体、個人、法人が教育プログラムの提供者になることができる。その狙いは、変化する労働市場のニーズに応じた職業能力養成のサービスを提供するとともに、働き手が希望する分野への就職やキャリアアップ、転職を可能にすることとされる。

以上のように、**スウェーデンの積極的労働市場政策は必ずしも100%うまくいっているわけではないが、検証に基づいて政策改善を不断に行ってきていることこそが重要である。**2014年の総選挙では、8年ぶりの政権交代が実現し、社会民主党を中心とする中道左派政権が返り咲いた。スウェーデンの積極的労働市場政策は新たな政権のもとで、前政権での経験に対する批判的検証をもとに、新たなステージへと進化を遂げていくことであろう。

5　スウェーデンの雇用の「受け皿」創出力の源泉

本章の最後に、スウェーデンがいかにして雇用の「受け皿」を生み出してきたかについての考察を行っておきたい。同国の雇用者数は2000年から2013年までに年率1%で増加し、主要先進国の中でも高い伸びを示している。**とりわけ、リーマンショック後には2009年から2013年までの増加ペースは年率1・1%と、主要欧州諸国ではスイス、ドイツに次いで高い伸びを記録した**（図

図5－10　主要先進国の雇用伸び率（年率、除く軍人）

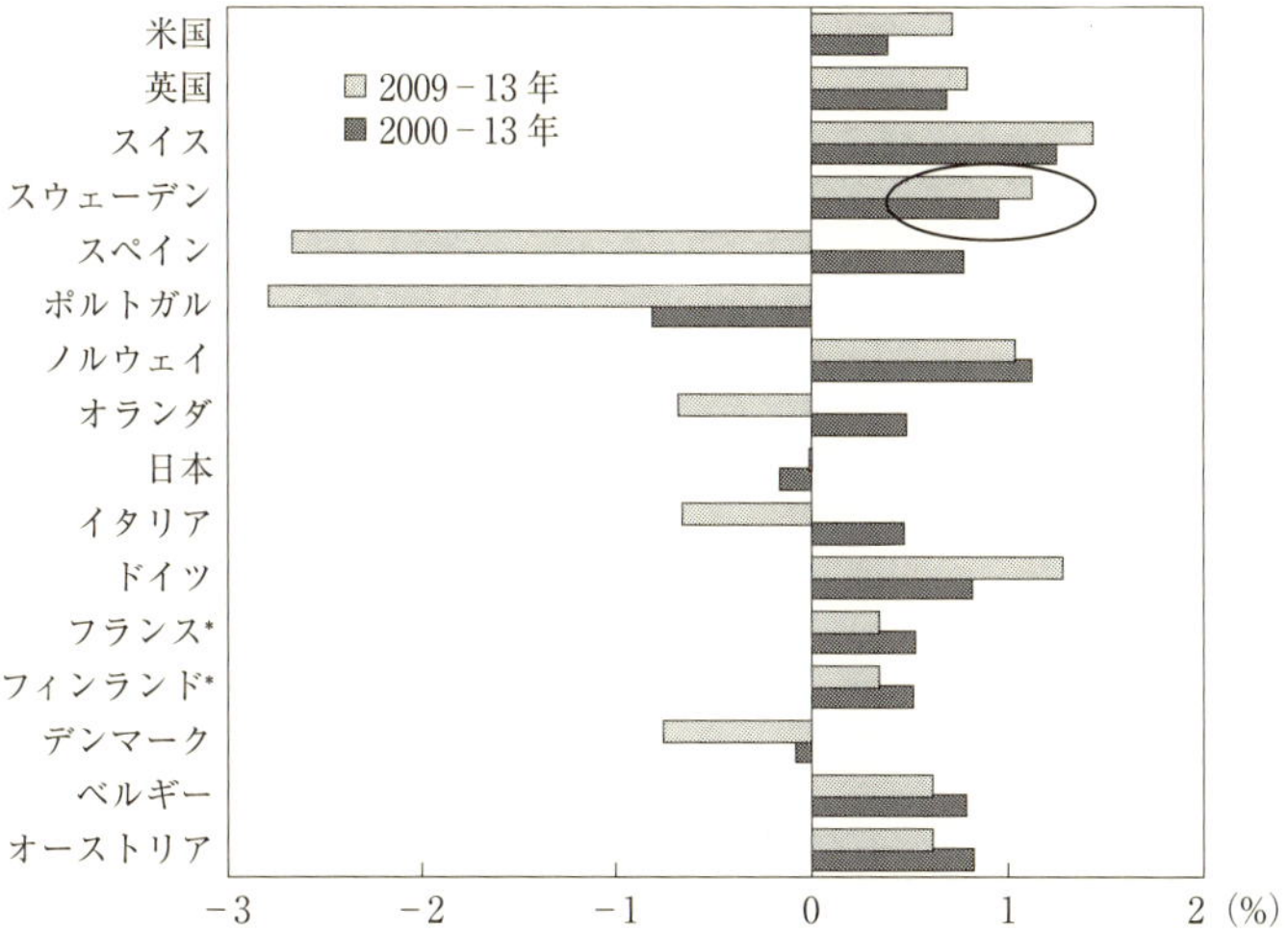

注：* がついている国は、2012年までの伸び率。
出所：OECD, *OECD Employment and Labour Market Statistics*

5－10）。しかも、1人当たり雇用者報酬の伸びも高く[30]、量のみならず質の面でもスウェーデンの雇用創出力は優れている。こうしたスウェーデンの良好な雇用創出力は、いわゆる積極的労働市場政策によって、衰退事業から成長事業への労働力移動を実現してきたことが貢献してきたといえるが、そもそもその前提として、雇用の受け皿となる事業・産業が持続的に生まれてきたことを見逃せない。では、その高い雇用の「受け皿」創出力の源泉は何か。本書では「デマンド・プル型」の労働移動の重要性を指摘してきたが、このパターンの前提は良質な雇用の受け皿を創出することであり、それは「言うは易し行うは難し」の面がある。そうした意味で、スウェーデンにおける高い雇用の「受け皿」創出力の源を探ることとは、意義が大きいであろう。

その源の第1は、**グローバル化に背を向け**

図5－11　スウェーデンの輸出入の対 GDP 比率の推移

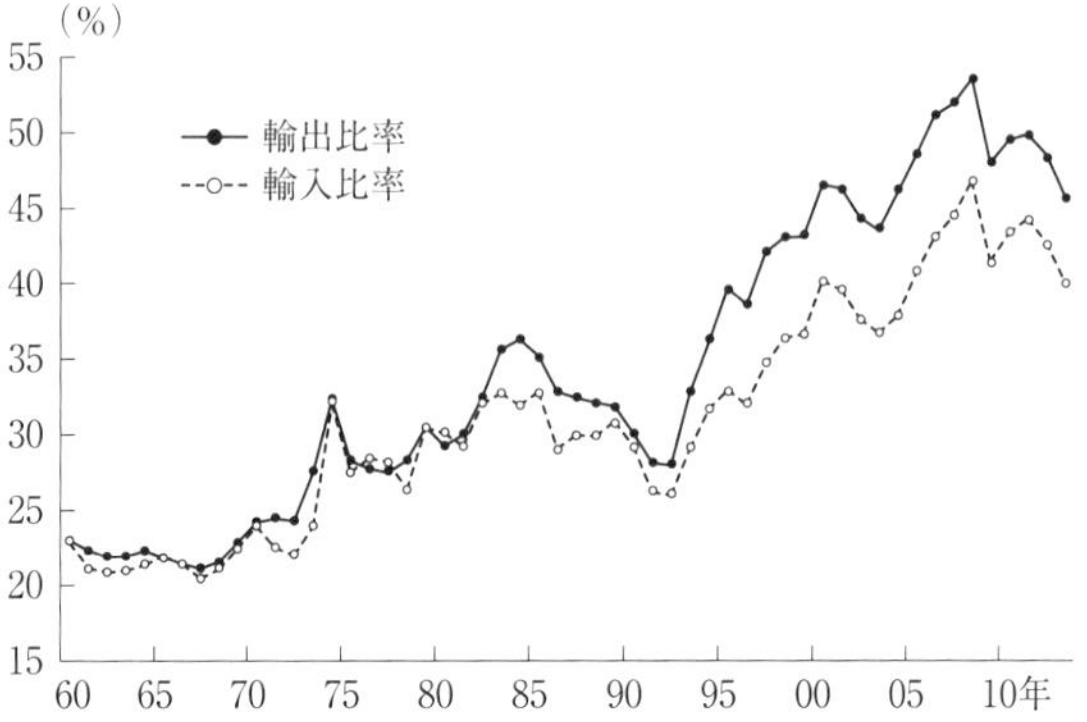

出所：Eurostat Database

図5－12　主要国の対内直接投資残高／GDP 比率

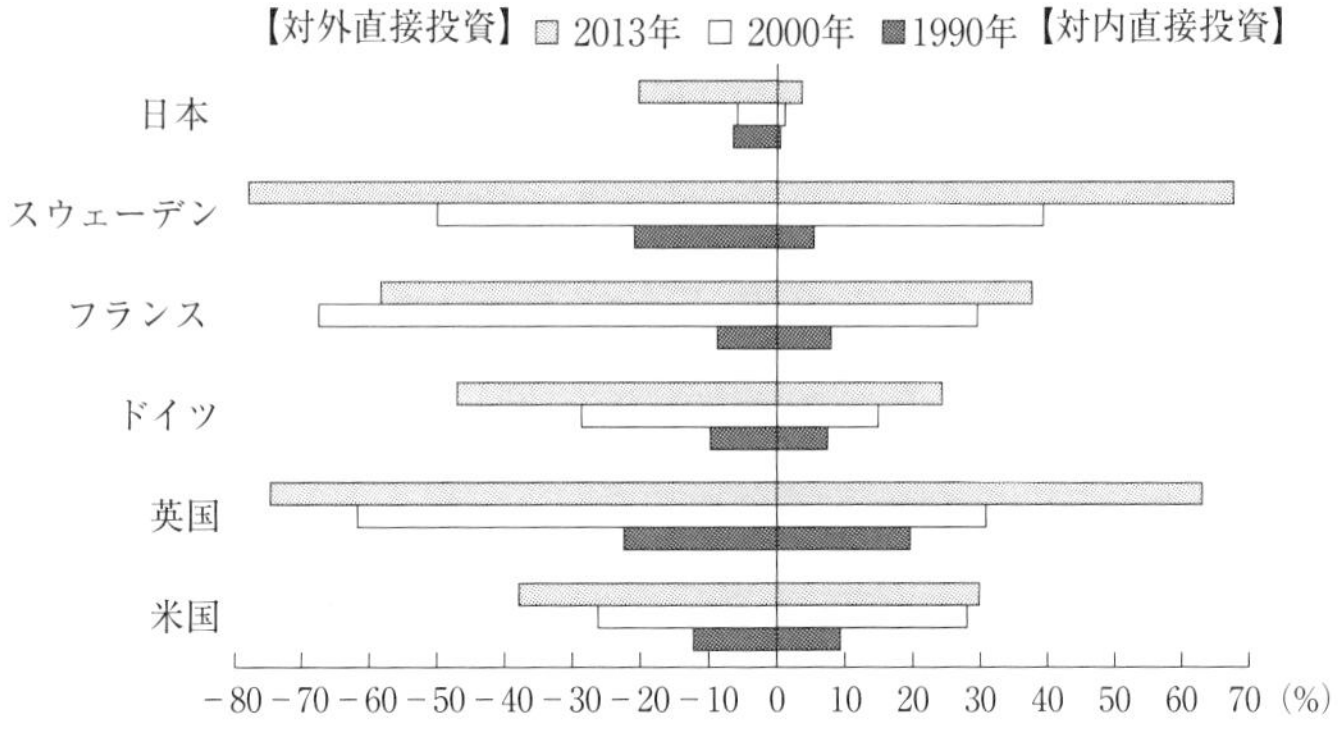

出所：UNCTAD, *World Investment Report 2014*, IMF "World Economic Outlook Database"

ず、**対外的に開放的なスタンスを積極的に推進してきたこと**である。総人口1000万人に満たない少ない国内市場のためそもそも企業が成長するには海外市場を視野に入れざるをえないという事情があり、輸出入のGDP比率は傾向的に上昇してきており、スウェーデン企業の海外事業展開も積極的に行われてきた。とりわけ経済危機に直面した1990年代前半を経て、輸出入および対外直接投資残高の対GDP比率は一段と高まり、それまでは諸外国対比で遅れていた外資の受け入れにも積極的に取り組んだ（図5–11、図5–12）。スウェーデンの法人実効税率は90年代初め、主要先進国に比していち早く30％にまで引き下げられ、その後も一段の引き下げや持ち株会社に対する優遇措置が講じられ、海外からの投資を呼び込むことが図られた（湯元・佐藤（2010）56～57頁）。結果として、スウェーデンはエリクソン、ボルボ、H＆M、イケアといったグローバル企業を生み出しており、対内直接投資残高（GDP比）は1990年の5・2％から2013年には67・6％へと、主要先進国の中では最も速いスピードでの上昇がみられた。

第2の源は、**手厚い社会政策を前提にした競争促進的な産業政策**である。通信、電力、鉄道など、事業者の新規参入を促進する一方、業績不振企業の救済は基本的には行わない。企業も不採算事業を温存せず、リストラクチャリングを思い切って行う。スウェーデンでは自らの小国としての危機感を強く持ち、「井の中の蛙」に陥ってグローバル競争に敗退しないように、国内で競争的な環境を作ることで、企業が切磋琢磨することを促してきた。この結果、企業の環境変化に応じた事業転換のスピードは速く、90年代初めには未曾有の経済危機に陥ったにもかかわらず、それから10年も経たないうちにITブームの波に乗って経済再生を遂げることができた。ただし、ここで重要なのは、競争促進

表５－３　スウェーデンの産業別就業者数の増減

（千人）

年	全産業	農林水	製造業	建設業	商業・運輸	情報通信
93→97	−59	−25	36	−23	−16	19
97→02	350	−14	11	36	61	43
02→08	172	−18	−49	59	43	3
08→13	108	13	−97	24	44	0

年	金融保険	不動産	事業所サービス	教育福祉公益	その他サービス
93→97	4	−5	29	−78	6
97→02	12	2	88	74	34
02→08	−1	8	78	36	3
08→13	−2	6	44	55	16

出所：Eurostat Database

的な産業政策が機能しているのは、人々の変化適応を支える手厚い社会政策とセットになっていることである。人員削減が社会不安につながらないのは失職者に対するセーフティーネットが手厚いからであり、不採算事業が整理されるがゆえに企業は新たな分野への思い切った投資が可能になり、改善を重ねてきている積極的労働市場政策が転職・再就職のハードを低くしているといえる。

第３の源は、**家庭内サービスの社会化＝家庭内労働の外部化を積極的に行ってきたこと**である。ミュルダール（Karl Grunnar Myrdal）などの考え方に基づき、戦後スウェーデンでは少子化に歯止めをかけるための政府主導の本格的な保育支援策が展開され、租税を財源として保育サービスを社会化し、雇用を創出した[31]。また、戦前、慢性的な食糧不足を背景とした大量の海外移民の結果、他の欧米諸国に比べて早い高齢化をもたらし、介護サービス需要が生まれ（斉藤（２０１４）56～57頁）、主要先進国に先駆けてこの分野での雇用が創出された。もっとも、90年代前半期には財政危機に陥ったことから、保育・介護に関わる支出が削減され、雇用も減った。だが、その後公的部門効率化に向けた民間委託が推進され、自由選択制が導入されたこともあり、保育・介護分野での民間事業者が増え、この分野の雇用者数も増加傾向に転じている（表5-3）。すでに触れた近年導入された家事サービスを購入した際の税制支援策も、家庭内サービスの社会化を通じた雇用創出施策として注目される。具体的には、２００７年7月に、掃除、洗濯、調理、庭の手入れなどの家事サービスを利用した際、その作業にかかった労賃の半額を税額控除できるＲＵＴ、２００８年12月には家の補修サービスを利用した際に利用できる同様の制度であるＲＯＴが導入された（斉藤（２０１４）２０２～２０３頁）。これらの制度の導入後の時期にあたる２００８年以降、建設業および教育福祉公益分野で雇用の増加が確認されるが、とりわけ教育福祉公益分野での雇用の増勢が加速しており、そこにＲＵＴの効果が窺われる。

以上のように、スウェーデンの高い雇用の「受け皿」創出力の源泉は、**①積極的なグローバル化への対応により、海外市場の成長力を取り込んできたこと、②不採算事業・成熟事業の整理を先送りしないことで企業は身軽な状態を保ち、環境変化がもたらす新たなチャンスをつかむことができてきたこと、③人口動態変化が生み出す家庭内ニーズに公的サービスの拡大で対応し、新たな需要＝雇用機会を創出してきたこと**、に求められる。ここで重要なのは、こうした行動パターンの背後に、「グローバル化・競争促進vs大きな公的部門・社会保護」といった単純な二項対立の発想を超え、弱者保護と同時に競争力強化や需要創出のために社会政策を活用してきたことを見逃せない。つまり、**スウェーデンの高い雇用創出力を誇ってきた理由の奥深いところには、社会政策のあり方が重要な役割を果**

図5－13　スウェーデンにおける高成長・高雇用のメカニズム

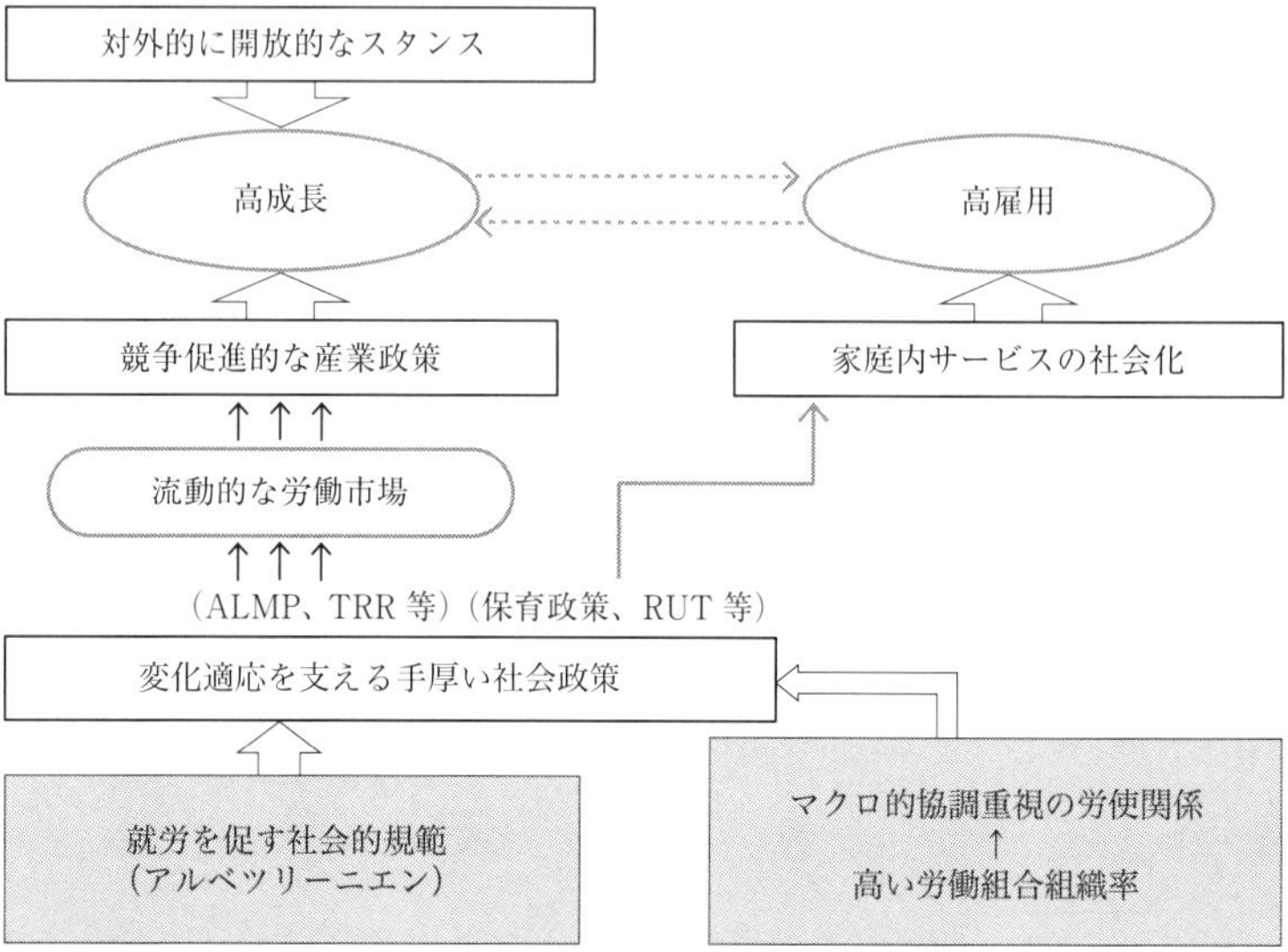

出所：筆者作成

たしてきたことが特筆される。スウェーデンにおける社会政策の重点は年金・医療といった伝統的な引退世代のための生活保障よりも、**保育政策や積極的労働政策といった現役世代のための生活保障**にあり、そうした「変化適応を支える手厚い社会政策」のあり方が、産業構造転換に伴う労働移動に受身的に対応してきたのみならず、**新たな雇用機会を生み出す能動的な役割を演じてきた**事実が重要なのである。

　以上で考察してきたことをまとめると、図5-13のようになるだろう。積極的労働市場政策に代表される「変化適応を支える手厚い社会政策」が、一つには労使協調のもとで「流動的な労働市場」を生み出して、対外的に開放的で競争促進的な産業政策と歩調を合わせる形で、経済成長を可能にし、高い雇用創出力を生み出してきた。加えて、そうした「変化適応を支える手厚い社会政策」は、積極的な保育政策などを通じて家庭内サービスの社会化を促し、それが女性の就業促進の原動力になってきた。このように、この「変化適応を支える手厚い社会政策」のあり方こそがスウェーデンの経済・雇用の高パフォーマンスを支える主柱といえる。そして、それはスウェーデンの人々が「就労を促す社会規範」を共有しつつ、「マクロ協調的な労使関係」のもとでの無数の試行錯誤によって、長い時間をかけて形作ってきたものなのである。

【注】

(1) "Nordic countries:The next supermodel" *The Economist* Feb. 2nd 2013

(2) OECD Economic Outlook 98 Data base

(3) 本章は、筆者が2010年10月および2014年9月に実施したストックホルム訪問時のヒアリング内容が下敷きになっているが、2010年の訪問時に通訳およびガイドをお願いした佐藤吉宗氏（ストックホルム商科大学・欧州日本研究所研究員。当時はヨーテボリ大学経済学部博士課程在籍）からさまざまな情報、有益なアドバイスをいただいたことへの感謝を記しておきたい。

(4) 本節の記述は藤井（2002）に負うところが大きい。

(5) 藤井（2002）53頁。

(6) 同前、75～88頁。

(7) 同前、55頁。

(8) 同前、100～102頁。

(9) 同前、107～108頁。

(10) 同前、154～155頁。

（11）同前、114～115頁。
（12）同前、133頁。
（13）2006年9月の総選挙で誕生した中道右派政権のもとで、就労促進のために採られてきた失業給付の削減や傷病給付の基準厳格化などで労働力人口が増えたため、結果として失業率が低下しなかった（2014年9月ストックホルム訪問時における、スウェーデン専門職労働組合SACOのEva Oscarsson氏からのヒアリングによる）。就労促進のための福祉給付の削減で就労が促進されてきたことをどう評価するかについては議論の余地がある。
（14）宮本太郎が「就労原則」と訳しており、その意味するところを広く採り、「政府は雇用保障と社会保障をとおして、人々が失業や病気、知識の不足などを乗り越えて就労する条件を提供する。働くことができる人々は、その条件のもとで就労して納税者として福祉国家を支える。各種の給付は、各人が働いた成果としての現行所得にできるだけ比例させて、人々の労働意欲に報いる」という状況としている（宮本太郎（2009）90～91頁）。
（15）2010年10月に筆者が実施したスウェーデン訪問調査時における、労働市場政策を専門とする野党（当時）社会民主党の議員および与党（当時）自由党の議員からのヒアリングに基づく。
（16）2001年3月、SAFはSI（スウェーデン産業連盟）を統合して、Svenskt Näringsliv（Confederation of Swedish Employers）となった。
（17）OECD. *OECD Empoyment and Labour Market Statistics*, U. S. Department of Labor "Empoyee Tenure"、厚生労働省「賃金構造基本調査」によるデータ。欧州、日本は2013年値。米国は2012年値。日本は一般労働者と短時間労働者の平均値。第4章、図表4-1に一覧表。
（18）内閣府（2004）「第7回 世界青年意識調査」第3章、2、c、図表3-3（http://www8.cao.go.jp/youth/kenkyu/worldyouth7/html/no2-3-2.html#no2-3-2-c 2015年1月2日アクセス）
（19）筆者が2010年10月ストックホルム訪問時、スウェーデン議会の労働政策に詳しい与党（当時）議員にインタビューした内容によれば、当時の中道右派政権は見直しの方針であるが、実際のアクションについては慎重に進めるスタンスとのことであった。
（20）以下の記述は2010年10月ストックホルム訪問時におけるTRRでのヒアリングに基づく。

(21) 以下は Holmlund（2009）を参考にしている。
(22) ２０１２年末に発足した第2次安倍晋三内閣のもとで開始された拡張的な金融・財政政策により、経済成長率はやや回復し、デフレ脱却の兆しが見え始めているが、その成否を判断を下すにはなおしばらく時間を要する。
(23) ２０１０年10月ストックホルム訪問時における、ＬＯの元チーフエコノミストである Dan Andersson 氏からのヒアリングに基づく。
(24) 日本銀行ホームページ（https://www.boj.or.jp/mopo/outline/qqe.htm/　２０１５年1月4日アクセス）
(25) 労働政策研究・研修機構（２００７ｃ）では、失業期間27か月以上の長期失業者が必ず受けなければならないプログラムとして、「1日8時間の就職に必要なスキルを身につけるプログラムを課す」と解説している。
(26) スウェーデンでは、家屋の修理やクリーニングといった家内サービスの多くが地下経済で営まれてきたが、その正規取引化とこの分野での雇用増を目的に、２００８年12月から導入された。家屋の修理・維持や拡張の際に家主が利用できるＲＯＴ、および、掃除、洗濯、庭の手入れ、ベビーシッターなどに利用できるＲＵＴがあり、スウェーデン市民はこれらサービスを利用する際、その労働コストの50％に相当する税控除を受けることができる（Eurofound "Tax deduction for domestic service work, Sweden" https://eurofound.europa.eu/areas/labourmarket/tackling/cases/se015.htm）。
(27) OECD（2008）によれば、失業保険の置換率の削減、ニースタートジョブ、イン・ワーク税額控除といった「making work pay」のための改革は効果があったとしている。
(28) ２０１４年9月ストックホルム訪問時における、スウェーデン専門職労働組合ＳＡＣＯの Eva Oscarsson 氏からのヒアリングによる。
(29) ２０１０年10月ストックホルム訪問時におけるＳＡＣＯの President（当時）である Anna Ekström 氏からのヒアリング内容に基づく。
(30) ＯＥＣＤデータベース（Economic Outlook 95 database）によれば、1人当たり雇用者報酬の２０００〜２０１３年の間の平均伸び率は、スウェーデンが３・１％と、ユーロ圏平均（２・３％）、ＯＥＣＤ平均（２・８％）をともに上回る。

（31）スウェーデンでは福祉・教育分野に公的部門が介入することで、サービス価格を引き下げて低中所得層の需要を顕在化させ、サービス需要の拡大を実現してきた（藤井（2011）46頁）。スウェーデン福祉国家建設の理論的根拠を与えたとされるミュルダールは、人口減少に歯止めをかけるために子どもの養育負担を国家が賄うべきだと主張したが、その具体的なやり方として「消費の社会化」というコンセプトのもとで、現物給付を基本とする国家主導の育児支援システムの構築を提案した。国が主導することによって育児サービス需要を確実に作り出し、福祉の充実と経済成長を両立したわけである（藤田（2010）160～165頁）。

第6章

経済活性化につながる労働市場改革

1　はじめに

これまで、経済活性化と労働移動の関係について、欧米との比較を踏まえながら、多角的に検討してきた。その主なファインディングを整理すれば以下のとおりである。

① 経済活性化との関係という観点からすれば、労働移動は「デマンド・プル型」と「コスト・プッシュ型」に大別することができ、前者を増やすことが経済活性化につながる必要条件である。

② 「デマンド・プル型」労働移動を増やすには、企業サイドにおいて、事業のグローバル化を含めた拡大戦略など、事業環境の変化に適応したビジネスモデルの構築が前提条件となる。

③ 成長分野での「デマンド・プル型」労働移動を経済活性化につなげるには、有効な人材育成の仕組みを整備する必要がある。つまり、経済活性化につながる労働移動とは、「人材育成とセットされたデマンド・プル型労働移動」といえる。

④ 欧米との比較分析からすれば、わが国の雇用システムの特徴は、経済の需要変動が求める人件費

調整を、雇用は維持して主に賃金調整で行うところにある。これは、欧米では主に雇用調整で行う傾向がある点と対照的であり、このことがわが国では不採算事業を温存させ、事業環境の変化に適応したビジネスモデルの構築が遅れることで、結果として経済活性化につながる「デマンド・プル型」労働移動が生じにくい原因になってきた。

⑤ 欧米との比較分析からも「人材育成とセットされたデマンド・プル型労働移動」の重要性が確認される。ただし、そのためには「働き手の労働移動に求められる能力開発・スキル転換、および、労働移動に伴う不安を軽減する取り組み」が必要であることが示唆される。

⑥ この「働き手の労働移動に求められるスキル転換、および、労働移動に伴う不安を軽減する取り組み」の面で先進的なのは北欧諸国である。スウェーデンに注目すれば、同国は戦後いち早く労働組合が雇用調整を受け入れる一方、成長産業への円滑な労働移動を進める仕組み作りに政労使の三者が不断かつさまざまに取り組んできた。同国では、「デマンド・プル型労働移動」の前提となる雇用の受け皿の創出において、社会政策が社会サービス分野での直接的な需要創出や、需要創出につながる競争促進を可能にするといった点で、積極的な役割を果たしてきたことも示唆深い。

本章では、以上のファインディングを踏まえ、わが国で経済活性化につながる、「人材育成とセットされたデマンド・プル型労働移動」を増やしていくシステムのあり方や仕組みを検討したい。具体的な構成は以下のとおりである。

まず、求められる雇用システムのあり方の見直しを、どのように進めていくかのプロセスについて考える。これまでも政府は雇用制度改革に取り組んできたが、必ずしも思うような成果はあがっていない。その原因を、課題認識の妥当性、および、改革に誰が関与するのかという論点から考えたい。加えて、労働移動のあり方を考えるにあたって不可欠である、わが国における雇用調整の実態についてあらためて確認する。そこでは大手企業と中小企業で異なる解雇の実態も踏まえ、解雇ルールが雇用・賃金システム全体との整合性を無視して独立に議論ができないことを明らかにする。

次にそうした認識を前提に、本書の結論である、環境変化に適応した望ましい労働移動――経済活性化につながる「人材育成とセットされたデマンド・プル型労働移動」――を進めるために、雇用・賃金システム全体を具体的にどう見直していくべきかを考える。そのための基礎作業として、本書でこれまで行ってきた分析を踏まえた形での、経済活性化につながる労働移動がなぜ少ないかを説明するための、わが国の雇用システムの特徴を浮き彫りにする分析フレームワークを提示したい。最後に、そのフレームワークに基づいて、わが国で経済活性化につながる労働移動を増やすための具体的な仕組みとして、限定正社員とグループ内労働移動について検討する。

2　雇用制度改革のプロセスの問題

（1）見直しを求められる正社員雇用のあり方

前章まで折に触れて言及してきたとおり、現状の日本の雇用システムは、国民生活の基盤である経済活性化を必ずしも促進するものではなくなっている。そうした状況に対し、これまで政府が幾度かにわたり改革に取り組んできたが、思うような成果は得られていないのが実情である。その理由として考えられるのは、そもそも改革の中味が適切でないことである。そこでまずはこの点について考えてみよう。

雇用・労働分野の制度改革は、バブル崩壊以降重要テーマとして浮上し、90年代から2000年代前半にかけては、派遣規制の緩和をはじめとした非正規労働に関する規制緩和が集中的に実施された。しかし、2000年代後半にはその弊害が目立ってきたことで見直しが行われ、とりわけリーマンショック後に発生したいわゆる「派遣切り」問題を受けて、2008年の政権交代の後は非正規労働者の保護強化を中心に制度改正が行われた(1)。この間、正社員に関わる規制見直しは、裁量労働制の導入など限定的にとどまり、解雇ルールやホワイトカラー・エクゼンプションなどの主要論点では労使が大きく対立し、先送りされ続けてきた。

そもそも1990年代に非正規労働者に関する規制緩和が行われ、非正規雇用比率が急速に高まった背景には、正社員に関するワークルールが時代に合わなくなっていたことがある(2)。右肩上がりの成長が終焉して企業を跨ぐ労働移動の必要性が高まり、グローバル競争の激化で賃金下押し圧力が強まるなか、長期雇用・年功賃金を基本形にしたワークルールに修正を加える必要が強まってきた。一方、夫婦共働きが一般化し、家族モデルが多様化するなか、雇用保障は強いが職務内容・勤務地・労働時間が選べない正社員という働き方は、従業員サイドからみても不便が生じている。そうした状況下で、企業も働き手も正社員という雇用形態では不都合なケースが増え、非正規労働者が増加してきたわけである。

しかし、非正規雇用比率が３分の１を超えるまでに高まった現状で、働き手にも企業にもデメリットが目立ってきた。かつては主婦パートや学生アルバイトとして、大半が家計にとって補助的立場にあった非正規労働者の中に、世帯主や学卒後の若手層が占める割合が高まっており、生活の安定や能力形成の面で問題が深刻化している[3]。一方、企業にとっても技能承継やチームワークの面でマイナス面が目立ってきた。もはや正社員のあり方をそのままにして非正規労働者を増やすことは限界に達しているのである。

以上を念頭に、第２次安倍晋三内閣（２０１２年12月26日～２０１４年11月18日）での雇用制度改革の内容を検討してみよう。第２次安倍内閣では雇用制度改革が重点施策に掲げられるもと、「経済財政諮問会議」「産業競争力会議」「規制改革会議」の３つの会議が具体的な政策議論を展開した。「経済財政諮問会議」では、第４回会合（２０１３年２月５日）で、民間議員が提出した「雇用と所得の増大に向けて」というペーパーにおいて、「ジョブ型スキル労働者の創出」や「退職に関するマネジメントの在り方についての総合的な観点からの整理」といった文言が盛り込まれた。一方、「産業競争力会議」では、７つの重点テーマの一つに「人材力強化・雇用制度改革」が掲げられ、第４回の会合（２０１３年３月15日）で議論が行われた。そこでは「解雇ルールの合理化・明確化」「雇用調整助成金の基本的廃止」といった問題提起がなされた。さらに、「規制改革会議」でも、重点分野について設けられた４つのワーキンググループの一つに「雇用」が含まれ、第１回雇用ワーキンググループ会合が２０１３年３月28日に開催された。ここでは「正社員改革」「民間人材ビジネスの規制見直し」「セイフティネットの整備、職業教育訓練の強化」が雇用改革の3つの矢として提示された。

以上3つの会議で取り上げられた議論では、限定型の正社員や解雇ルールの明確化など、これまで長年にわたって後回しにされてきた正社員のあり方についての論点が正面から取り上げられている。先に指摘したように、正社員のあり方の見直しこそ、今求められている雇用制度改革の主要テーマであり、その意味では政府の3つの会議が正社員のあり方に議論の焦点を置こうとしたことは、まさに正鵠を射ていたといえる。しかしながら、その後の議論は順調に進んだわけではなかった。

その背景としては、まず、解雇をはじめとする雇用流動化に関する事実認識の不十分さという問題が指摘できる。今回の議論では、雇用制度改革を成長戦略との絡みから取り上げているが、その前提として「正社員の労働移動が制約されていることが経済活性化の妨げになっている」という仮説がある。この仮説は問題設定自体に単純すぎる面があることは、本書で検討してきたとおりである。しかし、一部では、そのような単純なロジックに基づくと思われる主張がなされ、労働サイドやメディアの強い反発を招き、客観的な議論すらできない雰囲気となった。

(2) 労働サイド関与の必要性

議論迷走の背景としてもう一つ指摘する必要があるのは、議論の進め方等手続き面での問題点である。それは議論が、労働サイドの十分な関与なしに経営サイド主導で進められたことである。わが国ではこれまで労使の代表および公益代表からなる三者が構成員となる労働政策審議会において、この分野の意思決定が行われてきた。このため、2000年代半ばに経験したように、解雇ルールのような労使が鋭く対立する論点について、労働サイドの十分な関与なしに経営サイドのみで議論を進めた場合、結局取り組みが頓挫する恐れがある。実際、第4回競争力会議（2013年3月15日）で俎上に載せられた解雇規制緩和の議論は、各方面から批判を浴び、第7回（2013年4月23日）会議では大幅にトーンダウンしている。このようにみれば、労働組合を議論の早い段階で参画させていくことが重要といえよう。

もっとも、この点に対しては、現在の労働組合は「正社員のための組合」であり、非正規労働者の意見を軽視し、むしろ抵抗勢力となって改革が進まないとの批判がある。そうしたことへの対応から、労働組合とは別の、企業や事業所単位で設置される従業員代表機関を法的に認めるべきだという議論もある。ただし、これに対しては、自主的に結成されるべき労働組合の結成・活動を阻害する恐れがあるなどの反対意見がある（労働政策研究・研修機構（2007b）第4章）。このように従業員代表制の法制化については賛否があるにせよ、今後の議論を進めるにあたって、既存組合のみならず非正規労働者の声も反映できる仕組みが必要なことは否定できない。[4]

その意味で、有識者および経営者を中心に議論するのではなく、議論の初期段階から、労働組合、非正規労働者（の代弁者）などステークホルダーを広く含む関係者全体がコミットする議論の場を設定することが政府に求められている。その場において現状認識・課題認識を共有し、今後の大きな方向性について合意することが制度改革実現の必要条件になろう。そのうえで、政府が改革に向けての環境整備に積極的に乗り出し、企業も組合も従来の発想を越え、ルールの見直しに取り組むことが必要になる。とりわけ、労働組合には、「正社員のための組合」から、非正規も含む「働き手全体のための組合」に完全脱皮することが求められている。

この点は、第5章で検討したスウェーデンの事情が雄弁に物語る。わが国の経済発展の根底には、スウェーデン同様、協調的な労使関係がある。それを一方のサイドの論理で変えようすれば議論が進まないばかりか、かえって問題が生じ、経済活性化にマイナスに働く。ただし、そこで重要なのは労使それぞれが自らの立場で意見を出し合い、足して2で割るような妥協を行うことではない。長期的視点で共存共栄のビジョンを描き、それぞれの立場を超えたマクロ的な視点からの議論を行うことであろう。

3 解雇ルールをどう見直すべきか

(1) 踏まえるべき事実認識

前節で指摘したように、雇用制度改革が迷走している原因の一つに、解雇をはじめとする雇用流動化に関する事実認識の不十分さという問題がある。その意味で、解雇ルールの見直しについて妥当な結論を得るには、次のような事実認識を踏まえる必要がある。

①わが国では従来、成文法が制限する解雇規制は必ずしも厳しくはなかったが[5]、1970年代に解雇権濫用法理と呼ばれる判例法理が確立され、2000年代に入って法律上明文化された[6]。解雇のうち、経営上の理由による「整理解雇」については、①人員削減の必要性、②解雇回避の努力、③人

選の合理性、④手続きの妥当性という、「整理解雇の４要件」が満たされなければならないという「整理解雇法理」が形成され、今日まで主に大手企業の間では、慣例として整理解雇は回避すべきという社会的な規範が存在する。

②大企業では整理解雇が難しいとされているが、90年代末以降、割増退職金をインセンティブとした「希望退職」という、少なくとも形式的には「解雇」を避ける形で、不況期にはかなり自由に人員リストラは行われるようになってきている。[7] ただし、好況期の企業業績が良いときに、いわゆる「攻めのリストラ」を行うことは容易ではない。一方、中小・零細企業の間では、事実上の整理解雇はかなり自由に行われている。[8]

③解雇の金銭的解決については、判例法理では解雇無効は現職復帰が原則であるが、現実には解雇無効になっても和解金を受け取って退職するケースが多い。[9] 中小零細企業の労働者では裁判に訴える余裕もなく、泣き寝入りしているケースが少なくない模様である。

つまり、整理解雇の実態は大企業と中堅・中小企業で相当大きな違いがあり、問題の性格は異なり、対応策も違ってくる。まず、中堅・中小企業については安易に解雇されていることがむしろ問題であり、不当な解雇に対しては、金銭解決制度（解雇無効の際に金銭解決を認める「事後的」な性格のもの）を導入すると同時に再就職支援サービスを充実させたほうが、結果として働き手にとってメリットがある。こうした金銭解決制度の導入は負担増になるため、むしろ中堅・中小企業サイドから反対意見がある。[10] しかし、負担増が不当な解雇を減らすことになれば、長期的には中堅・中小企業部門全体にとってはプラスであろう。従業員を公正に扱う企業が増えるほど、中堅・中小企業部門全体として従業員のモラルが高まって生産性向上効果が期待できるほか、大手企業から優秀な人材を受け入れやすくなると考えられるためである。

このようにみれば、わが国でも金銭解決制度を導入すべき相応の根拠があると考えられるが、ここで考慮に入れるべきは、労働組合を中心に「金銭解決を認めれば不当解雇が横行するようになる」などの理由で反対意見が多いことである。労働組合の大半は整理解雇をタブーとする大手企業の従業員であり、制度濫用への懸念も理解できる。そこで濫用回避策として参考になるのがドイツのケースである。同国では、労使間の信頼関係が失われてしまった場合に限り、金銭解決を認めるとしており[11]、「労使間の信頼基礎の破壊」を制度適用の条件とすれば、濫用される可能性も大きく低下すると思われる。

もっとも、わが国の雇用終了に関する紛争解決制度は近年整備され、よく機能している模様である。都道府県労働局において行われる労働相談、都道府県労働委員会におけるあっせん、労働審判、民事裁判で自然にすみわけと連携ができており、多くのケースで実際は金銭解決がなされ、解決金額も実態に即して適切に決められている[12]。もちろん、泣き寝入りのケースも多いと考えられ、何らかの対応が必要だが、それにはまず、現状それなりに機能している紛争解決制度の仕組みを周知徹底することが先決である。そうしたことで水面下に隠れていた紛争が表面化し、現行の仕組みでは効率的に運営ができなくなるのであれば、前記の適用条件のもとでの制度の明記や、金額の目安を明示するなどの事前ルールの整備が必要になってくるということであろう。

（2）好況期のリストラの必要性

大企業については実質的に整理解雇（人員リストラ）ができるかできないかという点ではなく、そのタイミングに対する制約に問題の所在がある。端的には、好況期の攻めのリストラが難しいことの問題が考えられる。なぜならば好況期であれば、経済が拡大しているがゆえに新たな雇用機会が生まれやすく、デマンド・プル型の労働移動が生じやすいからである。したがって、構造的な不採算部門の整理・縮小で人員リストラがいずれ避けられない場合、好況期にこそ整理解雇を行ったほうが、失職する人が新たな仕事が見つけやすい面がある。この点からすれば、整理解雇の4要件のうち「人員削減の必要性」の解釈に問題点が存在する。実は、経営不振に陥った企業が整理解雇を行ったケースに有効性が認められた裁判例は増えている。しかし、企業としての業績が好調なとき、特定部門が不採算であるからといって行われる整理解雇は有効性が認められない可能性が高いと考えられる[13]。

ちなみに、欧米ではこうした整理解雇は有効であるケースが一般的である。なぜならばそれは、欧米の雇用契約は特定職務に就くという形であり、その職務が消滅すれば労働契約が解消することは労働者にとって納得づくのことであるからである[14]。これに対してわが国の正社員の雇用契約は企業の一員になるという内容のものであり、雇用保障を行う見返りとして、企業の一方的な意思で仕事内容が変えられることが前提になっている。したがって、特定部門を廃止する場合は、企業内で異なる職務を用意することが当然となり、好況期の不採算部門撤退による整理解雇は認められにくい。企業命令に従って職務や勤務先が決定される場合に、解雇権が制約されるのは当然といえよう。そこで、企業は好況期には雇用維持のために不採算部門を抱え続け、不況期にどうしようもなくなった不採算部門を整理し、希望退職を募集し、いわゆる「追い出し部屋」なるものも置かれることになる。しかし、不況期には受け皿は少なく、結局は労働者の境遇が厳しくなっている。

このように好況期に不採算部門の整理がされない背景には、企業が従業員の配置転換を自由に命令できる見返りに整理解雇がタブー視されているという慣行があるが、そうした慣行の結果として生み出された雇用構造が、経済活性化を妨げているという構図があることも見逃せない。それは、非正規雇用比率の引き上げや成果主義と呼ばれた正社員賃金の柔軟性向上への取り組みが、賃金調整を容易にし、不採算部門の温存を可能にしているというものである。わが国の平均賃金は、1997年をピークに下落基調が続いてきたが、その要因をみると、非正規雇用比率の上昇による恒常的な賃金押し下げ効果が主要なファクターになっている。加えて、景気後退期に正社員賃金も大きく減少しており、これはいわゆる年功賃金制度から成果主義賃金制度に移行された結果、ボーナス部分を中心に賃金減額がされやすくなったことが背景にある。[15]

こうした非正規化や成果主義化の背景には、「事前的」な正社員の整理解雇の可能性が不確実なことがある。すでにみたように、現実に不況期には人員整理が行われているのであるが、雇用契約を結ぶときは雇用維持を最優先するということが前提になっている。このため、企業は経営の自由度を確保するために、正社員を必要最小限に絞り込もうとし、非正規労働者を大きく増やしてきた。同時に正社員雇用維持のバッファーとして、成果主義賃金の導入で賃金調整余地を大きくしたと解釈できよう。

こうした結果、人件費調整がきわめて容易になり正社員雇用を維持しやすくなった半面、正社員雇用維持を優先するがゆえに、不採算事業を温存させる結果を招いている。それを示すのが、「労働分配率をベースに推計した過剰雇用」と「労働生産性をベースに推計した過剰雇用」の間の乖離である。製造業について、80年代以降リーマンショックまでの労働分配率の平均値に対応する雇用量を適正値とすれば、２０１２年末時点の過剰雇用は50万人程度にとどまった。日銀「短観」の雇用人員判断DIもこの労働分配率ベースの過剰雇用量とほぼ連動しており、企業の意識上は過剰雇用がかなり減少している形である。しかし、労働生産性のトレンドに対応する雇用量を適正量として、その現実の雇用量との乖離を過剰雇用とすれば、同時点で２００万人強存在していたと推計される（図６–１）。大幅な賃金調整によって生産性向上のプレッシャーを大きく緩和させ、雇用維持を行っている構図がここに読み取れる。短期的には失業増を抑えているが、不採算事業を温存させて成長力を低下させ、問題を先送りしている形である。

以上を踏まえれば、大手企業と中小企業では解雇の実態が大きく異なり、一律の解雇ルールを策定することは必ずしも妥当でないことがわかる。さらに、大企業で希望退職のルールが形成されたように、解雇（人員整理）の実態は時代とともに変化してきており、賃金抑制が雇用維持とセットになっていることも勘案すれば、解雇ルールは雇用・賃金システム全体との整合性を無視して独立に議論ができないことも示唆される。

図6－1 製造業部門の過剰雇用の推計

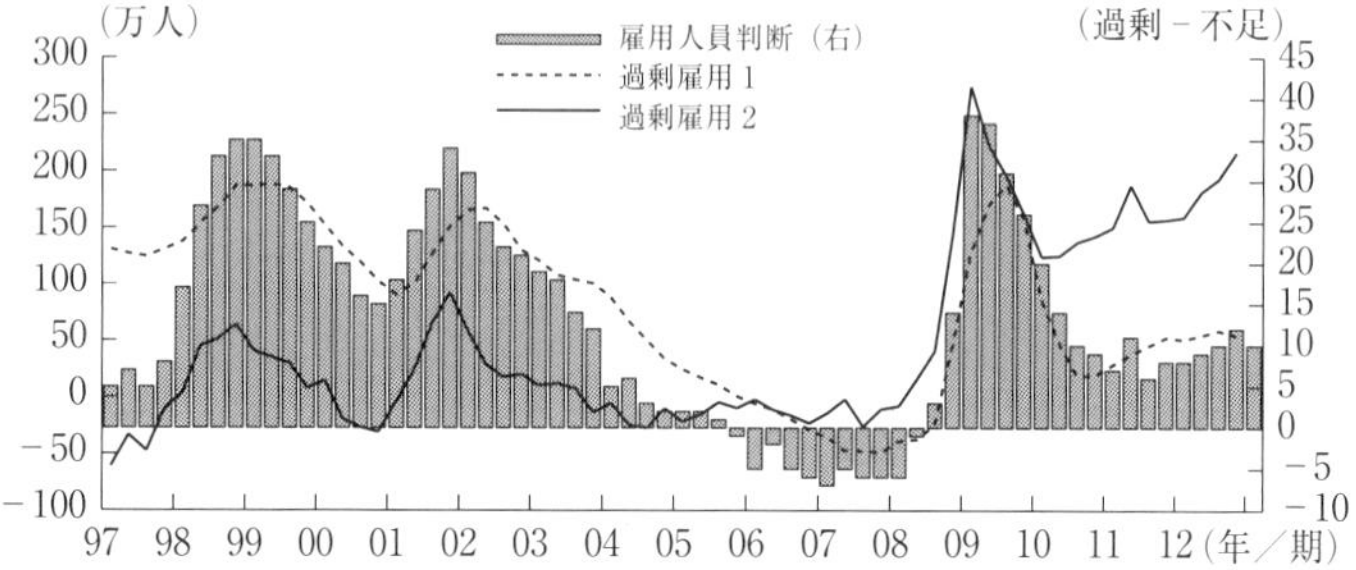

出所：経済産業省「経済産業統計」、厚生労働省「毎月勤労統計調査」、財務省「法人企業統計」、日本銀行「短観」

【労働分配率をベースに推計した過剰雇用（過剰雇用1)】

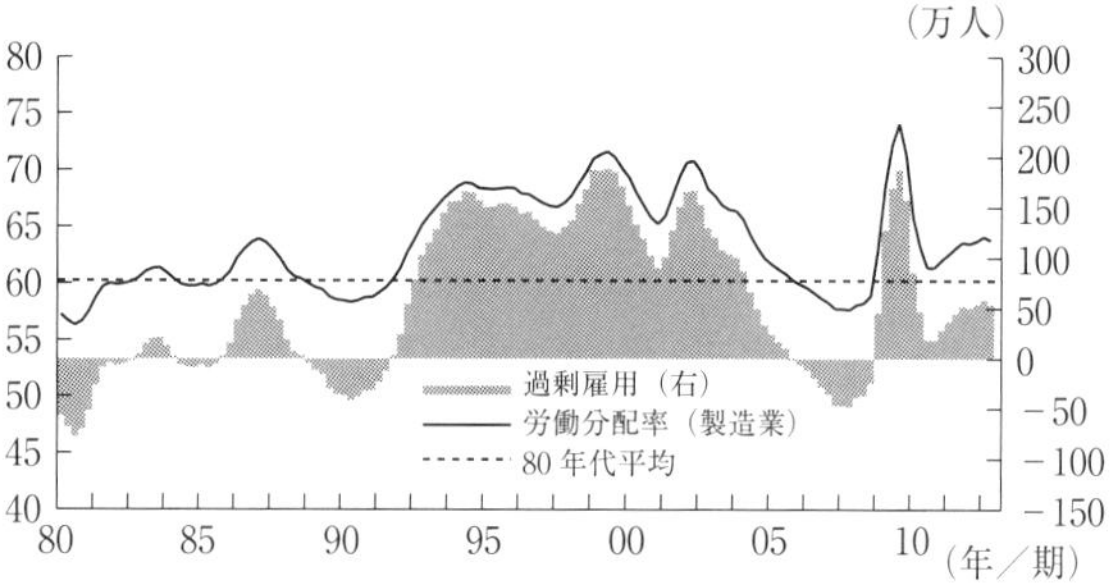

出所：厚生労働省「毎月勤労統計調査」、財務省「法人企業統計」

【労働生産性をベースに推計した過剰雇用（過剰雇用2)】

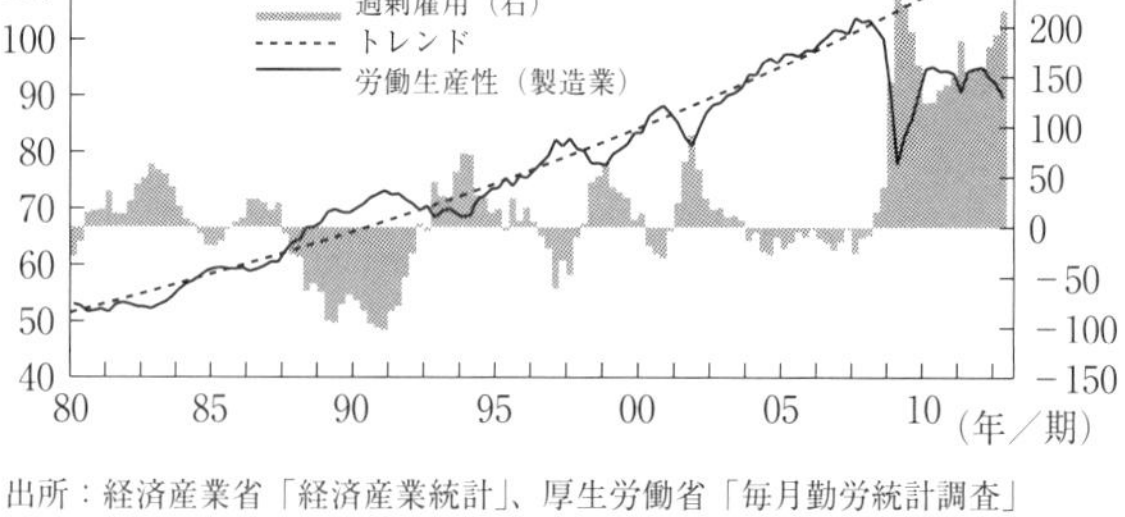

出所：経済産業省「経済産業統計」、厚生労働省「毎月勤労統計調査」

4　雇用・賃金のマトリックス・モデル

（1）「賃金・雇用調整マトリックス・モデル」

前節では、大手企業と中小企業で異なる解雇の実態も踏まえ、解雇ルールが雇用・賃金システム全体との整合性を無視して独立に議論ができないことを明らかにした。以下ではそうした認識を前提に、本書の結論である、環境変化に適応した望ましい労働移動――経済活性化につながる「人材育成とセットされたデマンド・プル型労働移動」――を進めるために、雇用・賃金システム全体を具体的にどう見直していくべきかを考えていく。本節ではそのための基礎作業として、本書でこれまで行ってきた分析を踏まえた形での、経済活性化につながる労働移動がなぜ少ないかを説明するための、わが国の雇用システムの特徴を浮き彫りにする分析フレームワークを提示する。

第4章で行った欧米との比較分析からすれば、わが国の雇用システムの特徴は、経済の需要変動が求める人件費調整を、雇用は維持して主に賃金調整で行うところにある。これは、欧米では主に雇用調整で行う傾向がある点と対照的であり、このことがわが国では不採算事業を温存させ、事業環境の変化に適応したビジネスモデルの構築が遅れることで、結果として経済活性化につながる労働移動が生じにくい原因になってきた。

この点を、縦軸に賃金調整のスピード、横軸に雇用調整のスピードを採った「賃金・雇用調整マトリックス・モデル」で整理してみたい。このモデルでは、「賃金調整が遅い／雇用調整が遅い」「賃金

図6-2　賃金・雇用調整マトリックス・モデル

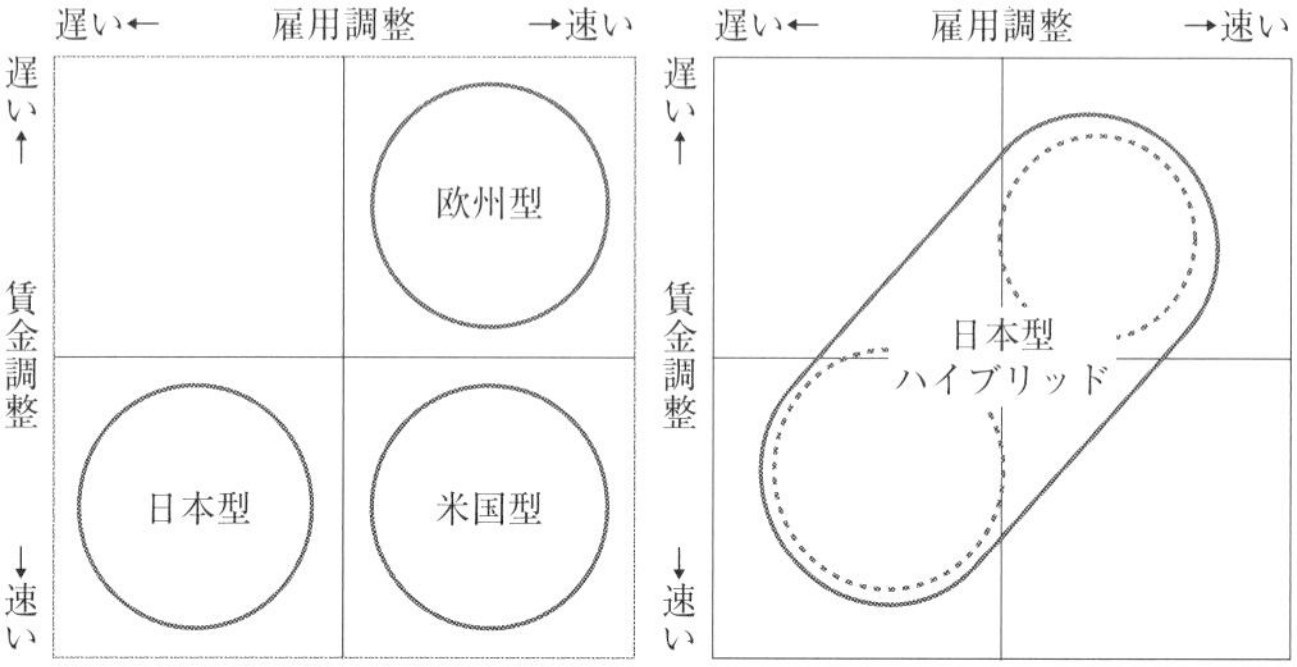

出所：筆者作成

調整が速い／雇用調整が遅い」「賃金調整が遅い／雇用調整が速い」「賃金調整が速い／雇用調整が速い」の4つの象限を考えることができる。第3章での分析をもとに、日本、欧州、米国を、それぞれの違いを鮮明にすべく分類すると、日本は「賃金調整は速いが雇用調整が遅い」象限、欧州は「賃金調整は遅いが雇用調整が速い」象限、米国は「賃金調整が速く（正確にはやや速く）雇用調整も速い」象限に位置付けられる（図6-2・左）。

以上を前提に、日本の今後の雇用・賃金システムのあるべき方向性を考えたい。まず、現状の「賃金調整は速いが雇用調整が遅い」パターンには、メリットもあればデメリットもある。メリットとは、長期継続雇用を前提にしているがゆえに企業による人材投資が積極化され、チームワークも働きやすくなることだが、まさにそれが日本企業の強さの源泉になっている点である。一方、デメリットとは、雇用維持を優先するがゆえに不採算事業の整理が遅れ、環境変化に適応したビジネスモデル構築ができず、生産性が低迷して賃金が伸び悩むことである。現行システムが日本の強みの源泉であることからすれば、それを安易に放棄することは得策ではない。そもそも雇用制度は歴史的な経緯のある社会に組み込まれているものであり、そうした社会のあり方から離れて自由に設計できるものではないことからしても、現行システムをゼロ・リセットできると考えるのは夢想に過ぎない。一方で、現行システムは右肩上がりの経済成長、人口増の時代、夫片働きの家族モデルなどの経済社会環境のもとでそのメリットをいかんなく発揮したが、いまやそれらの環境が当てはまらなくなった以上、デメリットへの対応を放置できなくなっていることも現実である。要は、社会的・歴史的な視点を尊重しつつ、経済環境の変化に応じて雇用制度を修正することが求められているのである。それには、旧来からある仕組みを新しい時代に適合する形で進化させたり、新たな制度を旧来の制度と有機的に接続していく工夫を行うというスタンスが求められる。結論的には、現行システムを引き続き基本に据えつつも、環境変化への対応をしやすい新たなシステムの導入を同時に図り、新旧システムの結合を工夫するいわば「ハイブリッド・システム」を作り上げるしか途がないであろう。

以上のように考えたとき、導入を図るべき新たなシステムとは、具体的には欧米のベストプラクティスということになるだろうが、完璧なシステムなどなく、当然、欧米にもそれぞれ弱点がある。したがって、それぞれの弱点を見極めつつ、わが国のシステムとの相性も考えながら、導入を図るシステムを選択することが重要である。そこで「賃金・雇用調整マトリックス・モデル」に戻って、日・欧・米がそれぞれ位置付けられるパターンの弱点を指摘すれば、日本型の「賃金調整は速いが雇用調整が遅い」のケースは「低賃金」であるが、欧州型の「賃金調整は遅いが雇用調整が速い」は「高失業」、そして、米国型の「賃金調整が速く雇用調整も速い」は「所得格差」となろう。

このようにみれば、米国型をわが国が導入を図ることは難しいであろう。なぜならば日本社会は所得格差に対してそれほど耐性のある社会とはいえないからである。[16] ならば欧州型はどうかといえば、「働かざる者食うべからず」の伝統のある日本で、「高失業」につながりやすい欧州型をそのまま導入することも難しい。もっとも、ここで見落としてはならないのは、欧州と一言にいってもさまざまな国があり、国によってかなり違いが大きいことである。同じ欧州の中でも、第5章で紹介した北欧は、単に経済・雇用のパフォーマンスが良いだけではなく、就業への強い規範を持っている点で、日本との相性が良い面があり、導入を検討する対象として適切であろう。その北欧は、欧州の一亜種という意味で、賃金・雇用調整マトリックス・モデルにおいては、欧州型の「賃金調整は遅いが雇用調整が速い」象限に位置付けられる。したがって、今後わが国が目指すべき「日本型ハイブリッド」モデルとは、図6-2の右側のように、「賃金調整は速いが雇用調整が遅い」象限と「賃金調整は遅いが雇用調整が速い」象限を跨ぐものとなろう。

(2)「人材タイプ・マトリックス」

以上はいわばマクロ的にみた雇用・賃金システムについての考え方の整理であるが、「日本型ハイブリッド」モデルを現実に創出するにあたっては、ミクロ的にみた雇用契約のあり方（雇用タイプ）が重要になる。この点を、米国の人材管理理論研究者であるリパック（David P. Lepak）とスネル（Scott A. Snell）が提唱した「人材アーキテクチャ論」[17]の考え方を援用した「人材タイプ・マトリックス」で考えたい。「人材アーキテクチャ論」では、縦軸に人材の特殊性（uniqueness of human capital）の

図6−3　人材タイプ・マトリックス

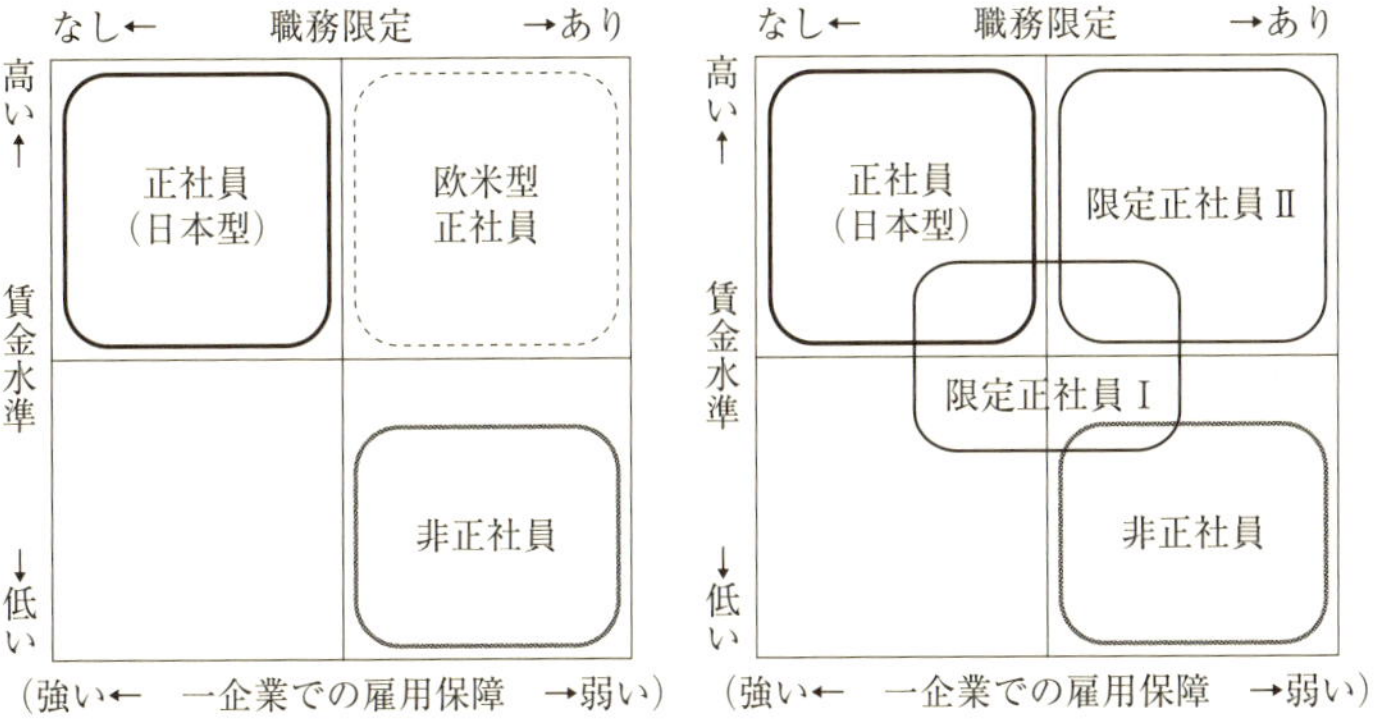

出所：筆者作成

高低、横軸に人材の価値（value of human capital）の高低が採られるが、ここでは縦軸は賃金水準の高低、横軸は職務の限定性の有無という形を考えたい。横軸について重要なのは、職務の限定性がなければ一企業での雇用保障が強く、限定性が高ければ雇用保障は弱くなることである。このようにしたとき、日本のいわゆる正社員は、「賃金水準が高く職務無限定」のタイプに位置付けられる。一方、近年増加した非正規労働者は「賃金水準が低く職務限定」のタイプとなる（図6-3）。ミクロベースにおける基本的にはこうした2つのタイプの組み合わせが、マクロ的にみて現行のわが国雇用システムが「賃金調整は速いが雇用調整が遅い」性格を持つことにつながっている。

　以上のように捉えたとき、マクロ的にみて雇用システムに「賃金調整は遅いが雇用調整が速い」性格を加えるには、ミクロ的には欧米型の正社員タイプが当てはまる「賃金水準が高く職務限定」のタイプの人材（図6-3における「限定正社員Ⅱ」）をいかに増やすかという問題として捉えることができる。ただし、それは単純に賃金の高い職務限定の雇用契約を増やせばよいという問題ではない。欧米でそうした雇用契約が一般的なのは、「所属企業が変わってもキャリアを継続していけるような社会的な仕組み」がさまざまに整備されているからである。

第1に、すでに身に付けたスキルや経験をもとに同じ職業・職種での転職がしやすい環境が整備されている。具体的には、米国の場合、専門職能別の協会組織（専門団体）がさまざまに存在し、専門家としてのキャリアを形成するにあたって専門団体に所属し、継続的に自己啓発を行っている。[18] 加えて、古くから転職紹介会社がさまざまなサービスを提供しており、その仲介を背景としたプロフェッショナル労働市場が発達している。欧州では労働者の多くは職業別や産業別の労働組合に属し、職種別労働市場が形成されている。

第2に、未経験者や他からの参入者が新たなスキルを獲得し、新規にキャリアを始める、あるいはキャリアを転換することをサポートする仕組みがある。第5章で紹介した、スウェーデンにおける職業大学制度（Yrkeshögskolan）はこうした仕組みの代表例である。米国では、専門職業を育成する大学院である「プロフェッショナルスクール」を修了することが、高給のホワイトカラー専門職に従事するためのパスポート的な役割を果たしている。[19] また、コミュニティ・カレッジという4年制大学への編入前教育や職業教育を提供する2年制の高等教育機関[20]があり、「若年層を学校から労働市場へ効率的に橋渡しする役割から、社会人を再訓練して労働市場へ戻すまでの役割を担う、まさに地域の起業や産業の人材育成の中継点（ハブ）[21]」の役割を果たしている。

端的にいえば、1つ目は「職種間・就業形態間の垂直移動（スキルアップ）の円滑化」、2つ目は

「同一職種内での水平移動（企業間移動）の円滑化」、の仕組みである。こうした水平・垂直双方向への移動をやりやすくすることが、「人材タイプ・マトリックス」において右側に位置付けられる「職務限定」タイプの労働者が、特定企業の雇用保障なしに安心してキャリアを開発していくことのできる仕組みといえる。これらはまさに、本章の冒頭に挙げた本書の分析での6つ目のファインディングである、経済活性化につながるデマンド・プル型労働移動を円滑に進めるための条件としての、「働き手の労働移動に求められる能力開発、および、労働移動に伴う不安を軽減する取り組み」の具体的内容にほかならない。

以上本節では、本書でのファインディングに、一定の理論的なフレームワークを付与する作業を行った。このフレームワークを念頭に、次節ではわが国で「賃金水準が高く職務限定」のタイプの人材を増やしていくためにどうすればよいかを、このタイプの人材が水平・垂直双方向へ移動しやすい環境整備のあり方も含めて、考察する。

5　働き手にメリットのある限定型正社員のあり方

(1)　限定正社員とは

前節で指摘したように、現行システムを引き続き基本に据えつつも、環境変化への対応をしやすい新たなシステムの導入を同時に図り、新旧システムの結合を図るいわばハイブリッド・システムを作り上げることが求められており、そのためには企業を跨ぐ形で水平・垂直双方向への移動がやりやすい環境整備を整えつつ「賃金水準が高く職務限定」のタイプの人材を増やしていくことが必要になる。この「賃金水準が高く職務限定」のタイプの人材とは、最近の議論における「限定正社員」のことを意味している。

第2次安倍内閣のもとで2013年6月にまとめられた最初の成長戦略である「日本再興戦略」には、「職務等に着目した多様な正社員モデルの普及・促進」という施策が盛り込まれた。これは、仕事内容や勤務地が限られる、いわゆる「限定正社員」の導入が念頭にあった。この問題を正面から取り上げた規制改革会議では「ジョブ型正社員」という呼び方がされており、「(1)職務が限定されている、(2)勤務地が限定されている、(3)労働時間が限定されている(フルタイムであるが時間外労働なし、フルタイムでなく短時間)、いずれかの要素(または複数の要素)を持つ正社員」と定義されている。[22]この「限定正社員」ないし「ジョブ型正社員」のあり方について問題になったのは、その雇用保障をめぐってである。規制改革会議では、鶴座長の提出資料の中で「ジョブ型正社員については、(中略)職務や勤務地が消失した際の取り扱いについては、無限定正社員とは異なる人事上の取り扱いをすることが考えられる」としたうえで、「限定された勤務地、職務が消失した場合を解雇事由に加えることを労使で話し合うことを促すことが考えられる」としており、慎重な言い回しながら、労働契約解除の可能性について触れている。つまり、「限定型の正社員(限定型無期雇用)」とは、特定の職務や勤務地、労働時間が従業員の意思で選べる無期雇用のことで、逆にいえば、企業の事業戦略上の理由でその職務がなくなるケースのほか、事業所を閉鎖する場合、雇用契約が解消される可能性があるというものである。

こうした動きに対し、労働組合が反発し、例えば連合はそのホームページで「勤務場所や仕事内容を限定した『限定正社員』になった場合、会社が勤務地や仕事内容を廃止しさえすれば、正社員なのに、いとも簡単に解雇できる仕組みとすることが想定されている[23]」として警戒感を示している。当時、メディアなどでも批判の声が高まり、雇用保障に関する冷静な議論はしにくい雰囲気になった。そうした流れを受けて、2013年6月に公表された規制改革会議・雇用ワーキンググループ報告書では、ジョブ型正社員の雇用保障について「事業所閉鎖、事業や業務縮小の際の人事上の取り扱いは通常の正社員と同じ場合が多い[24]」として、議論の深入りは避けた形になっている。

しかしながら、ここでの問題意識――整理解雇の可能性を認めたうえでの雇用契約が締結しづらい状況をどう打破するか、という観点――からすれば、「限定正社員」について、企業の事業戦略上の理由でその職務がなくなるケースのほか、事業所を閉鎖する場合、雇用契約が解消される可能性あることを正面から捉えて議論を深めることは不可欠である。そのうえで、労使ともに納得ができる雇用契約の具体的なあり方を掘り下げて考える必要がある。そこであらためて、限定正社員が普及した場合の、労使双方の観点からのメリット・デメリットを客観的に考えてみたい。

(2) 限定正社員のメリット・デメリット

まず、企業にとってのメリットは以下のようなものである。現在の正社員は、仕事内容や勤務地が最終的には選べない代わりに、企業に雇用保障を強く求める働き方である。これに対し、限定正社員は、仕事内容や勤務地が選べる代わりに、企業がその事業から撤退したり、事業所を閉鎖する場合合、雇用保障が求められない、という働き方となる。あらかじめ事業所閉鎖に伴って雇用契約の解消が合意できているため、企業としては事業再編がやりやすくなり、撤退コストが小さくなるため、事業所の新設も行いやすくなる。この働き方が普及すれば、低収益事業から撤退したり、不採算事業所の閉鎖が容易になるため、企業の関心が高いわけである。この結果として、前節でみたような賃金調整の余地を広げるための非正規化や成果主義化に対する、企業の行き過ぎた対応へのブレーキがかかる効果が期待できる。労働生産性引き上げに対するインセンティブも高まり、経済活性化効果が期待できよう。

また、子どものいる女性や仕事内容へのこだわりの強い若者を、条件付きとはいえ長期雇用を前提に雇うことで、多様な人材の能力を引き出しやすくなる。

これに対しては、働き手サイドからすれば、雇用保障が低下するというデメリットがあるわけであり、当然、働き手サイドに警戒する声が強くある。もっとも、「限定正社員」は働き手サイドにとってのメリットも指摘できる。仕事内容や勤務地の自主的な選択が保障されているという点、その結果、子育てとの両立などのワークライフバランスを実現しやすい働き方という点である。そのほか、非正規労働者が正社員に転換する際の受け皿になりやすいことも指摘できる。例えば、子育てが一段落した主婦パートが仕事に力を入れたくなった際に、従来型正社員であれば転勤の可能性があるため二の足を踏んできたものが、勤務地限定の正社員であれば、転換がスムーズにできることになる。このため、雇用保障の問題を別にすれば、限定型の働き方は労働サイドにも歓迎する声がある。

実は、仕事内容や勤務地が限定された働き方自体は、すでに広く存在する。厚生労働省の調査[25]では、51・9％の企業が、職種・労働時間・勤務地のいずれかの限定のある正社員区分を設けていると答えている。このため、いまさらなぜ「限定正社員」か、という声もある。そこで、現在すでに存在する限定型の働き方の実態について、厚生労働省の調査[26]でみると、約7割の企業で賃金が正社員よりも低く、2割以上少ないケースも3割近くある。一方、雇用保障に対する企業責任は、通常の正社員と変わらないケースが基本であり、いまある限定型の働き方とは、雇用保障が強い分、処遇が相当程度引き下げられている、いわば「賃金限定正社員」となっている。

この「賃金限定正社員」とは、まさに「正社員」と「非正規労働者」の中間形態というべき雇用のあり方で、それは前節の図6-3で提示した「人材タイプ・マトリックス」において、ちょうど中央あたりに位置付けられる（「限定正社員Ⅰ」）。それは中途半端な存在ともいえ、わが国の雇用・賃金システムを本当の意味で望ましい方向に変えていける人材タイプではない。必要とされているタイプは、「人材タイプ・マトリックス」の右側に位置付けられる「賃金水準が高く職務限定」に分類されるタイプである。

こうしたすでにある限定的な働き方との対比からすれば、雇用保障を限定するのであれば、その分、賃金水準をはじめとした処遇は従来型正社員に比べ遜色がないことが条件になる理屈である。つまり、「雇用保障は低下するが処遇は低下しない」点を明確にすることが、企業サイドが想定する「限定正社員」の制度導入にあたっての前提条件といえる。そうした「限定正社員」のあり方こそ、「賃金水準が高く職務限定」タイプに分類される欧州における正社員の基本形態である。欧米では仕事内容を

図６－４　雇用－賃金の国際比較

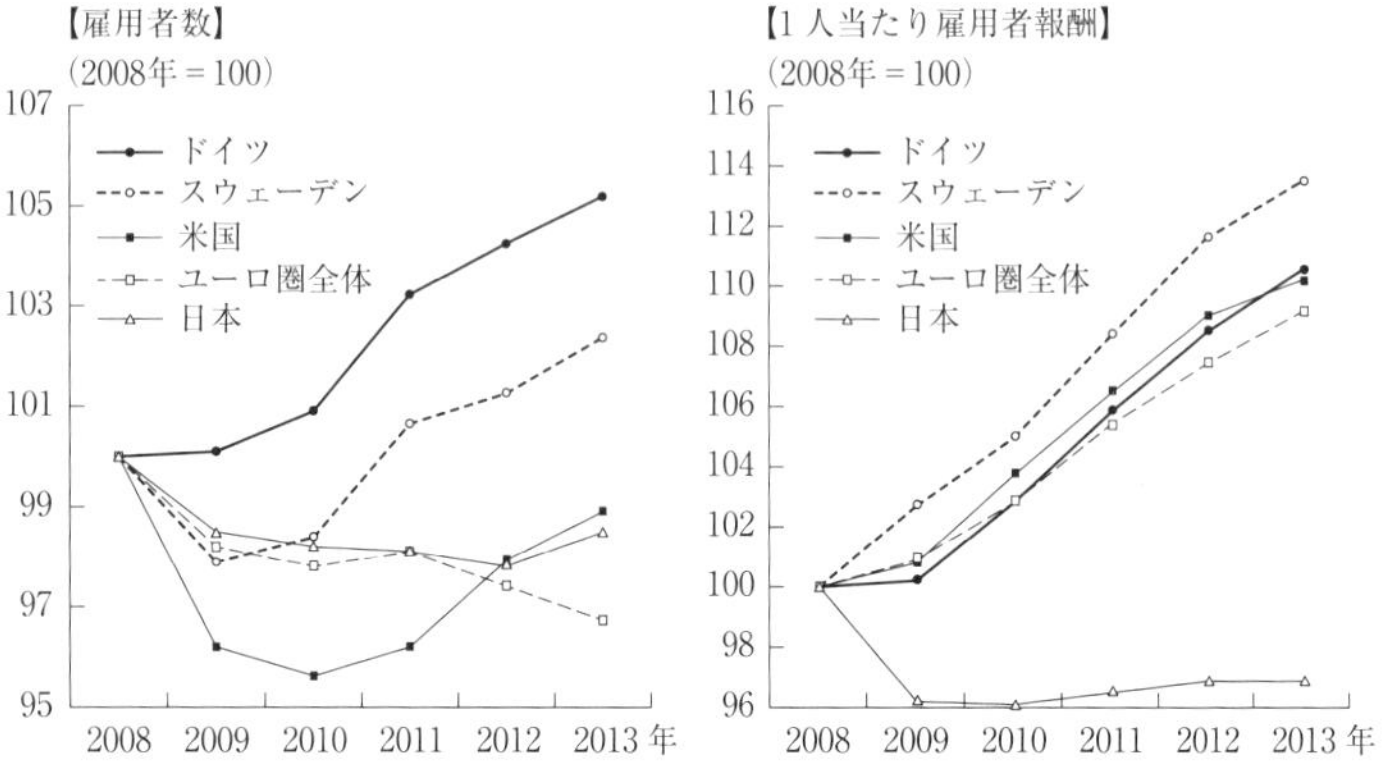

出所：OECD, *OECD Economic Outlook,* Database

特定して雇用契約を結ぶという形である。その仕事がなくなれば雇用契約が解消される可能性は労働者にとって納得づくのことであり、経営上の理由である整理解雇は比較的スムーズに行われる。ここであらためて確認したいのは、ドイツや北欧、そして米国では経済・雇用情勢が比較的良好であり、平均賃金も伸びていることである（図６－４）。その背景として、仕事を特定した雇用契約であるため、整理解雇は比較的スムーズに行われ、企業が収益性をあげるために事業再編を行いやすい環境にあるわけである。これに対し、わが国では正社員に期待される企業の雇用保障責任が強く、結果として不採算事業の整理が遅れるケースがみられる。さらに、コスト削減目的で非正規雇用の比率を高め、かえって企業競争力を低下させ、平均賃金も下落する事態を招いてきた。そうした意味で、企業の収益性向上と賃金増加の実現に向けて、わが国でも欧米タイプの正社員の普及が求められる面があり、それこそが成長戦略の中で「限定正社員」の導入が検討されている理由といえる。このようにみれば、限定正社員は、働き方の選択肢が増える以外にも、中長期の観点でみれば働き手にメリットがある。地域限定・職務限定にすることで企業の事業再編の自由度を向上させ、事業所の新設が行いやすくなることで結果として雇用機会が増え、収益向上を通じて賃金引き上げにも貢献するからである。

(3) 働き手にメリットがあるものとするために——円滑な労働移動の環境整備

しかし、だから無条件に「限定正社員」を導入すべきだ、という結論には直結しない。わが国の雇用契約のあり方は欧米とは大きく異なるからである。わが国の正規労働者の雇用契約は企業という共同体の一員になるものであり、特定部門を廃止する場合は、企業内で異なる仕事を用意することが原則になる。「限定正社員」とは、そうしたわが国の雇用契約の基本的な考え方を修正し、欧米のように、仕事内容は選べるがその仕事がなくなれば、企業には必ずしも新たな仕事を与える責任はない、という雇用契約になる。

しかし、すでにみたように、こうした雇用契約の背景にある社会環境が日本と欧米では大きく異なる。わが国で「賃金水準が高く職務限定」のタイプの人材である「限定正社員」を導入するには、前節で明らかにしたとおり、「水平・垂直双方向への移動がやりやすい環境整備」が必要になるのである。それにはまずは政府・民間が協力して、能力開発・職業訓練や職業紹介・再就職支援に関する公的・社会的なセーフティーネットを充実させることが求められる。より具体的には、能力開発・職業訓練の面では、低スキル者に対する集中的な社会人教育プログラムや、プロフェッショナル専門職育成のための実践的な社会人プログラムを、民間委託も積極的に進めながら開発・実践していくことが重要である。関連していえば、大学等高等教育機関は、学生が職業人として自律的に考え、成長していくための基本的な思考法[27]や専門職業知識が習得できる内容の教育サービスを提供できるよう、あり方を見直していくことも求められる。職業紹介・再就職支援の点では、スウェーデンにおける柔軟な公共職業安定所のあり方やTRRと呼ばれる非営利再就職支援組織の仕組みが参考になり、わが国で実際のサービス提供にあたっては、ノウハウのある民間の転職支援サービスに積極的に委託すればよいだろう。

さらに、一企業の枠を超えて、業界内あるいは同一職業内での水平移動が行いやすい仕組み作りに、民間が協力して取り組むことが求められる。そもそも欧米で転職がしやすい背景には、企業ごとのやり方が異なるわが国に比べ、仕事のやり方が社会的に共通化されている面が強いことがある。仕事のやり方が社会的に共通化されることと転職が多いことは、ある意味相互決定的な面があるが、欧米では職種別労働組合や職種別協会の存在により、人的ネットワークが企業を超えて職業コミュニティとして形成されているという事情が、これらの背景としてあることは見逃せない[28]。わが国でも、こうした企業横断的な職種別人的ネットワークを、意識的に構築していくことが重要である。この点で興味深い動きとして、地銀64行が取り組む「地銀人材バンク」がある。配偶者の転勤などの移動に伴って退職する行員に、移転先の地銀での就職を紹介するという仕組みである。主に子育て中の女性行員が想定されており、人手不足が強まるなか、業界全体として人材を確保しようという取り組みであるが、各行の女性幹部候補を集めた部会も設ける模様で、こうした動きが広がれば、職種別の労働市場が形成されることにつながっていくことが期待される[29]。

以上のように、わが国で「限定正社員」が働き手にとって不利にならないためには、職業訓練や職業紹介に関する公的なセーフティーネットの整備や企業横断的な職種別人的ネットワークなど、企業を跨ぐ形での仕組み作りが必要になるが、そうした企業の「外部」での取り組みのみならず、企業の「内部」の仕組みの見直しも必要になる。「限定正社員」に対して、企業の雇用保障責任は軽くなるにしても、キャリア形成に対する支援責任は重くなることが認識される必要がある。前に指摘したように、賃金などの処遇が従来型正社員対比で、劣ったものであってもならない。すでに地域限定正社員や短時間正社員が存在するが、その多くは無制限労働者としての典型的日本型正社員の枠にははまらない、女性を中心とした準正社員の扱いであった。一部、通常の正社員への登用制度は設けられていても例外的であった。しかし、今後普及していくべき限定型の正社員は、あくまで既存型正社員との相互転換、あるいは非正社員との相互転換を前提にしたもので、かつ、ジェンダーや年齢に関わりなく選択できるものとする必要がある。

従来は企業サイドの都合を優先した「働かせ方の多様化」の側面の強いものであり、働き方タイプの相互移動は基本的には考えてこられなかった。これを、ライフステージに応じて働き手が働き方を選択できる側面についても考慮し、異なる人材タイプ間の相互移動を容易なものにするのである。こうして、①若者非正規の正規化の受け皿、②65歳までの雇用延長とセットにした中高年従業員の受け皿、③ワークライフバランスを重視する社員の受け皿として、限定正社員が一般化すれば、働き手にとって大きなメリットがあるものといえよう。さらに、30歳代を中心に基本的にすべての働き手が日本型正社員を経験しつつ、40歳代以降に「限定正社員」の割合が徐々に高まる形になれば、チームワークや育成面でメリットのある日本型の雇用システムと、特定分野のプロフェショナルとしてのキャリア形成に好都合な欧米型の雇用システムの有機的融合が可能になるのではないか。

そうした働かせ方の多様化と働き方が多様化のマッチングできる雇用システムを構築するには、企業の人材マネジメントの変革が不可欠である。具体的には、個人のキャリアの自律性を高めることを意識した育成・配置を行うほか、報酬決定における仕事給的性格（同一労働同一賃金原則）を強めることが必要になる。

さらに、これを支える社会的な仕組みとして、①職種別レベル別能力認定制度の普及、②共働き支援、③扶養者の教育費の公的支援の充実などが重要になってくるであろう。

以上をあらためて要約しよう。「限定正社員」の普及が働き手にとってメリットがある状況を作り出すには——言い換えれば、「賃金水準が高く職務限定」のタイプの人材にとって水平・垂直双方向への移動がやりやすい環境を整備するには、まずもって政府が主導する形で職業訓練・職業紹介に関する公的なセーフティーネットを整備する必要があるが、人材育成のためのソフト面でのインフラとして企業横断的な職種別人的ネットワークの形成も欠かせない。同時に、各企業が内部の仕組みの見直しに取り組み、企業が従業員に対するキャリア支援責任を強め、計画的なローテーションや人材開発の機会を与えることが求められる。こうして適材適所と人材育成の仕組みを官民連携して社会全体で整備していくことが、本書の主張である「人材育成とセットされたデマンド・プル型労働移動」を促進するための前提条件となる。

付言しておく必要があるのは、手続き面で銘記すべき点として、こうした限定正社員を制度として導入するかどうかは労使が十分に話し合って決める筋合いのものであり、最終的に個別の労働者がこの働き方を選ぶかどうかは、あくまで自主的な判断に委ねられるべきことである。少なくとも現状では、限定正社員は、従来型正社員と比べて雇用保障面で劣ることは事実であり、その面でのデメリットを極小化させる取り組みが求められる。雇用契約が解除されたときに再就職先が見つかるかどうかは不確実であるためである。この働き方が多くの企業で普及すれば、流動性が高まるため自ずと受け皿は増えていくであろうが、少なくとも初期の段階ではその保証はない。社会的な環境整備には時間がかかるわけであり、このデメリットを極小化するため、いざ雇用契約が解除される際には再就職支援や割増退職金を企業に義務付けるなど、企業責任を明確化する必要がある。中堅・中小企業が再就職支援サービスを従業員に提供する際に助成するなど、これを支える政府支援も充実させることが不可欠であろう。

「限定正社員」の導入の意義を巨視的に位置付ければ、強みを残しつつ環境変化に適応できる方向に、日本の雇用システムの漸進的な変革を狙ったものといえる。従来の日本型雇用システムは、高スキルで賃金が高く、企業の雇用維持責任が重い「正社員」と、低スキルで賃金も低いが、企業の雇用維持責任が軽い「非正規労働者」の二重構造の色彩が強かった。この二重構造を前提に正社員の雇用維持を優先してきたため、非正規雇用比率が急激に上昇して事業構造転換が遅れ、経済低迷を招いてきた面がある。その意味で、理屈上は、正規・非正規の壁をなくし、あくまで仕事内容に応じて処遇が決まる一元的な雇用システムが目指されるべきである。しかし、急進的な改革は正社員の不安を高め、経済にマイナスが及ぶ恐れがある。長期継続雇用が可能にしてきたチームワークや技能蓄積など、日本企業の競争力が失われることを懸念する声もある。そうした状況に対し、「限定正社員」という、企業の雇用維持責任・スキルレベル・賃金レベルで多様なパターンがありうる労働者タイプを普及させ、従来型正社員および非正規労働者との間、あるいは「限定正社員」の多様なタイプの間の相互転換を容易にすることで、従来型システムの利点を残しつつ、事業構造転換をやりやすくする効果が期待できるのである。経営サイドと労働サイドでそれぞれ思惑や解釈が異なる「限定正社員」であるが、その大きな狙いを互いに共有し、既成概念にとらわれることなく創造的な発想で、限定正社員の普及に向けた建設的議論が進むことが期待される。

6　グループ企業内労働移動の再評価

(1) グループ企業内労働移動の現状と可能性

以上、限定正社員の普及に向けた提案を包括的に行ってきたが、その実現には相応の時間がかかるであろう。その間も景気循環は生じることになるが、不採算事業に従事する労働者にとって、企業による好況期の攻めのリストラに従って職を変わったほうが、不況期に追い込まれて離職を余儀なくされるよりも理屈のうえでは望ましいといえる。しかし、だから景気の良いうちに労使で新たなルールを策定し、攻めのリストラを行えばよいかといえば、そう簡単ではない。現実には生身の人間の生活がかかってくるためだ。好況期だからといっても、中高年の新たな就職口が見つかるかは不確実であり、とりわけ大手企業に残る年功的な賃金体系を考えれば、物理的に就職口が見つかっても賃金面で受け入れられないケースも多い。それに、企業命令に従って職務や勤務先が決定される場合、必ずしも本人の希望ではないにもかかわらず「業務命令」に従って配属された部署で、業績不振を理由に解雇されたとすれば、それは納得性に大きな疑問が残る。こうした状況を踏まえれば、いきなり労使が納得できるルールを作るというのは不可能であろう。

そうした観点からすれば、いわゆる出向・転籍という形のグループ内労働移動が再評価される余地があるように思われる[30]。出向といえば、大手企業を中心に中高年層の雇用の受け皿の創出策として活用され、不況時の雇用の受け皿にもなってきたという印象が強い。確かに、2012年に出向した労働者数134万人のうち、45歳以上の割合が52%、とりわけ50歳代前半が20%を占めている（厚生労働省「雇用動向調査」）。厚生労働省「労働経済動向調査」では雇用調整の方法が調査されているが、不況期に出向が増える傾向があることが確認できる。いわゆる終身雇用のもとで、当該企業だけでは雇用維持ができないため、子会社や関連会社において雇用の受け皿を創出した形である。「定年まで会社都合による一方的な解雇をしないという長期勤続を前提とした雇用システムは、企業成長・規模拡大が鈍化した時には、ポスト不足や人事の停滞、人件費コストの増大などによって、システムをそのまま維持していくことが困難になる。こうした雇用システムの内容している矛盾を、大企業では出向や転籍といった方法によって緩和している[31]」という形である。

もっとも、出向・転籍には前向きな意義もある。グループ内での新規事業会社の設立のためや、グループ内人的ネットワークの形成を通じたシナジー効果発揮のために、若手や経験者を送り出すケー

スである。(32)

世界に先駆けて進む人口の減少・高齢化、グローバル経済の統合進展等、わが国企業が直面する経営環境の大きな変化を考えれば、現状に安住することなく不断に新たな事業を創造していくプロセスがこれまで以上に求められていくであろう。従来、経営環境の変化は質の面でもスピードの面でも比較的マイルドであり、企業内組織の改編で対応が済んだ面があった。しかし、今後は質的に大きく異なる新規市場を迅速に立ち上げる必要が強まっている。そのためには、社内にないノウハウ・知識やそれを保有する人材を獲得することがカギであり、内外を問わずそうしたノウハウ・知識を持つ既存企業を買収したり、そうした人材を外部から採用してその能力を十二分に活かすためには新たな企業の設立が必要になる。その際に、ベテランの既存従業員を出向・転籍の形で被買収企業や新設企業に送り出し、グループ内で人的ネットワークを形成することでシナジー効果が生まれやすくなるとともに、若手で出向・転籍した社員は、「失業なき労働移動」を通じて新たなスキルや変化適応力を獲得することができる。

こうした形での「前向き」のグループ企業内労働移動は、不況期に行うものではなく、まさに好況期に攻めのリストラを行うためのものである。買収したり、新規に設立した事業会社にこそ有能な人材を出向させることが肝要であり、それによって新たな成長事業を軌道に乗せたうえで、成長事業が拡大するに伴い、必要な企業内訓練を行いながら不採算事業から人をシフトさせていくのである。

出向者の数は90年代終わりごろまでは増加傾向にあったが、その後は頭打ち傾向にある（図6-5）。これは2000年代に入ると時価会計などの導入で、小会社・関連会社に雇用の受け皿の役割を担わ

図6－5　他企業からの出向者数（ストック）の推移

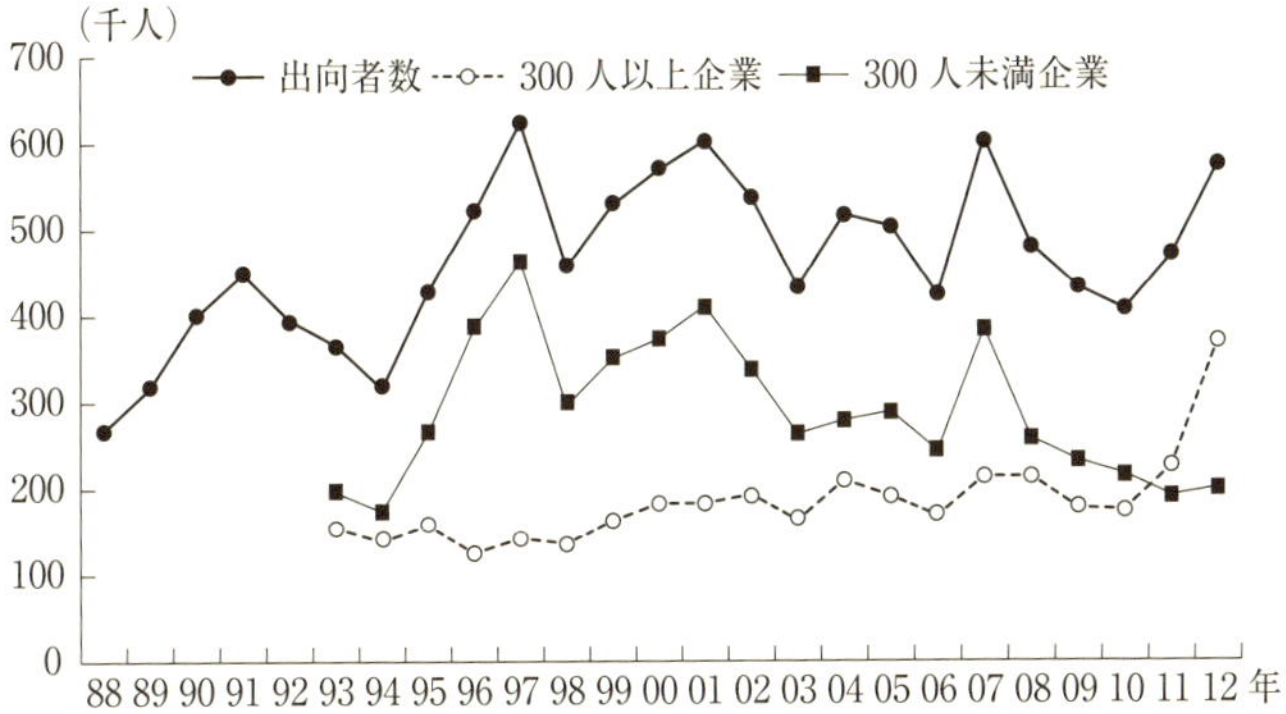

出所：厚生労働省「雇用動向調査」

せるのが難しくなってきたという事情が指摘できよう。そうした点からすれば、出向・転籍などのグループ企業内労働移動に期待される、前に述べた新たな事業創造といった前向きの役割は、現状、十分に発揮されていないといえる。そうした役割が発揮されるには、子会社の経営の自律性を高め、グループ内の企業間の関係が、親子の垂直的な関係から兄弟の水平的な関係にシフトすることが必要である。

人材交流は親会社から子会社への、しかも中高年中心の移動ではなく、相互的な若手・中堅も含めたものとする必要があり、さらにいえばグループ企業全体で共有する採用体制や研修制度の構築が進むことが望ましい。より具体的には、現状でよくみられる親会社・子会社間の身分制的な人事体系ではなく、あくまで機能によってグループ各社が水平的に位置付けられ、グループ全体で人的資源が最適に再配置される状況を作り出す必要がある。それには、グループ企業共通の価値基準（コアバリュー）の策定が不可欠であり、人事評価制度の基本部分の共通化や企業間での処遇格差の縮小が条件になるだろう。

加えて、年代を問わず、相互の出向・転籍体制を築き、グループ全体での計画的なローテーションも考えることが望ましい。それは、さまざまな業務を経験することで不確実なことへの対応力を身に付けさせる良い機会になり、仕事の幅を広げることにつながる。肥大化した親会社を事業単位で分社化すれば、より多くの人にマネジメントに関わる機会を増やし、近年弱くなったといわれる経営人材の育成機会をより多く提供できるようにもなる。また、部署異動や職種転換に際して、適宜、必要な企業内教育を行う制度（企業内研修所、トレーニー制度など）を整備すれば、グループ企業内での人材配置をスムーズに行えるようになる。

こうしてグループ企業全体という、より広範囲での人材配置ができる仕組みが整備されれば、環境変化に応じた事業ポートフォリオの見直しにとっての人材面での障害が軽減される。グループ企業内で働き手のスキル転換が進み、失業なき労働移動を通じて、時代に適応した事業構造の転換が進むことが期待されるのである。

以上のように、日本社会の制約のもとで失業を経由しない労働移動・スキル転換を実現するために、新たな発想のもとでグループ経営を展開し、そのもとでのグループ企業内労働移動を活発化させることが検討されてよいだろう。この文脈での出向・転籍は、これまで一般的であった大手企業と中堅・中小の間の関係のみならず、大手企業と大手企業、あるいは、中小企業同士の間でのグループ企業化のもとで増えていくことも期待される。これらの取り組みは、グループ経営における企業関係を垂直的なものから水平的なものに転換することで、日本の雇用システムの「賃金調整は速いが雇用調整が

図6－6 「官民共同出資の人材ブリッジ会社」のイメージ

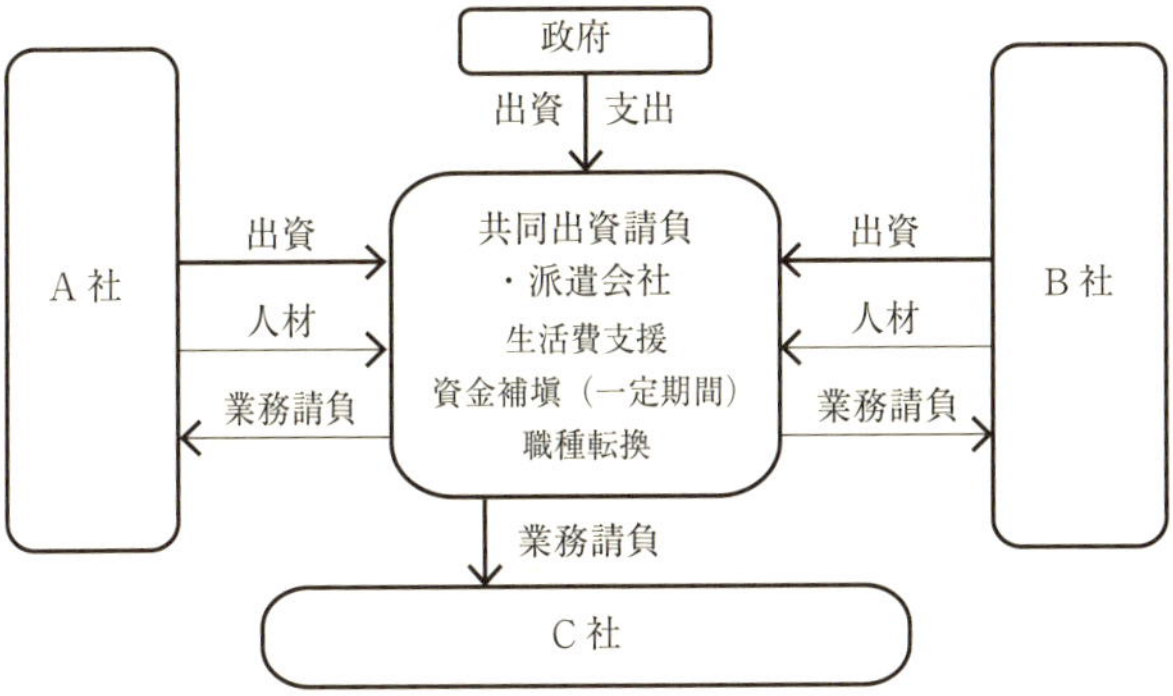

出所：筆者作成

遅い」性質を、事実上「賃金調整は遅いが雇用調整が速い」性質に変質させていくものといえる。

(2)「官民共同出資の人材ブリッジ会社」

以上のようなグループ企業内労働移動の実現は、それに取り組む企業に財務的な余裕があることが前提になる。しかし、長引く不況のなかで、それだけの余裕がなくなっている企業もある。そうした場合に、企業再生につながる失業なき労働移動を実現する一つの仕掛けとして、「官民共同出資の人材ブリッジ会社」が考えられる。この共同出資会社の仕組みは以下のとおりである（図6－6）。

①共同出資会社は、政府、および、不採算部門の人材を移したい参画企業、さらには運営に携わる人材ビジネス事業者が出資して設立する。外部からの出資も募る。民間からの出資には税制優遇を行う。

②共同出資会社に移される人材は、出向および転籍の双方を認める。移った人材は、共同出資会社の業務として、参画企業や第三者企業からの請負業務・人材派遣業務に従事す

る。仕事のない時期の社員の収入は、特別に設立した雇用保険（参画事業・共同出資会社が保険料を支払い、政府が一定の補助金を供与）から支払われるものとする。

③市場賃金が下がる出向・転籍社員には賃金補填を行う。その原資は、参画会社が出資時に無税扱いで払い込むものとする。出向・転籍社員に対し、必要に応じて政府はキャリアカウンセリング・職業訓練を提供し、技能向上・職種転換を支援する。子弟の教育費支援、住宅ローン返済支援も行う。

④ブリッジ会社の存続期間は例えば5年間とし、その間に参画企業は得意分野を強化する。再建後、出向・転籍社員を再雇用することを目指す。

⑤ブリッジ会社は存続期間終了後、例えば製造請負企業として存続する可能性を探ってもよい。

このように、政府が積極的に関与すると同時に企業も十分な責任を果たすことにより、失業なき労働移動を目指すのである。これにより、離職者の生活の安定が担保されれば、労働組合も雇用流動化を受け入れていく姿勢に転じる条件が整う。

ここで強調しておくべきは、こうしたスキームは最終手段であり、これを活用する前に企業が行うべきことは多くあるという点だ。企業が事業構造転換を行うに際し、企業内で人員再配置と職業再訓練を行うことをまずは考えるべきである。かつて日本企業に活力があったのは、企業体力があるうちに事業の改廃を行い、それに伴って労働移動を企業内で行ってきたからである。もっとも、すでに述べたとおり、そうしたやり方には限界が来ている面もあり、グループ企業経営と出向・転籍の積極活用が、企業が次に検討すべきことである。また、事業交換や事業売買で企業が各々の得意分野に経営資源を集中させ、事業譲渡に伴って従業員もそのまま企業間を移動するのも重要な選択肢であろう。

そうしたさまざまな手法の検討を尽くしても、採るべき手段がないケースがあるのも事実である。雇用維持のために事業再編が中途半端な形に終わることを不況期ごとに繰り返し、労使関係が悪化し、体力が低下している企業を多く抱える産業分野もみられる。思い切った事業再編では人員削減数が大規模となり、社会的なインパクトが大き過ぎてできないケースもある。そうした場合、業界として官民共同出資のブリッジ会社を創設し、衰退事業整理と成長事業促進の間のタイムラグを埋め合わせることで、失業なき労働移動を実現することが有効と考えられるのである。ただし、ここで重要なのは、ブリッジ会社を活用する企業が、経営資源を集中して成長性・収益性が高まるという、納得的なビジョンが描けていることが大前提だということである。公的資金を活用する以上、将来の成長性のない企業の後ろ向きのリストラのために、人材ブリッジ会社が使われることは厳に避けなければならない。

事業・産業構造転換が成功すれば、企業の業容は拡大し、生産性が向上して収益は増加する。このとき重要なのは、企業が業容拡大に応じて再雇用を行うとともに、生産性向上分を賃金増の形で労働サイドに還元することである。こうした「成功報酬」を約束することで、労働組合の協力を取り付けることができるであろうし、そうした企業の行動が広がることこそが、日本経済を「縮小均衡のデフレ経済」から「拡大均衡の緩やかなインフレ経済」に転換させることにつながっていく。

さらに、このスキームは中堅・中小企業の活性化にも貢献するであろう。人材ブリッジ会社が人材提供企業のみならず、第三者である中堅・中小企業の業務を請け負うことになれば、大企業の人材の能力が活用できるようになるためである。中堅・中小企業に転職する人が出てくれば、それも大企業の人材を取り込むことで、ノウハウ・スキルの移転が期待できよう。

以上、本章では、経済活性化につながる労働移動を増やすための仕組み構築に向けて、理論的なフレームワークと具体策について考察してきた。そこで明らかになったのは、①わが国の雇用システムは人件費調整を賃金調整に偏った形で行う特徴を持ち、それが新たなビジネスモデル構築の足枷になって経済活性化を妨げてきたこと、②その意味で、雇用調整の自由度を相対的に高めることが望ましいが、それには労働移動に伴う働き手の不安が軽減され、企業が移っても能力開発が継続できる社会的な仕組み整備が不可欠であること、であった。つまり、経済成長を実現するための労働市場改革の要諦とは、特定職業での能力伸長を軸としてキャリア形成が行われる働き手タイプの増加であり、それを制度的に支える勤務先が変わっても職業能力の形成が継続できるトータルな仕組みの整備である。その実現のためには、従来の発想を超えた労働市場改革にとどまらず、産業のあり方や社会保障制度、教育制度と連動させた、分野横断的な制度改革への取り組みが求められている。

【注】

（1）鶴（2011）6頁。

（2）八代尚宏は、OECDの引用として「派遣法の規制緩和自体は正しいとしても、それが正社員の雇用保障を保護する判例法の見直しをともなわなかったことで、経済の長期停滞の下では、企業の雇用需要が、過度に非正社員へとシフトした」としている（八代（2009）61頁）。

（3）山田久（2009）51頁。

（4）労働組合の組織率が低下し、労働者の利害を代表する組織がない企業が増えていること、いわゆる成果主義導入など労働条件の個別決定化が進み、労働組合の対応が難しくなっていること、などへの対応も指摘されている（労働政策研究・研修機構（2007b）237頁）。

（5）民法上（627条1項）は、期間の定めのない雇用契約は、2週間前に予告すればいつでも解約できるとしている。ただし、労働基準法は解雇の予告期間を30日間置くこと、または、平均賃金30日分の予告手当を支払うことを罰則をもって義務付けている（菅野（2012）552～553頁）

（6）2003年に労働基準法に明文化され、さらに2007年の労働契約法の制定に伴い、同法16条に「解雇は、客観的に合理的な理由を欠き、社会通念上相当であると認められない場合は、その権利を濫用したものとして、無効とする」と規定された。

（7）労働政策研究・研修機構（2005d）では1998年前後より起こった雇用調整で、過去に比較するとより頻繁に希望退職の募集・解雇という手段が採られたことが確認されている。

（8）濱口（2013b）115頁。

（9）江口（2008）318～319頁。

（10）八代（2013b）。

（11）「ドイツ解消判決・補償金制度は、信頼基礎が破壊されている場合に限り、補償金と引き換えに労働関係解消を認める例外的利益調整規範である」（山本（2010）394頁）。

（12）規制改革会議雇用ワーキンググループ、第37回（2015年3月18日開催）における、菅野和夫労働政策研究・研修機構理事長の発言内容。

（13）「企業の財政状況に全く問題がない場合や整理解雇をしながら新規採用をするといった矛盾した行動がとられていた場合には、人員削減の必要性がなかったものと評価されることがある」（水町（2011）56頁）。

（14）欧州連合日本政府代表部一等書記官の経験のある濱口桂一郎は「（ドイツ、フランス、イギリス等では：筆者補足）ジョブが縮小したことを理由とする剰員整理解雇は、法定の手続きをきちんととることを前提として、そもそも正当な解雇とみなされる」としている（濱口（2013b）112頁）。

（15）山田久（2010）115～117頁。

（16）労働政策研究・研修機構が全国の20歳以上の４０００人を対象にした「勤労生活に関する調査」によれば、日本が目指すべき社会として「貧富の差の少ない平等社会」か「意欲や能力に応じ自由に競争できる社会」のどちらが近いかとの質問に対し、１９９９年、２０００年、２００１年、２００４年の調査では、「競争できる社会」を選ぶ人が多かったが、２００７年、２０１１年の調査では、「平等社会」のほうが多くなっている（労働政策研究・研修機構（２０１３ｂ）22頁。

（17）Lepak and Snell（1999）pp.31-48.

（18）楠田編（２００２）23頁。

（19）山田礼子（１９９８）によれば、プロフェッショナルスクールとは「専門職業――すなわちプロフェッショナル――を育成する大学院レベルの教育を実施する高等教育機関」（14頁）と定義でき、社会人を対象としているわが国の社会人大学院に対して、「学部卒業の新卒学生や実際の社会で働いた経験があるが、違う分野での専門職業に従事することを希望するリカレント学生、現職の職業人などの多様な学生から構成されている」（15頁）、「プロフェッショナルスクールが授与する修士号は産業界や専門職業団体から評価され、学位取得者の初任給も高くなっている」（45頁）と述べている。

（20）山田礼子（１９９７）は「社会移動、上昇移動としての機能もコミュニティ・カレッジは維持しており、現実にコミュニティ・カレッジを通過点として上昇移動する人々は決して少なくない」（２７９頁）としている。

（21）黒澤（１９９９）１６３頁。

（22）規制改革会議雇用ワーキンググループ（２０１３年４月19日）における、座長の鶴光太郎氏提出資料（ジョブ型正社員の雇用ルールの整備について）。

（23）連合ホームページ「クビにしやすい正社員制度の普及【限定正社員】」（http://www.jtuc-rengo.or.jp/roudou/seido/kiseikanwa/02.html　２０１４年12月27日アクセス）

（24）規制改革会議（２０１３）。

（25）厚生労働省「多様な形態による正社員に関する研究会」企業アンケート調査。調査期間は２０１１年７月19日～８月10日。

(26) 同前。
(27) 川嶋（２０１２）は、ロンドン大学教育大学院の R. Barnett の議論として、大学教育で育成を目指すコンピタンスは2軸で表せるとする。学術的か社会的か、特定的か一般的か、の2軸であり、社会的かつ一般的なコンピテンスを川嶋は「ジェネリック・スキル」と呼んでいる。これは、「すべての職業に共通に必要で、一度獲得すれば異なった文脈へも応用可能なスキル」である。
(28) 米国では、「特定分野の専門家を目指す人々は専門団体（professional association）に所属し、専門知識を磨き、人的ネットワークを形成する」（楠田編（２００２）４頁）。
(29) SankeiBiz「女性の活躍後押し『頭取の会』発足　地銀64行、配偶者転勤先に人材紹介」２０１４年11月13日（http://www.sankeibiz.jp/business/print/141113/bse1411130500001-c.htm）。
(30) 團（２０１３）は、雇用維持を基本としつつ雇用調整を行いながら新事業進への対応を行うための手段という観点から、出向・転籍に関するこれまでの経緯と今後の課題について手際よく整理している。また、松崎（２０１０）は、グループ経営推進のための人材マネジメント上の主要課題を簡潔に取りまとめている。
(31) 日本労働研究機構（２０００）第1章、第1節。
(32) 宮本大（２００６）は、ある企業グループの出向が実際に企業成果を高めることを実証している。

あとがき

本書は、京都大学大学院経済学研究科に提出した博士論文がもとになっています。基本的には博士論文を活かしていますが、一般の方にも読んでいただきやすくするため、適宜修正を加えるとともに、大幅な加筆を行った章もあります。具体的には以下のとおりです。

序章は、博士論文の序をもとに大幅に加筆修正。

第1章から第3章は、博士論文のために書き下ろした各章を基本的に使用。

第4章から第6章は、それぞれ以下の初出論文を大幅改訂した博士論文の各章を使用。ただし、第6章についてはさらに今回、理論的フレームワークを盛り込むなど、相当量を加筆。

〈初出論文一覧〉

第4章…『デフレ反転の成長戦略――「値下げ・賃下げの罠」からどう脱却するか』（東洋経済新報社、2010年）286頁のうち156～186頁部分。

「人材面からの収益力回復」日本経済研究センター編『日本企業　競争優位の条件――「強い会社」を創る制度改革』（日本経済新聞社、2005年）73～110頁。

第5章…「北欧労働市場の特徴と日本へのインプリケーション」翁百合・西沢和彦・山田久・湯

元健治『北欧モデル　何が政策イノベーションを生み出すのか』（日本経済新聞出版社、２０１２年）13～65頁。

第６章…「経済活性化につながる雇用制度改革」日本総合研究所『ＪＲＩレビュー』２０１３ Vol.８、No.９、２０１３年９月、２～16頁。


筆者は民間エコノミストとしてのキャリアを約25年前にスタートさせましたが、90年代末ごろから雇用・労働問題の調査・研究を、自らの専門領域として継続的に取り組んできました。今日まで、書籍・論文・リポートなどを折に触れて発表させていただき、お声かけいただいた各種研究会や講演会では多くの方からさまざまに学ぶ機会に恵まれてきました。そうしたなか、２０１２年４月から２０１５年９月まで、京都大学大学院の博士後期課程に在学するチャンスを得、それまでに調査・研究してきた成果を踏まえて取りまとめたのが、本書のもとになった博士論文です。

博士論文の研究対象としたのは、雇用流動化と経済活性化の関係解明という「難テーマ」でした。本文でも論じたとおり、このテーマはその重要性にもかかわらず、実は必ずしも十分な実証の蓄積や共通認識が確立されているわけではありません。しかし、雇用政策面でも企業経営面でも、その定見が強く求められている極めて実践的な課題です。その意味で、チャレンジングではあれ敢えてこのテーマを選んだわけですが、企業経営者、労働組合幹部、政策担当者、研究者、メディア関係者など、さまざまな立場の方々との議論から得られた多角的な知見も踏まえつつ、「どういう条件のもとで雇用流動化が経済活性化につながるか」という、通常とは異なるアプローチを採ることにしました。筆者としては、それにより、対立が多くなかなか嚙み合わない議論に対して、一定の共通認識を提供することができたと考えていますが、そうした試みが果たしてどこまで意義のあるものとなったかは、読者の方々の判断を仰ぐしかありません。

筆者は博士課程在学中、民間シンクタンクの調査部長の任にあり、業務多忙から博士論文の執筆を何度も断念しそうになりました。そうしたなかでも、何とか論文を仕上げることができたのは、ひとえに指導教官を引き受けてくださった久本憲夫先生の叱咤激励があったからです。仮に本書に誤りがあるとすれば、すべて筆者個人の責にあることはいうまでもありませんが、久本先生にはこの場を借りて深く感謝を申し上げます。

また、こうした硬い書籍の出版がますます厳しくなっている状況にもかかわらず、本書の出版を快く引き受けてくださり、博士論文の内容をよりわかりやすく読者に伝わるように、さまざまなご提案をいただいた慶應義塾大学出版会の木内鉄也さんに、心よりお礼を申し上げたいと思います。

いうまでもなく、本書における主張は筆者の属する組織とは何ら関係がありませんが、中立的で自由な調査・研究活動の機会を与えてくれている日本総合研究所の経営陣、そして、さまざまに視野を広げてくれる職場の同僚がいなければ、本書を完成させることはできませんでした。最後に、休日の大半を研究・執筆活動に費やし、最大限の迷惑をかけていることを許容してくれる家族への感謝の念を記します。

著者

【参考・引用文献】

・青木昌彦（2002）「産業アーキテクチャのモジュール化」（青木昌彦・安藤晴彦編著『モジュール化――新しい産業アーキテクチャの本質』東洋経済新報社、3～33頁

・荒井一博（1996）『雇用制度の経済学』中央経済社

・石田光男・樋口純平（2009）『人事制度の日米比較――成果主義とアメリカの現実』ミネルヴァ書房

・井口泰（1992）「労働市場と労使関係」大西健夫編『ドイツの経済社会的市場経済の構造』早稲田大学出版部、第7章

・伊藤正純（2001）「高失業状態と労働市場政策の変化」篠田武司編著『スウェーデンの労働と産業――転換期の模索』学文社、199～230頁

・今井亮一（2013）「労働移動支援政策の課題」労働政策研究・研修機構『日本労働研究雑誌』No.641、50～60頁

・江口匡太（2008）「違法解雇の救済方法」神林龍編著『解雇規制の法と経済――労使の合意形成メカニズムとしての解雇ルール』日本評論社、第10章

・江口匡太（2014）「雇用流動化で考慮されるべき論点――解雇がもらす影響について」『日本労働研究雑誌』No.647、5～18頁

・NTT労働組合（2007）「NTTにおける労使関係及び活動状況について」2007年2月6日（http://www.gyoukaku.go.jp/senmon/iinkai/dai2/b_siryou1.pdf　2013年3月22日アクセス）

・大内伸哉（2007）『雇用社会の25の疑問――労働法再入門』弘文堂

・太田聰一（2002）「労働市場の流動化とは何か」『日本労働研究雑誌』No.501、2～6頁

・大塚忠（2010）『ドイツの社会経済的産業基盤』関西大学出版部

・大橋範雄（2007）『派遣労働と人間の尊厳――使用者責任と均待遇原則を中心に』法律文化社

・奥平寛子・滝澤美帆・鶴光太郎（2008）「雇用保護は生産性を下げるのか――『企業活動基本調査』個票データ

を用いた分析」RIETI Discussion Paper Series 08–J–017
・川嶋太津夫（２０１２）「変わる労働市場、変わるべき大学教育」『日本労働研究雑誌』No.６２９、19～30頁
・小塩隆士（２０１３）『社会保障の経済学〔第４版〕』日本評論社
・風間信隆（１９９７）「企業と人事・労務」高橋俊夫・大西健夫編『ドイツの企業――経営組織と企業戦略』早稲田大学出版部、第３章
・亀田制作・高川泉（２００３）「ＲＯＡの国際比較分析――わが国企業の資本収益率に関する考察」日本銀行調査統計局 Working Paper 03–11
・規制改革会議（２０１３）「雇用改革報告書――人が動くために」雇用ワーキンググループ報告書
・北浦正行（２０１３）「介護労働をめぐる政策課題――介護人材の確保と育成を中心に」『日本労働研究雑誌』No.６４１、61～72頁
・木下武男（１９９９）『日本人の賃金』平凡社新書
・楠田丘編（２００２）『日本型成果主義――人事・賃金制度の枠組と設計』生産性出版
・久米郁男（２０１０）「民主党政権における労働組合の課題」『電気連合ＮＡＶＩ』No.29、8～11頁
・黒澤昌子（１９９９）「高等教育市場の変遷――米国における例をもとに」八代尚宏編『市場重視の教育改革』日本経済新聞社、第６章
・ケネラー、ロバート（２００３）「産学連携制度の日米比較」後藤晃・長岡貞男編『知的財産制度とイノベーション』東京大学出版会、第２章（http://www.kneller.asia/pdf/Jpn_US_Ind_Univ_Coop_2003.pdf ２０１5年1月7日アクセス）
・小池和男（１９９１）『仕事の経済学』東洋経済新報社
・小池和男（１９９４）『日本の雇用システム――その普遍性と強み』東洋経済新報社
・小池和男（１９９７）『日本企業の人材形成――不確実性に対処するためのノウハウ』中公新書
・小池和男（２００５）『仕事の経済学〔第３版〕』東洋経済新報社
・厚生労働省（２０１３）「２０１３年 海外情勢報告」

・斉藤弥生（２０１４）『スウェーデンにみる高齢者介護の供給と編成』大阪大学出版会
・財務総合政策研究所（２００１）「民間の経営理念や手法を導入した予算・財政のマネジメントの改革」報告書
・サクセニアン、アナリー（２００８）『最新・経済地理学』酒井泰介訳、日経ＢＰ社
・櫻井純理（２００１）「ホワイトカラー労働者にみる賃金交渉と賃金制度」篠田武司編著『スウェーデンの労働と産業――転換期の模索』学文社、１１４～１４０頁
・櫻井稔（２００１）『雇用リストラ――新たなルールづくりのために』中公新書
・佐藤博樹（２００２）「キャリア形成と能力開発の日独米比較」小池和男・猪木武徳編著『ホワイトカラーの人材形成――日米英独の比較』東洋経済新報社、２４９～２６７頁
・塩路悦朗（２０１３）「生産性要因、需要要因と日本の産業間労働配分」『日本労働研究雑誌』No.６４１、37～49頁
・島田晴雄・太田清編（１９９７）『労働市場改革――管理の時代から選択の時代へ』東洋経済新報社
・スウェーデン商科大学・欧州日本研究所研究員・佐藤吉宗氏のホームページ（http://blog.goo.ne.jp/yoshi_swe/m/201208）
・菅野和夫（２００２）『新・雇用社会の法』有斐閣
・菅野和夫（２０１２）『労働法［第10版］』弘文堂
・竹内一夫（２００４）「アメリカの賃金制度――伝統と革新」『日本労働研究雑誌』No.５２９、48～55頁
・團泰雄（２０１３）「日本企業の新規事業進出と準企業内労働市場」『日本労働研究雑誌』No.６４１、15～26頁
・中小企業庁『中小企業白書』各年版
・陳浩（２０１０）「産業別労働協約の分散化に伴うドイツ型労使関係の変容」『立命館国際研究』23巻2号
・鶴光太郎（２０１１）「非正規雇用問題解決のための鳥瞰図」鶴光太郎・樋口美雄・水町勇一郎編著『非正規雇用改革――日本の働き方をいかに変えるか』日本評論社、第1章
・照山博司（２００３）「雇用機会再配分と労働再分配――『雇用動向調査』による労働移動の実証分析」内閣府経済社会総合研究所
・富岡圭介（２００４）「産学連携による問題・検証の場作り情報開示を」『読売新聞』7月14日朝刊

・ドーリンジャー、P・B／M・J・ピオレ（２００７）『内部労働市場とマンパワー分析』白木三秀監訳、早稲田大学出版部
・内閣府（２００４）「第7回 世界青年意識調査」
・内閣府（２０１３）「平成25年度 年次経済財政報告」
・中田（黒田）祥子（２００１）「解雇法制と労働市場のパフォーマンス」IMES Discussion Paper Series 2001-J-18
・日本労働研究機構（２０００）『出向・転籍の実態と展望』（調査研究報告書No.１２６）
・日本労働研究機構（２００１）『日欧の大学と職業――高等教育と職業に関する12ヵ国比較調査結果』（調査研究報告書No.１４３）
・日本労働研究機構（２００２）『諸外国における職業能力評価制度の比較調査、研究――イギリス』（資料シリーズNo.１２７）
・野川忍（２００７）『労働法』商事法務
・ハーヴェイ、デヴィット（２００７）『新自由主義――その歴史的展開と現在』渡辺治監訳、作品社
・濱口桂一郎（２００９）『新しい労働社会――雇用システムの再構築へ』岩波新書
・濱口桂一郎（２０１１）『日本の雇用と労働法』日経文庫
・濱口桂一郎（２０１３a）『若者と労働――「入社」の仕組みから解きほぐす』中公新書ラクレ
・濱口桂一郎（２０１３b）「『労使双方が納得する』解雇規制とは何か」『世界』２０１３年5月号、１０７～１１６頁
・樋口美雄（２００１）『雇用と失業の経済学』日本経済新聞社
・久本憲夫（１９９８）「ドイツ自動車産業の賃金制度」日独労働法協会編『日独労働法協会会報』第2号、17～58頁
・深尾京司（２０１２）『「失われた20年」と日本経済への原動力の解明――構造的原因と再生への原動力の解明』日本経済新聞出版社
・藤井威（２００２）『スウェーデン・スペシャルI』新評論
・藤井威（２０１１）『福祉国家実現へ向けての戦略――高福祉高負担がもたらす明るい未来』ミネルヴァ書房

・藤田菜々子（2010）『ミュルダールの経済学――福祉国家から福祉世界へ』NTT出版
・藤本隆宏（2004）『日本のもの造り哲学』日本経済新聞社
・ベッカー、ゲーリー・S（1976）『人的資本――教育を中心とした理論的・経験的分析』佐野陽子訳、東洋経済新報社
・松崎和久（2010）「日本企業のグループ経営と人材戦略」明治大学『経営論集』57巻1・2号、269～291頁
・松田修一（2001）『ベンチャー企業［第2版］』日経文庫
・水町勇一郎（2011）『労働法入門』岩波新書
・宮川努（2003）「『失われた10年』と産業構造の転換」岩田喜久男・宮川努編『失われた10年の真因は何か』東洋経済新報社、39～61頁
・宮田由紀夫（2002）『アメリカの産学連携――日本は何を学ぶべきか』東洋経済新報社
・宮本太郎（2001）「雇用政策の転換とスウェーデン・モデルの変容」篠田武司編著『スウェーデンの労働と産業――転換期の模索』学文社、249～272頁
・宮本太郎（2009）『生活保障――排除しない社会へ』岩波新書
・宮本大（2006）「企業グループ内労働移動と個別企業の成果との関係」同志社大学技術・企業・国際競争力研究センター、ワーキングペーパー
・宮本光晴（1999）『日本の雇用をどう守るか――日本型職能システムの行方』PHP新書
・元橋一之（2014）『日はまた高く――産業競争力の再生』日本経済新聞出版社
・両角道代（2012）「スウェーデンにおける若年者雇用と職業能力開発――高等職業教育（YH）を中心に」『日本労働研究雑誌』No.619（特別号）、54～63頁
・文部科学省（2001）『平成13年度 文部科学白書』
・文部科学省（2013）『平成25年度 文部科学白書』
・八代尚宏（1997）『日本的雇用慣行の経済学――労働市場の流動化と日本経済』日本経済新聞社

・八代尚宏（1999）『雇用改革の時代――働き方はどう変わるか』中公新書
・八代尚宏（2007）『健全な市場社会への戦略――カナダ型を目指して』東洋経済新報社
・八代尚宏（2009）『労働市場改革の経済学――正社員「保護主義」の終わり』東洋経済新報社
・八代尚宏（2013a）『規制改革で何が変わるのか』ちくま新書
・八代尚宏（2013b）「解雇規制改革は中小企業の労働者に〝福音〟『多様な働き方』実現に中立的な労働法制を」『ダイヤモンドオンライン』2013年6月19日（http://diamond.jp/articles/print/37605 2015年3月1日アクセス）
・山田久（2005）「人材面からの収益力回復」日本経済研究センター編『日本企業競争優位の条件――「強い会社」を創る制度改革』第3章、日本経済新聞社
・山田久（2006）「雇用を取り巻く環境の変化に対応した制度や政策のあり方」樋口美雄＋財務省財務総合政策研究所編著『転換期の雇用・能力開発支援の経済政策――非正規雇用からプロフェッショナルまで』日本評論社、第14章
・山田久（2009）『雇用再生――戦後最悪の危機からどう脱出するか』日本経済新聞出版社
・山田久（2010）『デフレ反転の成長戦略――「値下げ・賃下げの罠」からどう脱却するか』東洋経済新報社
・山田礼子（1997）「アメリカの高等教育政策とコミュニティ・カレッジ」北海道大学『高等教育ジャーナル』第2号
・山田礼子（1998）『プロフェッショナルスクール――アメリカの専門職養成』玉川大学出版部
・山本陽大（2010）「ドイツにおける解雇の金銭解決制度に関する研究」『同志社法学』62巻4号
・湯元健治・佐藤吉宗（2010）『スウェーデン・パラドックス――高福祉、高競争力経済の真実』日本経済新聞出版社
・レンマー、ミア（2010）「スウェーデンの有期労働契約の法制度」『ビジネス・レーバー・トレンド』2010年6月号
・労働政策研究・研修機構『データブック国際労働比較』各年版

・労働政策研究・研修機構（2004a）「ドイツ、フランスの有期労働契約法制調査研究報告」『労働政策研究報告書』No. L−1
・労働政策研究・研修機構（2004b）『先進諸国の雇用戦略に関する研究』（労働政策研究報告書No. 3）
・労働政策研究・研修機構（2005a）『「諸外国の労働契約法制に関する調査研究」報告書』（労働政策研究報告書No. 39）
・労働政策研究・研修機構（2005b）『諸外国のホワイトカラー労働者に係る労働時間法制に関する調査研究』（労働政策研究報告書No. 36）
・労働政策研究・研修機構（2005c）『労働条件決定の法的メカニズム――7ヶ国の比較法的考察』（労働政策研究報告書No. 19）
・労働政策研究・研修機構（2005d）「リストラと雇用調整」（資料シリーズNo. 2）
・労働政策研究・研修機構（2006）『ドイツにおける労働市場改革』（労働政策研究報告書No. 69）
・労働政策研究・研修機構（2007a）『ドイツ、フランスの労働・雇用政策と社会保障』（労働政策研究報告書No. 84）
・労働政策研究・研修機構（2007b）『労働条件決定システムの現状と方向性――集団的発言機構の整備・強化に向けて』（第1期プロジェクト研究シリーズNo. 2）
・労働政策研究・研修機構（2007c）「スウェーデンの労働市場政策――政権交代による変化と今後」『ビジネス・レーバー・トレンド』2007年5月号
・労働政策研究・研修機構（2012a）「労働時間規制に係る諸外国の制度に関する調査」資料シリーズNo. 104
・労働政策研究・研修機構編（2012b）『日本の雇用終了――労働局あっせん事例から』労働政策研究・研修機構
・労働政策研究・研修機構（2013a）『現代先進諸国の労働協約システム――ドイツ・フランスの産業別協約（第1巻　ドイツ編）』（労働政策研究報告書No. 157−1）
・労働政策研究・研修機構（2013b）「第6回勤労生活に関する調査（2011年）」（国内労働情報

・Albrecht, James, Gerard J. van den Berg and Sisan Vroman（2004）“The Knowledge Lift: The Swedish Adult Education Program That Aimed to Eliminate Low Worker Skill Levels,” *IFAU Working paper* 2004: 17

・Becker, Gary. S.（1975）*Human Capital: A Theoretical and Empirical Analysis, with Special Reference to Education* Second edition, Columbia University Press（佐野陽子訳『人的資本――教育を中心とした理論的・経験的分析』東洋経済新報社、１９７６年）

・Blanchard, Olivier J. and Laurence H. Summers（1986）“Hysteresis and the European Unemployment Problem,” *NBER Macroeconomics Annual*, The MIT Press

・Calmfors, Lars, Anders Forslund and Maria Hemström（2002）“Does Active Labour Market Policy Work? Lesson from the Swedish Experiences,” *IFAF Working Paper* 2002: 4

・Doeringer, P. and M. Piore（1985）*Internal Labor Markets and Manpower Analysis: With a New Introduction,* Armonk, NY: M. E. Sharpe（白木三秀監訳『内部労働市場とマンパワー分析』早稲田大学出版部、２００７年）

・Driffill, John（2006）“The Centralization of Wage Bargaining Revisited, What Have We Learned,” *Journal of Common Market Studies,* 44（4）, pp.731-756

・Ericson, Thomas（2005）“Trends in the Pattern of Lifelong Learning in Sweden: Towards a Decentelized Economy,” http://gupea.ub.gu.se/bitstream/2077/2735/1/gunwpe0188.pdf

・Eurofound “Tax Deduction for Domestic Service Work, Sweden,” https://eurofound.europa.eu/areas/labourmarket/tackling/cases/se015.htm

・Forslund, Anders and Alan Kruger（2008）“Did Active Labour Market Policies Help Sweden Rebound from the Depression of the Early 1990s?”　http://www.nber.org/chapters/c5362.pdf　２０１５年１月４日アクセス

・Forslund, Anders, Daniela Froberg and Linus Linsqvist（2004）“The Swedish Activity Guarantee,” *OECD Social, Employment and Migration Working Papers*

・Forslund, A and J. Vikstrom（2010）“Effects of Active Labour Market Policies on Employment and Unemployment―A Survey”（プレゼンテーション資料　ＩＦＡＵのホームページよりダウンロード）

・Fujita, Shigeru (2012) "Labor Market Anxiety and the Downward Trend in the Job Separation Rate," *Federal Reserve Bank of Philadelphia Business Review,* Fourth Quarter

・Harvey, David (2005) *A Brief History of Neoliberalism,* Oxford University Press（渡辺治監訳『新自由主義――その歴史的展開と現在』作品社、２００７年）

・Holmlund, Bertil (2009) "The Swedish Unemployment Experience," *Oxford Review of Economic Policy,* Spring

・Hopenhayn, Hugo and Richard Rogerson (1993) "Job Turnover and Policy Evaluation: A General Equilibrium Analysis," *Journal of Political Economy,* 101 (5), pp.915–938

・Lepak, David P. and Scott A. Snell (1999) "The Human Resource Arcitecture: Toward a Theory of Human Capital Allocation and Development," *Academy of Manegement Review,* 24 (1), pp.31–48

・Lundgren, Bo (2006) "Recent Development in Unemployment Insurance in Sweden," International Experts Workshop of the ISSA Technical Commission on Unemployment Insurance and Employment Maintenance, Brussels. 10-11 April

・OECD (1999) *Employment Outlook*

・OECD (2004) *Employment Outlook*

・OECD (2007) *Employment Outlook*

・OECD (2008) *Economic Surveys: Sweden,* Vol. 2008/20 Supplement No.2

・OECD (2015) *Employment Outlook*

・Ohlsson, Henry (2003) "The Swedish Industrial Agreement"　http://www.sv.uio.no/mutr/publikasjoner/rapporter/rapp2003/Rapport54/index-THE-2.html　２０１５年１月４日アクセス

・Richardson, Katarina and Gerard J. van den Berg (2008) "Duration Dependence versus Unobserved Heterogencity in Treatment Effects: Swedish Labourmarket Training and the Transition Rate to Employment," *IFAU Working paper* 2008: 7

・Saxsenian, AnnaLee (2007) *The New Argonauts Regional Advantage in a Global Economy* Harvard University

Press（酒井泰介訳『最新・経済地理学』日経ＢＰ社、２００８年）
・Skans, Oskar Nordström（2004）“Scarring Effects of the First Labour Market Experience: A Sibling Based Analysis,” *IFAU working paper* 2004: 14
・Swedish Fiscal Policy Council（2010）*Swedish Fiscal Policy: Report of the Swedish Fiscal Policy Council 2010*
・Thoren, Katarina H.（2008）“Activation and Social Exclusion in a Comparative Perspective Country Report: SWEDEN” *FES Project*
・U. S. Small Business Administration（2008）“The Small Business of Economy: a Report to the President”（https://www.sba.gov/sites/default/files/files/sb_econ2008.pdf　２０１５年１月５日アクセス　（財団法人中小企業総合研究機構訳編『アメリカ中小企業白書２００８・２００９』）

山田 久（やまだ　ひさし）
（株）日本総合研究所調査部長／チーフエコノミスト、博士（経済学）
1987年京都大学経済学部卒業、同年住友銀行入行、91年（社）日本経済研究センター出向、93年（株）日本総合研究所出向、調査部研究員、2003年経済研究センター所長、05年マクロ経済研究センター所長、07年ビジネス戦略研究センター所長、11年（株）日本総合研究所調査部長、13年法政大学大学院イノベーションマネジメント研究科客員教授（16年3月まで）。この間、2003年法政大学大学院修士課程（経済学）修了、15年京都大学博士号取得。
主要業績に、『北欧モデル――何が政策イノベーションを生み出すのか』（共著、日本経済新聞出版社、2012年）、『市場主義3.0――「市場vs国家」を超えれば日本は再生する』（東洋経済新報社、2012年）、『デフレ反転の成長戦略――「値下げ・賃下げの罠」からどう脱却するか』（東洋経済新報社、2010年）など多数。

失業なき雇用流動化
――成長への新たな労働市場改革

2016年5月30日　初版第1刷発行

著　者――――山田　久
発行者――――古屋正博
発行所――――慶應義塾大学出版会株式会社
〒108-8346　東京都港区三田2-19-30
TEL〔編集部〕03-3451-0931
〔営業部〕03-3451-3584〈ご注文〉
〔　〃　〕03-3451-6926
FAX〔営業部〕03-3451-3122
振替　00190-8-155497
http://www.keio-up.co.jp/
装　丁――――坂田政則
印刷・製本――中央精版印刷株式会社
カバー印刷――株式会社太平印刷社

Printed in Japan　ISBN978-4-7664-2345-7